la
creación literaria

D0913496

eduardo galeano

*

memoria del fuego (III)
EL SIGLO DEL VIENTO

siglo
veintiuno
editores

siglo veintiuno editores, sa de cv
CERRO DEL AGUA 248, DELEGACIÓN COYOACÁN, 04310 MÉXICO, D.F.

siglo veintiuno de españa editores, sa
C/PLAZA 5, MADRID 33, ESPAÑA

primera edición, 1986
© siglo xxi de españa editores, s.a.
decimotercera edición, 1996
© siglo xxi editores, s.a. de c.v.
isbn 968-23-1201-9 (obra completa)
isbn 968-23-1786-x (volumen 3)

© eduardo galeano

ÍNDICE

Pág.

Pág.

Este libro
es el volumen final de la trilogía *Memoria del fuego*. No se trata de una antología, sino de una creación literaria, que se apoya en bases documentales pero se mueve con entera libertad. El autor ignora a qué género pertenece esta obra: narrativa, ensayo, poesía épica, crónica, testimonio... Quizás pertenece a todos y a ninguno. El autor cuenta lo que ha ocurrido, la historia de América y sobre todo la historia de América Latina; y quisiera hacerlo de tal manera que el lector sienta que lo ocurrido vuelve a ocurrir cuando el autor lo cuenta.

A la cabeza de los capítulos se indica el año y el lugar de cada acontecimiento, salvo en ciertos textos que no se sitúan en determinado momento o lugar. Al pie, los números señalan las principales obras que el autor ha consultado en busca de información y marcos de referencia. La ausencia de números revela que en ese caso el autor no ha consultado ninguna fuente escrita, o que obtuvo su materia prima de la información general de periódicos o de boca de protagonistas o testigos. La lista de las fuentes consultadas se ofrece al final.

Las transcripciones literales se distinguen en letra bastardilla.

El autor
nació en Montevideo, Uruguay, en 1940. Eduardo Hughes Galeano es su nombre completo. Se inició en periodismo en el semanario socialista *El Sol*, publicando dibujos y caricaturas políticas que firmaba *Gius*, por la dificultosa pronunciación castellana de su primer apellido. Luego fue jefe de redacción del semanario *Marcha* y director del diario *Época* y de algunos semanarios en Montevideo. En

1973 se exilió en la Argentina, donde fundó y dirigió la revista *Crisis*. Desde fines de 1976, vivió exiliado en España. A principios de 1985 regresó a su país, donde reside actualmente.

Ha publicado varios libros. Entre ellos, *Las venas abiertas de América Latina*, editado por Siglo XXI en 1971, los premios de Casa de las Américas *La canción de nosotros* (1975) y *Días y noches de amor y de guerra* (1978), y los dos primeros volúmenes de esta trilogía: *Los nacimientos* (1982) y *Las caras y las máscaras* (1984).

Gratitudes

A Helena Villagra, que tanto ayudó en cada una de las etapas del trabajo. Sin ella, *Memoria del fuego* no hubiera sido posible;

a los amigos cuya colaboración se agradeció en los volúmenes anteriores, y que también ahora colaboraron arrimando fuentes, pistas, sugerencias:

a Alfredo Ahuerma, Susan Bergholz, Leonardo Cáceres, Rafael Cartay, Alfredo Cedeño, Alessandra Riccio, Enrique Fierro, César Galeano, Horacio García, Sergius Gonzaga, Berta y Fernanda Navarro, Eric Nepomuceno, David Sánchez-Juliao, Andrés Soliz Rada y Julio Valle-Castillo. que facilitaron el acceso a la bibliografía necesaria;

a Jorge Enrique Adoum, Pepe Barrientos, Álvaro Barros-Lémez, Jean-Paul Borel, Rogelio García Lupo, Mauricio Gatti, Juan Gelman, Santiago Kovadloff, Ole Ostergaard, Rami Rodríguez, Miguel Rojas-Mix, Nicole Rouan, Pilar Royo, José María Valverde y Daniel Vidart, que leyeron los borradores con china paciencia.

Este libro
está dedicado a Mariana, la Pulguita.

y agarrándonos del viento con las uñas

Juan Rulfo

1900
San José de Gracia

El mundo continúa

Hubo quien gastó los ahorros de varias generaciones en una sola parranda corrida. Muchos insultaron a quien no podían y besaron a quien no debían, pero nadie quiso acabar sin confesión. El cura del pueblo dio preferencia a las embarazadas y a las recién paridas. El abnegado sacerdote pasó tres días y tres noches clavado en el confesionario, hasta que se desmayó por indigestión de pecados.

Cuando llegó la medianoche del último día del siglo, todos los habitantes del pueblo de San José de Gracia se prepararon para bien morir. Mucha ira había acumulado Dios desde la fundación del mundo, y nadie dudó de que era llegado el momento de la reventazón final. Sin respirar, ojos cerrados, dientes apretados, las gentes escucharon las doce campanadas de la iglesia, una tras otra, muy convencidas de que no habría después.

Pero hubo. Hace rato que el siglo veinte se ha echado a caminar y sigue como si nada. Los habitantes de San José de Gracia continúan en las mismas casas, viviendo o sobreviviendo entre las mismas montañas del centro de México, para desilusión de las beatas, que esperaban el Paraíso, y para alivio de los pecadores, que encuentran que este pueblito no está tan mal, al fin y al cabo, si se compara.

(200) *

---

* Los números al pie indican las fuentes documentales que el autor ha consultado y remiten a la lista que se publica en las páginas 339-356.

Edison

Por sus inventos recibe luz y música el siglo que nace.

La vida cotidiana lleva el sello de Thomas Alva Edison. Su lámpara eléctrica ilumina las noches y su fonógrafo guarda y difunde las voces del mundo, que nunca más se perderán. Se habla por teléfono gracias al micrófono que Edison agregó al aparato de Graham Bell y se ve cine por el proyector con que él completó el invento de los hermanos Lumière.

En la oficina de patentes se agarran la cabeza cada vez que lo ven aparecer. Edison no deja pasar un minuto sin crear algo. Así ocurre desde que era un niño vendedor de periódicos en los trenes y un buen día decidió que bien podía hacerlos además de venderlos —y puso manos a la obra.

(99 y 148)

Rodó

El Maestro, estatua que habla, lanza su sermón a las juventudes de América.

José Enrique Rodó reivindica al etéreo Ariel, espíritu puro, contra el salvaje Calibán, el bruto que quiere comer. El siglo que nace es el tiempo de los cualquieras. Quiere el pueblo democracia y sindicatos; y advierte Rodó que la multitud bárbara puede pisotear las cumbres del reino del espíritu, donde tienen su morada los seres superiores. El intelectual elegido por los dioses, grande hombre inmortal, se bate en defensa de la propiedad privada de la cultura.

También ataca Rodó a la civilización norteamericana, fundada en la vulgaridad y el utilitarismo. Le opone la tradición aristocrática española, que desprecia el sentido práctico, el trabajo manual, la técnica y otras mediocridades.

(273, 360 y 386)

1901
Nueva York

Esta es América, y al sur la nada

Andrew Carnegie vende, en 250 millones de dólares, el monopolio del acero. Lo compra el banquero John Pierpont Morgan, dueño de la General Electric, y así funda la United States Steel Corporation. Fiebre del consumo, vértigo del dinero cayendo en cascadas desde lo alto de los rascacielos: los Estados Unidos pertenecen a los monopolios, y los monopolios a un puñado de hombres, pero multitudes de obreros acuden desde Europa, año tras año, llamados por las sirenas de las fábricas, y durmiendo en cubierta sueñan que se harán millonarios no bien salten sobre los muelles de Nueva York. En la edad industrial, Eldorado está en los Estados Unidos; y los Estados Unidos son América.

Al sur, la otra América no atina ya ni a balbucear su propio nombre. Un informe recién publicado revela que *todos* los países de esta sub-América tienen tratados comerciales con los Estados Unidos, Inglaterra, Francia y Alemania, pero *ninguno* los tiene con sus vecinos. América Latina es un archipiélago de patrias bobas, organizadas para el desvínculo y entrenadas para desamarse.

(113 y 289)

1901
En toda América Latina

Las procesiones saludan al siglo que nace

En las aldeas y ciudades al sur del río Bravo, anda a los tumbos Jesucristo, bestia moribunda lustrosa de sangre, y tras él alza antorchas y cánticos el gentío, llagoso, rotoso: pueblo afligido por mil males que ningún médico o manosanta sería capaz de curar, pero merecedor de venturas que ningún profeta o vendesuerte sería capaz de anunciar.

1901
Amiens

Verne

Hace veinte años, Alberto Santos Dumont había leído a Julio Verne. Leyéndolo había huido de su casa y del Brasil y del mundo y había viajado por los cielos, de nube en nube, y había decidido vivir en el aire.

Ahora, Santos Dumont derrota al viento y a la ley de gravedad. El aeronauta brasileño inventa un globo dirigible, dueño de su rumbo, que no anda a la deriva y que no se perderá en alta mar, ni en la estepa rusa, ni en el polo norte. Provisto de motor, hélice y timón, Santos Dumont se eleva en el aire, pega una vuelta completa a la torre Eiffel y a contraviento aterriza en el lugar elegido, ante la multitud que lo aclama.

En seguida viaja hasta Amiens, para apretar la mano del hombre que le enseñó a volar.

Mientras se hamaca en su mecedora, Julio Verne se alisa la gran barba blanca. Le cae bien este niño mal disfrazado de señor, que lo llama *mi Capitán* y lo mira sin parpadear.

(144 y 424)

1902
Quezaltenango

Decide el gobierno que la realidad no existe

A todo dar claman tambores y clarines, en la plaza principal de Quezaltenango, convocando a la ciudadanía; pero nadie puede escuchar nada más que el pavoroso estruendo del volcán Santa María en plena erupción.

El pregonero lee a los gritos el bando del superior gobierno. Más de cien pueblos de esta comarca de Guatemala están siendo arrasados por el alud de lava y fango y la incesante lluvia de ceniza mientras el pregonero, cubriéndose como puede, cumple con su deber. El volcán Santa María hace temblar la tierra bajo sus pies y le bombardea a pedradas la cabeza. En pleno mediodía es noche total y en la cerrazón no se ve más que el vómito de fuego del volcán. El pregonero chilla desesperadamente, leyendo el bando a duras penas, entre los sacudones de luz de la linterna.

El bando, firmado por el presidente Manuel Estrada Cabrera, informa a la población que el volcán Santa María está en calma y que en calma permanecen todos los demás volcanes de Guatemala, que el sismo ocurre lejos de aquí, en alguna parte de México, y que, siendo normal la situación, nada impide que se celebre hoy la fiesta de la diosa Minerva, que tendrá lugar en la capital a pesar de los malévolos rumores de los enemigos del orden.

(28)

1902
Ciudad de Guatemala

Estrada Cabrera

En la ciudad de Quezaltenango, Manuel Estrada Cabrera había ejercido, durante muchos años, *el augusto sacerdocio de la Ley en el majestuoso templo de la Justicia sobre la roca inconmovible de la Verdad.* Cuando acabó de desplumar a la provincia, el doctor se vino a la capital, donde llevó a feliz culminación su carrera política asaltando, revólver en mano, la presidencia de Guatemala.

Desde entonces, ha restablecido en todo el país el uso del cepo, del azote y de la horca. Así los indios recogen gratis el café en las plantaciones y los albañiles levantan gratis prisiones y cuarteles.

Un día sí y otro también, en solemne ceremonia, el presidente Estrada Cabrera coloca la primera piedra de una nueva escuela que

jamás será construida. Él se ha otorgado el título de Educador de
Pueblos y Protector de la Juventud Estudiosa, y en su propio homenaje celebra cada año la colosal fiesta de la diosa Minerva. En el
partenón de aquí, que reproduce el partenón helénico en tamaño
natural, tañen sus liras los poetas: anuncian que la ciudad de Guatemala, Atenas del Nuevo Mundo, tiene un Pericles.

(28)

1902
Saint Pierre

Sólo se salva el condenado

También en la isla Martinica revienta un volcán. Ocurre un ruido
como del mundo partiéndose en dos y la montaña Pelée escupe una
inmensa nube roja, que cubre el cielo y cae, incandescente, sobre la
tierra. En un santiamén queda aniquilada la ciudad de Saint Pierre.
Desaparecen sus treinta y cuatro mil habitantes —menos uno.
     El que sobrevive es Ludger Sylbaris, el único preso de la ciu-
dad. Las paredes de la cárcel habían sido hechas a prueba de fugas.

(188)

1903
Ciudad de Panamá

El Canal de Panamá

El paso entre los mares había sido una obsesión de los conquistadores españoles. Con furor lo buscaron; y lo encontraron demasiado
al sur, allá por la remota y helada Tierra del Fuego. Y cuando alguno
tuvo la idea de abrir la cintura angosta de América Central, el rey

Felipe II mandó a parar: prohibió la excavación del canal, bajo pena de muerte, *porque el hombre no debe separar lo que Dios unió.*

Tres siglos después, una empresa francesa, la Compañía Universal del Canal Interoceánico, empezó los trabajos en Panamá. La empresa avanzó treinta y tres kilómetros y cayó estrepitosamente en quiebra.

Desde entonces, los Estados Unidos han decidido concluir el canal y quedarse con él. Hay un inconveniente: Colombia no está de acuerdo y Panamá es una provincia de Colombia. En Washington, el senador Hanna aconseja esperar, *debido a la naturaleza de los animales con los que estamos tratando,* pero el presidente Teddy Roosevelt no cree en la paciencia. Roosevelt envía unos cuantos *marines* y hace la independencia de Panamá. Y así se convierte en país aparte esta provincia, por obra y gracia de los Estados Unidos y sus buques de guerra.

(240 y 423)

1903
Ciudad de Panamá

En esta guerra mueren un chino y un burro,

víctimas de las andanadas de una cañonera colombiana, pero no hay más desgracias que lamentar. Manuel Amador, flamante presidente de Panamá, desfila entre banderas de los Estados Unidos, sentado en un sillón que la multitud lleva en andas. Amador va echando vivas a su colega Roosevelt.

Dos semanas después, en Washington, en el Salón Azul de la Casa Blanca, se firma el tratado que entrega a los Estados Unidos, a perpetuidad, el canal a medio hacer y más de mil cuatrocientos kilómetros cuadrados de territorio panameño. En representación de la república recién nacida, actúa en la ocasión Philippe Bunau-Varilla, mago de los negocios, acróbata de la política, ciudadano francés.

(240 y 423)

1903
La Paz

Huilka

Los liberales bolivianos han ganado la guerra contra los conservadores. Mejor dicho, la ganó para ellos el ejército indio de Pablo Zárate Huilka. Fueron hechas por la indiada las hazañas que se atribuyen los bigotudos militares.

El coronel José Manuel Pando, jefe liberal, había prometido a los soldados de Huilka la emancipación de toda servidumbre y la recuperación de la tierra. De batalla en batalla, Huilka iba implantando el poder indio: a su paso por los pueblos, devolvía a las comunidades las tierras usurpadas y degollaba a quien vistiera pantalón.

Derrotados los conservadores, el coronel Pando se hace general y presidente. Entonces declara, con todas las letras:

—*Los indios son seres inferiores. Su eliminación no es un delito.*

Y procede. Fusila a muchos. A Huilka, su imprescindible aliado de la víspera, lo mata varias veces, por bala, filo y soga. Pero en las noches de lluvia Huilka espera al presidente Pando a la salida del palacio de gobierno y le clava los ojos, sin decir palabra, hasta que Pando desvía la mirada.

(110 y 475)

1904
Río de Janeiro

La vacuna

Matando ratas y mosquitos ha vencido a la peste bubónica y a la fiebre amarilla. Ahora Oswaldo Cruz declara la guerra a la viruela.

De a miles mueren, por viruela, los brasileños. Cada vez mueren más, mientras los médicos desangran a los moribundos y los curanderos espantan la peste con humo de bosta de vaca. Oswaldo Cruz, responsable de la higiene pública, implanta la vacuna obligatoria.

El senador Rui Barbosa, orador de pecho hinchado y docta labia, pronuncia discursos que atacan a la vacuna con jurídicas armas floridas de adjetivos. En nombre de la libertad, Rui Barbosa defiende el derecho de cada individuo a contaminarse si quiere. Torrenciales aplausos y ovaciones lo interrumpen de frase en frase.

Los políticos se oponen a la vacuna. Y los médicos. Y los periodistas: no hay diario que no publique coléricos editoriales y despiadadas caricaturas que tienen por víctima a Oswaldo Cruz. Él no puede asomarse a la calle sin sufrir insultos y pedreas.

Contra la vacuna, cierra filas el país entero. Por todas partes se escuchan mueras a la vacuna. Contra la vacuna se alzan en armas los alumnos de la Escuela Militar, que por poco tumban al presidente.

(158, 272, 378 y 425)

1905
Montevideo

El automóvil,

bestia rugidora, pega su primer zarpazo de muerte en Montevideo. Un inerme caminante cae aplastado al cruzar una esquina del centro.

Pocos automóviles han llegado a estas calles, pero las viejitas se persignan y huye el gentío buscando refugio en los zaguanes.

Hasta no hace mucho, por esta ciudad sin motores andaba todavía trotando el hombre que se creía tranvía. En los repechos descargaba su látigo invisible y en las bajadas tiraba de riendas que nadie veía. En las bocacalles soplaba una corneta de aire, como eran de aire los caballos y los pasajeros que subían en las paradas, y también los boletos que les vendía y las monedas que recibía. Cuando el Hombre-tranvía dejó de pasar, y ya nunca más pasó, la ciudad de Montevideo descubrió que ese loquito le hacía falta.

(413)

1905
Montevideo

Los poetas decadentes

Roberto de las Carreras trepa al balcón. Estrujados contra el pecho lleva un ramo de rosas y un soneto incandescente. Pero en lugar de la bella odalisca lo espera un señor de mal carácter, que le dispara cinco balazos. Dos dan en el blanco. Roberto cierra los párpados y musita:

—*Esta noche cenaré con los dioses.*

No cena con los dioses sino con los enfermeros, en el hospital. Y a los pocos días, este bello Satán que ha jurado corromper a todas las montevideanas casadas y por casar, vuelve a pasear su estrafalaria estampa por la calle Sarandí. Muy orondo luce su chaleco rojo, condecorado por dos agujeros. Y en la cáratula de su nuevo libro, *Diadema fúnebre,* estampa una mancha de sangre.

Otro hijo de Byron y Afrodita es Julio Herrera y Reissig, que llama Torre de los Panoramas al infecto altillo donde escribe y recita. Julio y Roberto se han distanciado, a causa del robo de una metáfora. Pero los dos siguen librando la misma guerra contra la mojigata toldería de Tontovideo, que en materia de afrodisíacos no ha llegado más allá de la yema de huevo con vino garnacha, y en materia de bellas letras ni hablemos.

(284 y 389)

1905
Ilopango

Miguel a la semana

La señorita Santos Mármol, preñada a la mala, se niega a dar el nombre del autor de su deshonra. La madre, doña Tomasa, la corre a garrotazos. Doña Tomasa, viuda de hombre pobre pero blanco, sospecha lo peor.

Cuando el niño nace, la repudiada señorita Santos lo trae en brazos:

—*Éste es tu nieto, mamá.*

Doña Tomasa pega un chillido de espanto al ver al recién nacido, araña azul, indio trompudo, tan feíto que da más cólera que lástima, y le cierra, plam, la puerta en las narices.

Ante el portazo, la señorita Santos cae redonda al suelo. Bajo su desmayada madre, el recién nacido parece muerto. Pero cuando los vecinos se la sacan de encima, el aplastadito pega un tremendo berrido.

Y así ocurre el segundo nacimiento de Miguel Mármol, casi al principio de su edad.

(126)

1906
París

Santos Dumont

Cinco años después de crear el globo dirigible, el brasileño Santos Dumont inventa el avión.

Santos Dumont ha pasado estos cinco años metido en los hangares, armando y desarmando enormes bichos de hierro y bambú que a toda hora, y a todo vapor, nacían y desnacían: a la noche se dormían provistos de alas de gaviota y aletas de pez y amanecían convertidos en libélulas o patos salvajes. En estos bichos Santos Dumont quiso irse de la tierra y fue por ella retenido; chocó y estalló; sufrió incendios, revolcones y naufragios; sobrevivió de porfiado. Y así peleó y peleó hasta que por fin ha conseguido que uno de los bichos fuera avión o alfombra mágica navegando por los altos cielos.

Todo el mundo quiere conocer al héroe de la inmensa hazaña, al rey del aire, al señor de los vientos, que mide un metro y medio, habla susurrando y no pesa más que una mosca.

(144 y 424)

1907
Sagua La Grande

Lam

En el primer ardor de esta mañana caliente, despierta el niño y ve.
El mundo está patas arriba y girando; y en el vértigo del mundo
un desesperado murciélago vuela en círculos persiguiendo su propia sombra. Huye por la pared la negra sombra y el murciélago,
queriendo cazarla, no consigue más que azotarla con el ala.

El niño se levanta de un salto, cubriéndose la cabeza con las
manos, y choca de sopetón contra un gran espejo. En el espejo, ve
a nadie o a otro. Y al volverse ve, en el armario abierto, los trajes
decapitados de su padre chino y de su abuelo negro.

En algún lugar de la mañana, un papel en blanco lo espera.
Pero este niño cubano, este pánico que se llama Wifredo Lam,
todavía no puede dibujar la perdida sombra que gira locamente en
el mundo alucinante, porque todavía no ha descubierto su deslum-
brante manera de conjurar el miedo.

(319)

1907
Iquique

Banderas de varios países

encabezan la marcha de los obreros del salitre, a través del cascajoso desierto del norte de Chile. Miles de obreros en huelga y miles
de mujeres y niños caminan hacia el puerto de Iquique, coreando
consignas y canciones.

Cuando los obreros ocupan Iquique, el ministro del Interior
dicta orden de matar. Los obreros, en continua asamblea, deciden
aguantar a pie firme y sin arrojar ni una piedra.

José Briggs, jefe de la huelga, es hijo de un norteamericano,
pero se niega a pedir protección al cónsul de los Estados Unidos.

El cónsul del Perú intenta llevarse a los obreros peruanos. Los obreros peruanos no abandonan a sus compañeros chilenos. El cónsul de Bolivia quiere salvar a los obreros bolivianos. Los obreros bolivianos dicen:

—*Con los chilenos vivimos, con los chilenos morimos.*

Las ametralladoras y los fusiles del general Roberto Silva Renard barren a los huelguistas desarmados y dejan el tendal.

El ministro Rafael Sotomayor justifica la carnicería en nombre de *las cosas más sagradas,* que son, en orden de importancia: *la propiedad, el orden público y la vida.*

(64 y 326)

1907
Río Batalha

Nimuendajú

Curt Unkel no nació indio; pero se hizo, o descubrió que era. Hace años vino de Alemania al Brasil y en el Brasil, en lo más hondo del Brasil, reconoció a los suyos. Desde entonces acompaña a los indios guaraníes que a través de la selva peregrinan buscando el paraíso. Con ellos comparte la comida y comparte la alegría de compartir la comida.

Altos se elevan los cánticos. Noche adentro se cumple una ceremonia sagrada. Los indios están perforando el labio inferior de Curt Unkel, que pasa a llamarse Nimuendajú, o sea: *El que crea su casa.*

(316, 374 y 411)

1908
Asunción

Barrett

Quizás él había vivido en el Paraguay antes, siglos o milenios antes, quién sabe cuándo, y lo había olvidado. Lo cierto es que hace cuatro años, cuando por casualidad o curiosidad Rafael Barrett desembarcó en este país, sintió que había llegado a un lugar que lo estaba esperando, porque este desdichado lugar era su lugar en el mundo.

Desde entonces arenga al pueblo en las esquinas, subido a un cajón, y en periódicos y folletos publica furiosas revelaciones y denuncias. Barrett se mete en esta realidad, delira con ella y en ella se quema.

El gobierno lo echa. Las bayonetas empujan a la frontera al joven anarquista, deportado por *agitador extranjero.*

El más paraguayo de los paraguayos, el más yuyo de esta tierra, el más saliva de esta boca, ha nacido en Asturias, de madre española y padre inglés, y se ha educado en París.

(37)

1908
Alto Paraná

Los yerbales

Uno de los pecados que Barrett ha cometido, imperdonable violación de tabú, es la denuncia de la esclavitud en las plantaciones de yerbamate.

Cuando hace cuarenta años acabó la guerra de exterminio contra el Paraguay, los países vencedores legalizaron, en nombre de la Civilización y de la Libertad, la esclavitud de los sobrevivientes y de los hijos de los sobrevivientes. Desde entonces los latifundistas argentinos y brasileños cuentan por cabezas, como si fueran vacas, a sus peones paraguayos.

(37)

1908
San Andrés de Sotavento

Decide el gobierno que los indios no existen

El gobernador, general Miguel Marino Torralvo, expide el certificado exigido por las empresas petroleras que operan en la costa de Colombia. *Los indios no existen,* certifica el gobernador, ante escribano y con testigos. Hace ya tres años que la ley número 1905/55, aprobada en Bogotá por el Congreso Nacional, estableció que los indios no existían en San Andrés de Sotavento y otras comunidades indias donde habían brotado súbitos chorros de petróleo. Ahora el gobernador no hace más que confirmar la ley. Si los indios existieran, serían ilegales. Por eso han sido enviados al cementerio o al destierro.

(160)

1908
San Andrés de Sotavento

Retrato de un señor de vidas y haciendas

El general Miguel Marino Torralvo, pisador de indios y mujeres, glotón de tierras, gobierna de a caballo estas comarcas de la costa colombiana. Con el mango del chicote golpea caras y puertas y señala destinos. Quienes con él se cruzan, le besan la mano. De a caballo va por los caminos, en su traje blanco impecable, siempre seguido por un paje en burro. El paje le lleva el brandy, el agua hervida, el estuche de afeitarse y el cuaderno donde el general anota los nombres de las doncellas que se come.

Sus propiedades van creciendo a su paso. Empezó con una finca ganadera y ya tiene seis. Partidario del progreso sin olvidar la tradición, usa el alambre de púas para poner límite a las tierras y el cepo para poner límite a las gentes.

(160).

1908
Guanape

Retrato de otro señor de vidas y haciendas

Ordena:

—*Díganle que ya vaya cargando su mortaja en el anca del caballo.*

Castiga de cinco balazos, por faltar a la obligación, al siervo que se demora en pagar la fanega de maíz que debe, o al que se anda con vueltas a la hora de ceder una hija o una tierra:

—*De a poco* —ordena—. *Y que sólo el último balazo sea de muerte.*

Ni la propia familia se salva de las iras de Deogracias Itriago, mandamás del valle venezolano de Guanape. Una noche, un pariente le montó su mejor caballo, por llegar con lucimiento al baile: a la mañana siguiente, don Deogracias lo hizo atar boca abajo a cuatro estacas y con el rallador de yuca le desolló los pies y las asentaderas, para quitarle las ganas de bailar y de lucirse en caballo ajeno.

Cuando por fin lo matan, en un descuido, unos peones por él condenados, durante nueve noches reza la familia el novenario de difuntos y nueve noches de baile corrido celebra el pueblo de Guanape. Nadie se cansa de alegrarse y ningún músico cobra por tocar tan seguido.

(410)

1908
Mérida de Yucatán

Telón y después

Ya se aleja el tren, ya se marcha el presidente de México. Porfirio Díaz ha examinado las plantaciones de henequén en Yucatán y se está llevando la más grata impresión:

—*Bello espectáculo* —dijo, mientras cenaba con el obispo y con los dueños de millones de hectáreas y millares de indios que producen fibras baratas para la International Harvester Company—. *Aquí se respira una atmósfera de felicidad general.*

Ya se pierde en el aire la humareda de la locomotora. Y entonces caen, volteadas de un manotazo, las .casas de cartón pintado, con sus ventanas galanas; guirnaldas y banderitas se hacen basura, basura barrida, basura quemada, y el viento arranca de un soplido los arcos de flores que cubrían los caminos. Concluida la fugaz visita, los mercaderes de Mérida recuperan las máquinas de coser, los muebles norteamericanos y las ropas flamantes que los esclavos han lucido mientras duró la función.

Los esclavos son indios mayas, de aquellos que hasta hace poco vivían libres en el reino de la pequeña cruz que habló, y también indios yaquis de las llanuras del norte, comprados a cuatrocientos pesos por cabeza. Duermen amontonados en fortalezas de piedra y trabajan al ritmo del látigo mojado. Cuando alguno se pone arisco, lo sepultan hasta las orejas y le echan los caballos.

(40, 44, 245 y 451)

1908
Ciudad Juárez

Se busca

Hace un par de años, los *rangers* norteamericanos cruzaron la frontera de México, a pedido de Porfirio Díaz, para aplastar la huelga de los mineros del cobre en Sonora. Con presos y fusilados acabó, después, la huelga en los talleres textiles de Veracruz. Este año han estallado huelgas en Coahuila, Chihuahua y Yucatán.

La huelga, que perturba el orden, es un crimen. Quien la comete, comete crimen. Los hermanos Flores Magón, agitadores de la clase obrera, son los criminales de máxima peligrosidad. Sus rostros se exhiben en la pared de la estación del ferrocarril, en Ciudad Juárez y en todas las estaciones de ambos lados de la frontera. Por cada uno de los hermanos, la agencia de detectives Furlong ofrece cuarenta mil dólares de recompensa.

Los Flores Magón llevan unos cuantos años burlándose del eterno Porfirio Díaz. Desde sus periódicos y panfletos han enseñado al pueblo a perderle el respeto. Después de perderle el respeto, el pueblo empieza a perderle el miedo.

(40, 44 y 245)

1908
Caracas

Castro

Saluda dando el dedo índice, porque nadie es digno de los otros cuatro. Cipriano Castro reina en Venezuela, y a modo de corona usa un gorro de borla colgante. Anuncia su paso la chillona trompetería, el trueno de los aplausos y el crujidero de espaldas que se inclinan. Lo sigue una caravana de matasietes y payasos de corte. Castro es petiso, corajudo, bailarín y mujeriego, como Bolívar, y pone cara de Bolívar cuando posa para la inmortalidad; pero Bolívar perdió algunas batallas y Castro, el Siempre Invicto, nunca.

Tiene los calabozos llenos de gente. No confía en nadie, salvo en Juan Vicente Gómez, su brazo derecho en la guerra y el gobierno, que llama a Castro el Hombre Más Grande de los Tiempos Modernos. Menos que nadie confía Castro en los médicos locales, que curan la lepra y la locura con caldo de buitre hervido, de modo que decide poner sus achaques en manos de altos sabios de Alemania.

En el puerto de La Guaira, embarca hacia Europa. No bien la nave se aleja de los muelles, Gómez le roba el poder.

(193 y 344)

1908
Caracas

Muñecas

Cada varón venezolano es el Cipriano Castro de las mujeres que le tocan.

Una señorita como es debido sirve al padre y a los hermanos como servirá al marido, y no hace ni dice nada sin pedir permiso. Si tiene dinero o buena cuna, acude a misa de siete y pasa el día aprendiendo a dar órdenes a la servidumbre negra, cocineras, sirvientas, nodrizas, niñeras, lavanderas, y haciendo labores de aguja o bolillo. A veces recibe amigas, y hasta se atreve a recomendar alguna descocada novela susurrando:

—Si vieras cómo me hizo llorar...

Dos veces a la semana, en la tardecita, pasa algunas horas escuchando al novio sin mirarlo y sin permitir que se le arrime, ambos sentados en el sofá ante la atenta mirada de la tía. Todas las noches, antes de acostarse, reza las avemarías del rosario y se aplica en el cutis una infusión de pétalos de jazmín macerados en agua de lluvia al claro de luna.

Si el novio la abandona, ella se convierte súbitamente en tía y queda en consecuencia condenada a vestir santos y difuntos y recién nacidos, a vigilar novios, a cuidar enfermos, a dar catecismo y a suspirar por las noches, en la soledad de la cama, contemplando el retrato del desdeñoso.

(117)

1909
París

Teoría de la impotencia nacional

El boliviano Alcides Arguedas, becado en París por Simón Patiño, publica un nuevo libro, llamado *Pueblo enfermo*. El rey del estaño le da de comer para que Arguedas diga que el pueblo de Bolivia no está enfermo: *es* enfermo.

Hace algún tiempo, otro pensador boliviano, Gabriel René Moreno, descubrió que el cerebro indígena y el cerebro mestizo son *celularmente incapaces* y que pesan entre cinco, siete y diez onzas menos que el cerebro de raza blanca. Ahora Arguedas sentencia que los mestizos heredan las peores taras de sus estirpes y que por eso el pueblo boliviano no quiere bañarse ni ilustrarse, no sabe leer pero sabe emborracharse, tiene dos caras y es egoísta, haragán y triste. Las mil y una miserias del pueblo boliviano provienen, pues, de su propia naturaleza. Nada tienen que ver con la voracidad de sus señores. He aquí un pueblo condenado por la biología y reducido a la zoología. Bestial fatalidad del buey: incapaz de hacer su historia, sólo puede cumplir su destino. Y ese destino, ese irremediable fracaso, no está escrito en los astros sino en la sangre.

(29 y 473)

1909
Nueva York

Charlotte

¿Qué ocurriría si una mujer despertara una mañana convertida en hombre? ¿Y si la familia no fuera el campo de entrenamiento donde el niño aprender a mandar y la niña a obedecer? ¿Y si hubiera guarderías infantiles? ¿Y si el marido compartiera la limpieza y la cocina? ¿Y si la inocencia se hiciera dignidad? ¿Y si la razón y la emoción anduvieran del brazo? ¿Y si los predicadores y los diarios dijeran la verdad? ¿Y si nadie fuera propiedad de nadie?

Charlotte Gilman delira. La prensa norteamericana la ataca llamándola *madre desnaturalizada;* y más ferozmente la atacan los fantasmas que le habitan el alma y la muerden por dentro. Son ellos, los temibles enemigos que Charlotte contiene, quienes a veces consiguen derribarla. Pero ella cae y se levanta y cae y nuevamente se levanta y vuelve a lanzarse al camino. Esta tenaz caminadora viaja sin descanso por los Estados Unidos y por escrito y por hablado va anunciando un mundo al revés.

(195 y 196)

1909
Managua

Las relaciones interamericanas y sus métodos más habituales

Philander Knox fue abogado y es accionista de la empresa The Rosario and Light Mines. Además, es Secretario de Estado del gobierno de los Estados Unidos. El presidente de Nicaragua, José Santos Zelaya, no trata con el debido respeto a la empresa The Rosario and Light Mines. Zelaya pretende que la empresa pague los impuestos que jamás pagó. El presidente tampoco trata con el debido respeto a la Iglesia. La Santa Madre se la tiene jurada desde que Zelaya le expropió tierras y le suprimió los diezmos y las primicias y le profanó el sacramento del matrimonio con una ley de divorcio. De modo que la Iglesia aplaude cuando los Estados Unidos rompen relaciones con Nicaragua y el Secretario de Estado Philander Knox envía unos cuantos *marines* que tumban al presidente Zelaya y ponen en su lugar al contador de la empresa The Rosario and Light Mines.

(10 y 56)

1910
Selva del Amazonas

Los comegente

En un santiamén se derrumba el precio del caucho, que cae a la tercera parte, y de mala manera acaba el sueño de prosperidad de las ciudades amazónicas. El mercado mundial despierta con una súbita bofetada a las bellas durmientes, echadas en la selva a la sombra del árbol de la goma: Belem do Pará, Manaos, Iquitos... De un día para el otro, la llamada Tierra del Mañana se convierte en Tierra del Nunca o a lo sumo del Ayer, abandonada por los mercaderes que le han sacado el jugo. Los grandes dineros del caucho huyen de la selva del Amazonas hacia las nuevas plantaciones asiáticas, que producen mejor y más barato.

Éste ha sido un negocio caníbal. *Comegente* llamaban los indios a los cazadores de esclavos, que andaban por los ríos en busca de mano de obra. De tupidos pueblos no han dejado más que las sobras. Los comegente remitían a los indios, atados, a las empresas caucheras. Los despachaban en las bodegas de los barcos, junto a las demás mercancías, con su correspondiente factura por comisión de venta y gastos de flete.

(*92, 119 y 462*)

1910
Río de Janeiro

El Almirante Negro

A bordo, toque de silencio. Un oficial lee la condena. Resuenan, furiosos, los tambores, mientras se azota a un marinero por cualquier indisciplina. De rodillas, atado a la balaustrada de cubierta, el condenado recibe su castigo a la vista de toda la tripulación. Los últimos latigazos, doscientos cuarenta y ocho, doscientos cuarenta y nueve, doscientos cincuenta, golpean un cuerpo en carne viva, bañado en sangre, desmayado o muerto.

Y estalla el motín. En las aguas de la bahía de Guanabara, se subleva la marinería. Tres oficiales caen, pasados a cuchillo. Lucen pabellón rojo los navíos de guerra. Un marinero raso es el nuevo jefe de la escuadra. João Cándido, el Almirante Negro, se alza al viento, en la torre de mando de la nave capitana, y los parias en rebelión le presentan armas.

Al amanecer, dos cañonazos despiertan a Río de Janeiro. El Almirante Negro advierte: tiene la ciudad a su merced, y si no se prohíbe el azote, que es costumbre de la Armada brasileña, arrasará Río sin dejar piedra sobre piedra. También exige una amnistía. Apuntan a los más importantes edificios las bocas de los cañones de los acorazados:

—*Queremos respuesta ya y ya.*

La ciudad, en pánico, obedece. El gobierno declara abolidos los castigos corporales en la Armada y dicta el perdón de los alzados. João Cándido se quita el pañuelo rojo del cuello y somete la espada. El almirante vuelve a ser marinero.

(303)

1910
Río de Janeiro

Retrato del abogado más caro del Brasil

Hace seis años, se opuso a la vacuna antivariólica en nombre de la Libertad. La epidermis del individuo es tan inviolable como su conciencia, decía Rui Barbosa: el Estado no tiene derecho a violar el pensamiento ni el cuerpo, ni siquiera en nombre de la higiene pública. Ahora, condena *con toda severidad la violencia y la barbarie* de la rebelión de los marineros. El iluminado jurista y preclaro legislador se opone al azote pero repudia los métodos de los azotados. Los marineros, dice, no han planteado su justa demanda como es debido, civilizadamente, *por los medios constitucionales, utilizando los canales competentes dentro del marco de las normas jurídicas en vigencia.*

Rui Barbosa cree en la Ley, y fundamenta su fe con eruditas citas de romanos imperiales y liberales ingleses. En la realidad, en cambio, no cree. El doctor sólo muestra cierto realismo cuando a fin de mes cobra su sueldo de abogado de la empresa extranjera Light and Power, que en el Brasil manda más que Dios.

(272 y 303)

La realidad y la ley rara vez se encuentran,

en este país de esclavos legalmente libres, y cuando se encuentran no se saludan. Tienen la tinta todavía fresca las leyes que han puesto fin a la revuelta de la marinería, cuando alevosamente los oficiales vuelven al azote y asesinan a los rebeldes recién amnistiados. Muchos marineros mueren fusilados en alta mar. Muchos más, sepultados vivos en las catacumbas de la Isla das Cobras, llamada Isla de la Desesperación, donde les arrojan agua con cal cuando se quejan de sed.

El Almirante Negro va a parar a un manicomio.

(303)

Tolstoi

Desterrado por pobre y por judío, Isaac Zimerman vino a parar a la Argentina. La primera vez que vio un mate creyó que era un tintero, y la lapicera le quemó la mano. En esta pampa levantó su rancho, no lejos de los ranchos de otros peregrinos también venidos de los valles del río Dniéster; y aquí hizo hijos y cosechas.

Isaac y su mujer tienen muy poco, casi nada, y lo poco que tienen lo tienen con gracia. Unos cajones de verdura sirven de mesa, pero el mantel luce siempre almidonado, siempre muy blanco, y sobre el mantel las flores dan color y las manzanas, aroma.

Una noche, los hijos encuentran a Isaac sentado ante esa mesa, con la cabeza entre las manos, derrumbado. A la luz de la vela le descubren la cara mojada. Y él les cuenta. Les dice que por pura casualidad acaba de enterarse de que allá lejos, en la otra punta del mundo, ha muerto León Tolstoi. Y les explica quién era ese viejo amigo de los campesinos, que tan grandiosamente supo retratar su tiempo y anunciar otro.

(155)

1910
La Habana

El cine

Escalerita al hombro anda el farolero. Con su larga pértiga enciende las mechas, para que pueda la gente caminar sin tropiezos por las calles de La Habana.

En bicicleta anda el mensajero. Lleva rollos de películas bajo el brazo, de un cine al otro, para que pueda la gente caminar sin tropiezos por otros mundos y otros tiempos y flotar en el alto cielo junto a una muchacha sentada en una estrella.

Dos salas tiene esta ciudad consagradas a la mayor maravilla de la vida moderna. Las dos ofrecen las mismas películas. Cuando el mensajero se demora con los rollos, el pianista entretiene a la concurrencia con valses y danzones, o el acomodador recita selectos fragmentos de *Don Juan Tenorio*. Pero el público se come las uñas esperando que en la oscuridad resplandezca la mujer fatal con sus ojeras de dormitorio o galopen los caballeros de cota de malla, a paso de epilepsia, rumbo al castillo envuelto en niebla.

El cine roba el público del circo. Ya no hace cola la multitud por ver al bigotudo domador de leones, ni a la Bella Geraldine envainada en lentejuelas, refulgiendo de pie sobre el percherón de ancas enormes. También los titiriteros abandonan La Habana y se van a deambular por playas y pueblos, y huyen los gitanos que leen la ventura, el oso melancólico que baila al son del pandero, el chivo que da vueltas sobre el taburete y los escuálidos saltimbanquis vestidos de ajedrez. Todos ellos se van de La Habana porque la gente ya no les arroja monedas por admiración sino por lástima.

No hay quien pueda contra el cine. El cine es más milagroso que el agua de Lourdes. Con canela de Ceilán se cura el frío de vientre, con perejil el reuma y con cine todo lo demás.

(292)

1910
Ciudad de México

El Centenario y el amor

Por cumplirse cien años de la independencia de México, todos los burdeles de la capital lucen el retrato del presidente Porfirio Díaz. En la ciudad de México, dos de cada diez mujeres jóvenes ejercen la prostitución. Paz y Orden, Orden y Progreso: la ley regula este oficio tan numeroso. La ley de burdeles, promulgada por don Porfirio, prohíbe practicar el comercio carnal sin el debido disimulo o en las cercanías de escuelas e iglesias. También prohíbe la mezcla de clases sociales —*en los burdeles sólo habrá mujeres de la clase a la que pertenezcan los clientes*—, a la par que impone controles sanitarios y gravámenes y obliga a las matronas *a impedir que sus pupilas salgan a la calle reunidas en grupos que llamen la atención.* No siendo en grupos, pueden salir: condenadas a malvivir entre la cama, el hospital y la cárcel, las putas tienen al menos el derecho a uno que otro paseíto por la ciudad. En este sentido, son más afortunadas que los indios. Por orden del presidente, indio mixteco casi puro, los indios no pueden caminar por las avenidas principales ni sentarse en las plazas públicas.

(300)

1910
Ciudad de México

El Centenario y la comida

Se inaugura el Centenario con un banquete de alta cocina francesa en los salones del Palacio Nacional. Trescientos cincuenta camareros sirven los platos preparados por los cuarenta cocineros y sesenta ayudantes que actúan a las órdenes del eximio Sylvain Daumont.
    Los mexicanos elegantes comen en francés. Prefieren la *crêpe* a la tortilla de maíz, parienta pobre aquí nacida, y los *oeufs cocotte*

a los huevos rancheros. La salsa *béchamel* les resulta mucho más digna que el guacamole, por ser el guacamole una deliciosa pero muy indígena mezcla de aguacate con tomate y chile. Puestos a elegir entre la pimienta extranjera y el chile o ají mexicano, los señoritos reniegan del chile, aunque después se deslicen a hurtadillas hasta la cocina de casa para comerlo a escondidas, molido o entero, acompañante o acompañado, relleno o solo, desnudo o sin pelar.

(318)

1910
Ciudad de México

El Centenario y el arte

No celebra México su fiesta patria con una muestra de artes plásticas nacionales, sino con una gran exposición de arte español, traída desde Madrid. Para que los artistas españoles se luzcan como merecen, don Porfirio les ha construido un pabellón especial en pleno centro.

En México hasta las piedras del edificio de Correos han venido de Europa, como todo lo que aquí se considera digno de ser mirado. De Italia, Francia, España o Inglaterra llegan los materiales de construcción y también los arquitectos, y cuando el dinero no alcanza para importar arquitectos, los arquitectos nativos se encargan de levantar casas igualitas a las de Roma, París, Madrid o Londres. Mientras tanto, los pintores mexicanos pintan Vírgenes en éxtasis, rechonchos cupidos y señoras de alta sociedad al modo europeo de hace medio siglo y los escultores titulan en francés, *Malgré Tout, Désespoir, Après l'Orgie,* sus monumentales mármoles y bronces.

Al margen del arte oficial y lejos de sus figurones, el grabador José Guadalupe Posada es el genial desnudador de su país y de su tiempo. Ningún crítico lo toma en serio. No tiene ningún alumno, aunque hay un par de jóvenes artistas mexicanos que lo siguen desde que eran niños. José Clemente Orozco y Diego Rivera acuden al pequeño taller de Posada y lo miran trabajar, devotamente, como en misa, mientras van cayendo al suelo las virutas de metal al paso del buril sobre las planchas.

(44 y 47)

1910
Ciudad de México

El Centenario y el dictador

En el apogeo de las celebraciones del Centenario, don Porfirio inaugura un manicomio. Poco después, coloca la primera piedra de una nueva cárcel.

Condecorado hasta en la barriga, su emplumada cabeza reina allá en lo alto de una nube de sombreros de copa y cascos imperiales. Sus cortesanos, reumáticos ancianos de levita y polainas y flor en el ojal, bailan al ritmo de *Viva mi desgracia*, el vals de moda. Una orquesta de ciento cincuenta músicos toca bajo treinta mil estrellas eléctricas en el gran salón del Palacio Nacional.

Un mes entero duran los festejos. Don Porfirio, ocho veces reelegido por él mismo, aprovecha uno de estos históricos bailes para anunciar que ya se viene su noveno período presidencial. Al mismo tiempo, confirma la concesión del cobre, el petróleo y la tierra a Morgan, Guggenheim, Rockefeller y Hearst por noventa y nueve años. Lleva más de treinta años el dictador, inmóvil, sordo, administrando el más vasto territorio tropical de los Estados Unidos.

Una de estas noches, en plena farra patriótica, el cometa Halley irrumpe en el cielo. Cunde el pánico. La prensa anuncia que el cometa meterá la cola en México y que se viene el incendio general.

(40, 44 y 391)

1911
Anenecuilco

Zapata

Nació jinete, arriero y domador. Cabalga deslizándose, navegando a caballo las praderas, cuidadoso de no importunar el hondo sueño de la tierra. Emiliano Zapata es hombre de silencios. Él dice callando.

Los campesinos de Anenecuilco, su aldea, casitas de adobe y palma salpicadas en la colina, han hecho jefe a Zapata y le han entregado los papeles del tiempo de los virreyes, para que él sepa guardarlos y defenderlos. Ese manojo de documentos prueba que esta comunidad, aquí arraigada desde siempre, no es intrusa en su tierra.

La comunidad de Anenecuilco está estrangulada, como todas las demás comunidades de la región mexicana de Morelos. Cada vez hay menos islas de maíz en el océano del azúcar. De la aldea de Tequesquitengo, condenada a morir porque sus indios libres se negaban a convertirse en peones de cuadrilla, no queda más que la cruz de la torre de la iglesia. Las inmensas plantaciones embisten tragando tierras, aguas y bosques. No dejan sitio ni para enterrar a los muertos:

—*Si quieren sembrar, siembren en macetas.*

Matones y leguleyos se ocupan del despojo, mientras los devoradores de comunidades escuchan conciertos en sus jardines y crían caballos de polo y perros de exposición.

Zapata, caudillo de los lugareños avasallados, entierra los títulos virreinales bajo el piso de la iglesia de Anenecuilco y se lanza a la pelea. Su tropa de indios, bien plantada, bien montada, mal armada, crece al andar.

(468)

1911
Ciudad de México

Madero

Mientras Zapata desencadena la insurrección en el sur, todo el norte de México se levanta en torno a Francisco Madero. Al cabo de más de treinta años de trono continuo, Porfirio Díaz se desploma en un par de meses.

Madero, el nuevo presidente, es virtuoso hijo de la Constitución liberal. Él quiere salvar a México por la vía de la reforma jurídica. Zapata exige la reforma agraria. Ante el clamor de los campesinos, los nuevos diputados prometen estudiarles la miseria.

(44 y 194)

1911
Campos de Chihuahua

Pancho Villa

De todos los jefes norteños que han llevado a Madero a la presidencia de México, Pancho Villa es el más querido y queredor. Le gusta casarse y lo hace a cada rato. Con una pistola en la nuca, no hay cura que se niegue ni muchacha que se resista. También le gusta bailar el tapatío al son de la marimba y meterse al tiroteo. Como lluvia en el sombrero le rebotan las balas.

Se había echado al desierto muy temprano:

—*Para mí la guerra empezó cuando nací.*

Era casi niño cuando vengó a la hermana. De las muchas muertes que debe, la primera fue de patrón; y tuvo que hacerse cuatrero. Había nacido llamándose Doroteo Arango. Pancho Villa era otro, un compañero de banda, un amigo, el más querido: cuando los guardias rurales mataron a Pancho Villa, Doroteo Arango le recogió el nombre y se lo quedó. Él pasó a llamarse Pancho Villa, contra la muerte y el olvido, para que su amigo siguiera siendo.

(206)

1911
Machu Picchu

El último santuario de los incas

no había muerto, pero estaba dormido. El río Urubamba, espumoso, rugidor, llevaba siglos echando su poderoso aliento sobre las piedras sagradas, y esos vapores las habían cubierto con un manto de espesa selva que les guardaba el sueño. Así había seguido siendo secreto el baluarte final de los incas, la morada última de los reyes indios del Perú.

Entre montañas de nieve que no figuran en los mapas, un arqueólogo norteamericano, Hiram Bingham, encuentra Machu Picchu.

Un niño de por aquí lo lleva de la mano a lo largo de los despeñaderos hasta el alto trono enmascarado por las nubes y por la vegetación. Bingham descubre las blancas piedras **vivas** bajo el verdor y las revela, despiertas, al mundo.

(53 y 453)

1912
Quito

Alfaro

Una mujer alta, toda vestida de negro, maldice al presidente Alfaro mientras clava el puñal en su cadáver. Después levanta en la punta de un palo, bandera flameante, el ensangrentado jirón de su camisa.

Tras la mujer de negro, marchan los vengadores de la Santa Madre Iglesia. Con sogas van arrastrando, por los pies, al muerto desnudo. Desde las ventanas, llueven flores. Chillan vivas a la religión las viejas comesantos, tragahostias, cuentachismes. Se enchastran de sangre las calles empedradas, que los perros y las lluvias nunca podrán lavar del todo. En el fuego culmina la carnicería. Se enciende una gran hoguera y allí echan lo que queda del viejo Alfaro. Después pisotean sus cenizas los matones y los hampones a sueldo de señoritos.

Eloy Alfaro había osado expropiar las tierras de la Iglesia, dueña de mucho Ecuador, y con sus rentas había creado escuelas y hospitales. Amigo de Dios pero no del Papa, había implantado el divorcio y había liberado a los indios presos por deudas. A nadie odiaban tanto los de sotana ni temían tanto los de levita.

Cae la noche. Huele a carne quemada el aire de Quito. La banda militar toca valses y pasillos en la retreta de la Plaza Grande, como todos los domingos.

(12, 24, 265 y 332)

Coplas tristes del cancionero ecuatoriano

No se me acerque nadie.
Háganse a un lado:
tengo un mal contagioso,
soy desdichado.

Solo soy, solo nací,
solo me parió mi madre,
y solito me mantengo
como la pluma en el aire.

¿Para qué quiere el ciego
casa pintada,
ni a la calle balcones,
si no ve nada?

(294)

1912
Cantón Santa Ana

Crónica de costumbres de Manabí

Eloy Alfaro había nacido en la costa del Ecuador, en la provincia de Manabí. En esta tierra caliente, comarca de insolencias y violencias, nadie ha hecho el menor caso de la ley de divorcio que Alfaro sacó adelante contra viento y marea: aquí es más fácil enviudar que enredarse en trámites. En la cama donde dos se duermen, a veces despierta uno. Los manabitas han ganado fama de pocas pulgas, ningún dinero y mucho corazón.

Martín Vera era un raro en Manabí. Se le había herrumbado el cuchillo, de tanto tenerlo quieto en la vaina. Cuando el cerdo de los vecinos se metió en su tierrita, y le comió las yucas, Martín fue a hablar con ellos, con los Rosado, y buenamente les pidió que lo encerraran. A la segunda escapada, Martín se ofreció a reparar, gratis, las destartaladas paredes del chiquero. Pero a la tercera correría, mientras el cerdo retozaba en los cultivos, Martín le disparó un tiro de escopeta. Cayó el pernicioso cuan redondo era. Los Rosado lo arrastraron hacia su tierra, para darle porcina sepultura.

Los Vera y los Rosado dejaron de saludarse. Unos días después, iba el verdugo del chancho por el despeñadero de El Calvo, prendido a las crincs de su mula, cuando un balazo lo dejó colgado del estribo. La mula trajo a Martín Vera de a rastras, pero ya ninguna rezadora pudo ayudarlo a bien morir.

Huyeron los Rosado. Cuando los hijos de Martín les dieron caza en un convento vacío, cerca de Colimas, armaron un buen incendio a su alrededor. Los Rosado, treinta en total, tuvieron que elegir la muerte. Unos acabaron por fuego, hechos chicharrón, y otros por bala, hechos colador.

Ocurrió hace un año. Ya la selva ha devorado los plantíos de las dos familias, tierra sin nadie.

(226)

1912
Pajeú de Flores

Las guerras de familia

En los desiertos del nordeste del Brasil, los que mandan heredan la tierra y el odio: tierra triste, tierra muerta de sed, y odio que las parentelas perpetúan de generación en generación, de venganza en venganza, por siempre jamás. En Ceará hay guerra eterna de la familia Cunha contra la familia Pataca y practican el mutuo exterminio los Montes y los Feitosas. En Paraíba, los Dantas y los Nóbregas se matan entre sí. En Pernambuco, en la comarca del río Pajeú, cada Pereira recién nacido recibe de sus parientes y padrinos la orden de cazar su Carvalho; y cada Carvalho que nace viene al mundo para liquidar al Pereira que le toca.

Del lado de los Pereiras, contra los Carvalhos, dispara sus primeros tiros Virgulino da Silva Ferreira, llamado Lampião. Casi niño todavía, se hace cangaceiro. No vale mucho la vida por estos parajes, donde no hay más hospital que el cementerio. Si Lampião fuera hijo de ricos, no mataría por cuenta de otros: mandaría matar.

(343)

1912
Daiquirí

Vida cotidiana en el Mar Caribe: una invasión

La enmienda Platt, obra del senador Platt, de Connecticut, es la llave que los Estados Unidos usan para entrar en Cuba a la hora que quieren. La enmienda, que forma parte de la Constitución cubana, autoriza a los Estados Unidos a invadir y a quedarse y les atribuye el poder de decidir cuál es el presidente adecuado para Cuba.

El presidente adecuado para Cuba, Mario García Menocal, que también preside la Cuban American Sugar Company, aplica la enmienda Platt convocando a los *marines* para que desalboroten el alboroto: hay muchos negros sublevados, y ninguno de ellos tiene una gran opinión sobre la propiedad privada. De modo que dos barcos de guerra acuden y los *marines* desembarcan en la playa de Daiquirí y corren a proteger las minas de hierro y cobre de las empresas Spanish American y Cuban Copper, amenazadas por la ira negra, y los molinos de azúcar a lo largo de las vías de la Guantánamo and Western Railroad.

(208 y 241)

1912
Niquinohomo

Vida cotidiana en América Central: otra invasión

Nicaragua paga a los Estados Unidos una colosal indemnización por *daños morales*. Esos daños han sido infligidos por el caído presidente Zelaya, quien ofendió gravemente a las empresas norteamericanas cuando pretendió cobrarles impuestos.

Como Nicaragua carece de fondos, los banqueros de los Estados Unidos le prestan el dinero para pagar la indemnización. Y como además de carecer de fondos, Nicaragua carece de garantía, el Secretario de Estado de los Estados Unidos, Philander Knox, envía nuevamente a los *marines*, que se apoderan de las aduanas, los bancos nacionales y el ferrocarril.

Benjamín Zeledón encabeza la resistencia. Tiene cara de nuevo y ojos de asombro el jefe de los patriotas. Los invasores no pueden derribarlo por soborno, porque Zeledón escupe sobre el dinero, pero lo derriban por traición.

Augusto César Sandino, un peón cualquiera de un pueblito cualquiera, ve pasar el cadáver de Zeledón arrastrado por el polvo, atado de pies y manos a la montura de un invasor borracho.

(10 y 56)

1912
Ciudad de México

Huerta

tiene cara de muerto maligno. Los lentes negros, fulgurantes, son lo único vivo de su cara.

Veterano guardaespaldas de Porfirio Díaz, Victoriano Huerta se convirtió súbitamente a la Democracia el día en que la dictadura cayó. Ahora es el brazo derecho del presidente Madero, y se ha lanzado a la cacería de revolucionarios. Al norte atrapa a Pancho Villa y al sur a Gildardo Magaña, lugarteniente de Zapata, y ya los da por fusilados, ya está el pelotón acariciando los gatillos, cuando el perdón del presidente interrumpe la ceremonia:

—*Vino la muerte a buscarme* —suspira Villa—, *pero se equivocó de hora.*

Los dos resucitados van a parar a una misma celda en la prisión de Tlatelolco. Conversando pasan los días y los meses. Magaña habla de Zapata y de su plan de reforma agraria y del presidente Madero, que se hace el sordo porque quiere quedar bien con los campesinos y con los terratenientes, *montado en dos caballos a la vez.*

Un pequeño pizarrón y un par de libros llegan a la celda. Pancho Villa sabe leer personas, pero no letras. Magaña le enseña; y juntos van entrando, palabra por palabra, estocada tras estocada, en los castillos de *Los tres mosqueteros*. Después emprenden viaje por *Don Quijote de La Mancha*, locos caminos de la vieja España; y Pancho Villa, el feroz guerrero del desierto, acaricia las páginas con mano de amante. Magaña le cuenta:

—*Este libro... ¿Sabes? Lo escribió un preso. Uno como nosotros.*

(194 y 206)

1913
Ciudad de México

Una soga de dieciocho centavos

El presidente Madero aplica un impuesto, un impuestito, a las jamás tocadas empresas petroleras, y el embajador norteamericano, Henry Lane Wilson, amenaza con la invasión. Anuncia el embajador que varios barcos de guerra avanzan sobre los puertos de México, mientras el general Huerta se subleva y embiste a cañonazos contra el Palacio Nacional.

El destino de Madero se discute en el Salón de Fumar de la embajada de los Estados Unidos. Se resuelve aplicarle la ley de fugas. Lo suben a un auto y al rato le ordenan bajar y lo acribillan en la calle.

El general Huerta, nuevo presidente, acude a un banquete en el Jockey Club. Allí anuncia que tiene un buen remedio, una soga de dieciocho centavos, para acabar con Emiliano Zapata y Pancho Villa y los demás enemigos del orden.

(194 y 246)

1913
Jonacatepec

El sur de México se crece en el castigo

Los oficiales de Huerta, veteranos en el oficio de masacrar indios rebeldes, se proponen limpiar las comarcas del sur incendiando pueblos y cazando campesinos. Cae muerto o preso todo el que encuentran porque, ¿quién que en el sur sea no es de Zapata?

El ejército de Zapata anda hambriento y enfermo, desflecado, pero el jefe de los sin tierra sabe lo que quiere y su gente cree en lo que hace; y ni las quemas ni las levas pueden contra eso. Mientras los diarios de la capital informan que *han sido destruidas por completo las hordas zapatistas*, Zapata vuela trenes, sorprende y aniquila guarniciones, ocupa pueblos, asalta ciudades y deambula a su antojo por montes y barrancas, peleando y amando como si nada.

Zapata duerme donde quiere y con la que quiere, pero entre todas prefiere a dos que son una.

(468)

Zapata y ellas

Éramos gemelas. Las dos éramos Luces, por el día en que nos bautizamos, y las dos Gregorias por el día en que nacimos. A ella le decían Luz y a mí Gregoria y ya allí estábamos las dos señoritas en la casa cuando el zapatismo llegó. Y entonces el jefe Zapata empezó a convencer a mi hermana de que se fuera con él:

—Mira, vente.

Y un mero 15 de setiembre pasó allá y se la llevó.

Ya después, en esto de andar andando, murió mi hermana, en Huautla, de un mal que le nombran, ¿cómo le nombran?, San Vito, mal de San Vito. Tres días y tres noches estuvo allá el jefe Zapata sin comer ni beber nada.

Estábamos acabando de arder las ceritas a mi hermana y ay, ay, ay, que él me lleva a la fuerza. Dijo que yo le pertenecía porque éramos una mi hermana y yo...

(244)

1913
Campos de Chihuahua

El norte de México celebra guerra y fiesta

Cantan los gallos a la hora que quieren. Se ha puesto esta tierra loca
y ardiente; y todo el mundo se alza.

—Ya nos vamos, mujer, nos vamos a la guerra.

—¿Y yo por qué?

—¿Quieres que en la guerra me muera de hambre? ¿Quién va
a hacerme las tortillas?

Bandadas de zopilotes persiguen por llanos y montañas a los
peones armados. Si la vida no vale nada, ¿cuánto vale la muerte?
Como dados se echan los hombres a rodar, que se vino el alboroto,
y rodando en el tiroteo encuentran venganza o encuentran olvido,
tierrita de alimento o de cobija.

—¡Viene Pancho Villa! —celebran los peones.

—¡Viene Pancho Villa! —se persignan los mayorales.

—¿Dónde, dónde está? —pregunta el general Huerta, Huerta
el usurpador.

—En el norte, sur, este y oeste; y también en ninguna parte
—comprueba el comandante de la guarnición de Chihuahua.

Ante el enemigo, Pancho Villa es siempre el primero en arre-
meter, galopando hasta meterse en las humeantes bocas de los cañones. En plena batalla, ríe risas de caballo. Como pez fuera del
agua le boquea el corazón.

—*El general no es malo. Es emocionadito* —explican sus oficiales.

Por emocionadito, y por la pura alegría, a veces despanzurra de
un balazo al mensajero que llega a todo galope trayendo buenas
noticias desde el frente.

(206 y 260)

1913
Culiacán

Las balas

Hay balas con imaginación, que se divierten afligiendo carne, descubre Martín Luis Guzmán. Él conocía las balas serias, que sirven al furor humano, pero no sabía de las balas que juegan con el humano dolor.

Por tener mala puntería y buena voluntad, el joven novelista Guzmán se convierte en director de uno de los hospitales de Pancho Villa. Los heridos se amontonan en la mugre sin más remedio que apretar los dientes, si tienen.

Recorriendo las salas repletas, Guzmán comprueba la inverosímil trayectoria de las balas fantaseadoras, capaces de vaciar un ojo dejando vivo el cuerpo o de meter un pedazo de oreja en la nuca y un pedazo de nuca en el pie, y asiste al siniestro goce de las balas que habiendo recibido orden de matar a un soldado, lo condenan a nunca más dormir o nunca más sentarse o nunca más comer con la boca.

(216)

1913
Campos de Chihuahua

Una de estas mañanas me asesiné,

en algún polvoriento camino de México, y el hecho me produjo una honda impresión.

No ha sido éste el primer crimen que he cometido. Desde que hace setenta y un años nací en Ohio y recibí el nombre de Ambrose Bierce hasta mi reciente deceso, he destripado a mis padres y a diversos familiares, amigos y colegas. Estos conmovedores episodios han salpicado de sangre mis días o mis cuentos, que me da lo mismo: la diferencia entre la vida que viví y la vida que escribí es asunto

de los farsantes que en el mundo ejecutan la ley humana, la crítica
literaria y la voluntad de Dios.

Para poner fin a mis días, me sumé a las tropas de Pancho Villa
y elegí una de las muchas balas perdidas que en estos tiempos pasan
zumbando sobre la tierra mexicana. Este método me resultó más
práctico que la horca, más barato que el veneno, más cómodo que
disparar con mi propio dedo y más digno que esperar a que la en-
fermedad o la vejez se hicieran cargo de la faena.

1914
Montevideo

Batlle

Escribe artículos calumniando a los santos y pronuncia discursos ata-
cando al negocio de venta de terrenos en el Más Allá. Cuando asu-
mió la presidencia de Uruguay, no tuvo más remedio que jurar por
Dios y por los Santos Evangelios, pero en seguida aclaró que no
creía en nada de eso.

José Batlle y Ordóñez gobierna desafiando a los poderosos del
cielo y de la tierra. La Iglesia le ha prometido un buen lugar en el
infierno: atizarán el fuego las empresas por él nacionalizadas o por
él obligadas a respetar los sindicatos obreros y la jornada de trabajo
de ocho horas; y el Diablo será el macho vengador de las ofensas
por él infligidas al gremio masculino.

—*Está legalizando el libertinaje* —dicen sus enemigos, cuando
Batlle aprueba la ley que permite a las mujeres divorciarse por su
sola voluntad.

—*Está disolviendo la familia* —dicen, cuando extiende el derecho de herencia a los hijos naturales.

—*El cerebro de la mujer es inferior* —dicen, cuando crea la
universidad femenina y cuando anuncia que pronto las mujeres vo-
tarán, para que la democracia uruguaya no camine con una sola
pierna y para que no sean las mujeres eternas menores de edad que
del padre pasan a manos del marido.

(35 y 271)

1914
San Ignacio

Quiroga

Desde la selva del río Paraná, donde vive en voluntario destierro, Horacio Quiroga aplaude las reformas de Batlle y *esa convicción ardiente en cosas bellas.*

Pero Quiroga está definitivamente lejos del Uruguay. Dejó el país hace unos años, por huir de la sombra de la muerte. Una maldición le tapa el cielo desde que mató a su mejor amigo queriendo defenderlo; o quizás desde antes, quizás desde siempre.

En la selva, a un paso de las ruinas de las misiones de los jesuitas, Quiroga vive rodeado de bichos y palmeras. Escribe cuentos sin desvíos, de la misma manera que abre senderos a machetazos en el monte, y trabaja la palabra con el mismo áspero amor con que trabaja la tierra, la madera y el hierro.

Lo que Quiroga busca no podría encontrarlo nunca fuera de aquí. Aquí sí, aunque sea muy de vez en cuando. En esta casa que sus manos han alzado sobre el río, Quiroga tiene, a veces, la dicha de escuchar voces más poderosas que el llamado de la muerte: raras y fugaces certidumbres de vida, que mientras duran son indudables como el sol.

(20, 357, 358 y 390)

1914
Montevideo

Delmira

En esta pieza de alquiler fue citada por el hombre que había sido su marido; y queriendo tenerla, queriendo quedársela, él la amó y la mató y se mató.

Publican los diarios uruguayos la foto del cuerpo que yace tumbado junto a la cama, Delmira abatida por dos tiros de revólver,

desnuda como sus poemas, las medias caídas, toda desvestida de rojo:
—*Vamos más lejos en la noche, vamos...*
Delmira Agustini escribía en trance. Había cantado a las fiebres
del amor sin pacatos disimulos, y había sido condenada por quienes
castigan en las mujeres lo que en los hombres aplauden, porque la
castidad es un deber femenino y el deseo, como la razón, un privilegio masculino. En el Uruguay marchan las leyes por delante de
la gente, que todavía separa el alma del cuerpo como si fueran la
Bella y la Bestia. De modo que ante el cadáver de Delmira se derraman lágrimas y frases a propósito de tan sensible pérdida de las
letras nacionales, pero en el fondo los dolientes suspiran con alivio:
la muerta muerta está, y más vale así.

Pero, ¿muerta está? ¿No serán sombra de su voz y eco de su
cuerpo todos los amantes que en las noches del mundo ardan? ¿No
le harán un lugarcito en las noches del mundo para que cante su
boca desatada y dancen sus pies resplandecientes?

(49 y 426)

1914
Ciudad Jiménez

El cronista de pueblos en furia

De susto en susto, de maravilla en maravilla, anda John Reed por
los caminos del norte de México. Va en busca de Pancho Villa y lo
encuentra, en otros, en todos, a cada paso.

Reed, cronista de la revolución, duerme donde lo sorprenda la
noche. Nunca nadie le roba nada, ni lo deja nadie pagar nada que
no sea música de baile; y nunca falta quien le ofrezca un pedazo de
tortilla o un lugar sobre el caballo.

—*¿De dónde viene usted?*
—*De Nueva York.*
—*No conozco Nueva York. Pero le apuesto a que por allá no
se ven vacas tan buenas como las que pasan por las calles de Ciudad Jiménez.*

Una mujer lleva un cántaro en la cabeza. Otra, en cuclillas, ama-
manta a un niño. Otra, de rodillas, muele maíz. Envueltos en deste-
ñidos sarapes, los hombres beben y fuman en rueda.

—*Oye, Juanito. ¿Por qué tu gente no nos quiere a los mexicanos? ¿Por qué nos llaman grasientos?*

Todo el mundo tiene algo que preguntar a este rubio flaquito,
de lentes, con cara de venido por error:

—*Oye, Juanito. ¿Cómo se dice mula en inglés?*

—*En inglés, mula se dice: cabezona, testaruda, hija de la chin-
gada...*

(368)

1914
Salt Lake City

El cantor de pueblos en furia

Lo condenan por cantar baladas rojas que toman el pelo a Dios,
despabilan al obrero y maldicen al dinero. La sentencia no dice que
Joe Hill es un trovador proletario, y para colmo extranjero, que
atenta contra el buen orden de los negocios. La sentencia habla de
asalto y crimen. No hay pruebas, los testigos cambian de versión
cada vez que declaran y los abogados actúan como si fueran fiscales,
pero estos detalles carecen de importancia para los jueces y para
todos los que toman las decisiones en Salt Lake City. Joe Hill será
atado a una silla y le pegarán un círculo de cartulina sobre el corazón para que haga blanco el pelotón de fusilamiento.

Joe Hill vino de Suecia. En los Estados Unidos anduvo por los
caminos. En las ciudades limpió escupideras y levantó paredes, en
los campos apiló trigo y recogió fruta, excavó cobre en las minas,
cargó fardos en los muelles, durmió bajo los puentes y en los graneros y cantó a toda hora y en todas partes, y nunca dejó de cantar.
Cantando se despide de sus camaradas, y les dice que se va a Marte
a perturbar la paz social.

(167)

1914
Torreón

Sobre rieles marchan al tiroteo

En el vagón rojo, que luce su nombre en grandes letras doradas, el general Pancho Villa recibe a John Reed. Lo recibe en calzoncillos, lo convida con café y lo estudia un largo rato. Cuando decide que este gringo merece la verdad, empieza a hablar:

—*Los políticos de chocolate quieren triunfar sin ensuciarse las manos. Estos perfumados...*

Luego lo lleva a visitar un hospital de campaña, un tren con quirófano y médicos, para curar a propios y ajenos; y le muestra los vagones que llevan a los frentes de guerra el maíz, el azúcar, el café y el tabaco. También le muestra el andén donde se fusila a los traidores.

Los ferrocarriles habían sido obra de Porfirio Díaz, clave de paz y orden, llave maestra del progreso de un país sin ríos ni caminos: no habían nacido para transportar pueblo armado, sino materias primas baratas, obreros dóciles y verdugos de rebeliones. Pero el general Villa hace la guerra en tren. Desde Camargo lanzó una locomotora a toda velocidad y reventó un ferrocarril repleto de soldados. A Ciudad Juárez entraron los hombres de Villa agazapados en inocentes vagones de carbón, y la ocuparon al cabo de unos pocos balazos disparados más por júbilo que por necesidad. En tren marchan las tropas villistas hacia las avanzadas de la guerra. Jadea la locomotora trepando a duras penas los desollados lomeríos del norte, y tras el penacho de humo negro vienen crujiendo con mucho meneo los vagones llenos de soldados y caballos. Se ven los techos del tren cubiertos de fusiles y sombrerotes y fogones. Allí arriba, entre los soldados que cantan mañanitas y tirotean el aire, los niños berrean y las mujeres cocinan: las mujeres, las soldaderas, luciendo vestidos de novia y zapatos de seda del último saqueo.

(246 y 368)

1914
Campos de Morelos

Es tiempo de andar y pelear

y suenan como derrumbamientos de montañas los ecos de los truenos y los balazos. El ejército de Zapata, *abajo haciendas, arriba pueblos,* se abre camino hacia la ciudad de México.

Junto al jefe Zapata, cavila y limpia su fusil el general Genovevo de la O, cara de sol con bigotones, mientras Otilio Montaño, anarquista, discute un manifiesto con el socialista Antonio Díaz Soto y Gama.

Entre los oficiales y asesores de Zapata, hay una sola mujer. La coronela Rosa Bobadilla, que ganó su grado en batalla, manda una tropa de hombres de caballería y les tiene prohibido que beban ni una gota de tequila. Ellos la obedecen, misteriosamente, aunque siguen convencidos de que las mujeres nomás sirven para adornar el mundo o hacer hijos y cocinar maíz, chile, frijoles y lo que socorra Dios y dé licencia.

(296 y 468)

1914
Ciudad de México

Huerta huye

en el mismo barco que se había llevado de México a Porfirio Díaz.

Los andrajos ganan la guerra contra los encajes. La marea campesina se abate sobre la capital desde el norte y desde el sur. Zapata, *el Atila de Morelos,* y Pancho Villa, *el orangután, el que come carne cruda y roe huesos,* embisten vengando ofensas. En vísperas de Navidad, los diarios de la ciudad de México ostentan una orla negra en primera página. El luto anuncia la llegada de los forajidos, los bárbaros violadores de señoritas y cerraduras.

Años turbulentos. Ya no se sabe quién es quién. La ciudad tiembla de pánico y suspira de nostalgia. Hasta ayer nomás, en el eje del mundo estaban los amos, en sus casonas de treinta lacayos y pianos y candelabros y baños de mármol de Carrara; y alrededor los siervos, el pobrerío de los barrios, aturdido por el pulque, hundido en la basura, condenado al salario o la propina que apenas da para comer, muy de vez en cuando, alguito de leche aguada o café de frijoles o carne de burro.

(194 y 246)

1915
Ciudad de México

El casi poder

Un golpecito de aldaba, entre queriendo y no queriendo, y una puerta que se entreabre: alguien se descubre la cabeza y con el descomunal sombrero apretado entre las manos pide, por amor de Dios, agua o tortillas. Los hombres de Zapata, indios de calzón blanco y cananas cruzadas al pecho, merodean por las calles de la ciudad que los desprecia y los teme. En ninguna casa los invitan a pasar. Dos por tres se cruzan con los hombres de Villa, también extranjeros, perdidos, ciegos.

Suave chasquido de huaraches, chas-ches, chas-ches, en los escalones de mármol; pies que se asustan del placer de la alfombra; rostros mirándose con extrañeza en el espejo de los pisos encerados: los hombres de Zapata y Villa entran al Palacio Nacional y lo recorren como pidiendo disculpas, de salón en salón. Pancho Villa se sienta en el dorado sillón que fue trono de Porfirio Díaz, *por ver qué se siente,* y a su lado Zapata, traje muy bordado, cara de estar sin estar, contesta con murmullos las preguntas de los periodistas.

Los generales campesinos han triunfado, pero no saben qué hacer ·con la victoria:

—*Este rancho está muy grande para nosotros.*

El poder es asunto de doctores, amenazante misterio que sólo pueden descifrar los ilustrados, los entendidos en alta política, *los que duermen en almohadas blanditas.*

Cuando cae la noche, Zapata se marcha a un hotelucho, a un paso del ferrocarril que conduce a su tierra, y Villa a su tren militar. Al cabo de unos días, se despiden de la ciudad de México.

Los peones de las haciendas, los indios de las comunidades, los parias del campo, han descubierto el centro del poder y por un rato lo han ocupado, como de visita, en puntas de pie, ansiosos por terminar cuanto antes esta excursión a la luna. Ajenos a la gloria del triunfo regresan, por fin, a las tierras donde saben andar sin perderse.

No podría imaginar mejor noticia el heredero de Huerta, el general Venustiano Carranza, cuyas descalabradas tropas se están recuperando con ayuda de los Estados Unidos.

(47, 194, 246 y 260)

1915
Tlaltizapán

La reforma agraria

En un antiguo molino del pueblo de Tlaltizapán, Zapata instala su cuartel general. Atrincherado en su región, lejos de los señores patilludos y las damas emplumadas, lejos de la gran ciudad vistosa y tramposa, el caudillo de Morelos liquida los latifundios. Nacionaliza los ingenios azucareros y las destilerías, sin pagar un centavo, y devuelve a las comunidades las tierras robadas a lo largo de los siglos. Renacen los pueblos libres, conciencia y memoria de las tradiciones indias, y con ellos renace la democracia local. Aquí no deciden los burócratas ni los generales: decide la comunidad discutiendo en asamblea. Queda prohibido vender tierra o alquilarla. Queda prohibida la codicia.

A la sombra de los laureles, en la plaza del pueblo, no sólo se habla de gallos, caballos y lluvias. El ejército de Zapata, liga de comunidades armadas, vela la tierra recobrada y aceita las armas y recarga viejos cartuchos de máuser y treinta-treinta.

Jóvenes técnicos están llegando a Morelos con sus trípodes y otros raros instrumentos, para ayudar a la reforma agraria. Los campesinos reciben con lluvias de flores a los ingenieritos venidos de

Cuernavaca; pero los perros ladran a los jinetes mensajeros que galopan desde el norte trayendo la atroz noticia de que el ejército de Pancho Villa está siendo aniquilado.

(468)

1915
El Paso

Azuela

En Texas, en el destierro, un médico del ejército de Pancho Villa cuenta la revolución mexicana como una furia inútil. Según la novela *Los de abajo,* de Mariano Azuela, ésta es una historia de ciegos borrachos, que tiran tiros sin saber por qué ni contra quién y pegan manotazos de bestia buscando cosas que robar o hembras para revolcarse, en un país que huele a pólvora y a fritura de fonda.

(33)

1916
Tlaltizapán

Carranza

Todavía andan sonando espuelas algunos jinetes de Villa por las serranías, pero ya no son ejército. Han sido derrotados en cuatro largas batallas. Desde trincheras defendidas por alambradas de púas, las ametralladoras han barrido la fogosa caballería de Villa, que se ha hecho polvo en suicidas cargas repetidas con ciega obstinación.

Venustiano Carranza, presidente a pesar de Villa y de Zapata, se hace fuerte en la ciudad de México y emprende la guerra del sur:

—*Esto de repartir tierras es descabellado* —dice. Un decreto anuncia que se devolverán a sus antiguos amos las tierras distribuidas por Zapata; otro decreto promete fusilar a todo el que sea o parezca zapatista.

Fusilando y quemando, rifles y antorchas, los del gobierno se abalanzan sobre los campos florecidos de Morelos. A quinientos matan en Tlaltizapán, y a muchos más por todas partes. Los prisioneros se venden en Yucatán, mano de obra esclava para las plantaciones de henequén, como en los tiempos de Porfirio Díaz; y las cosechas y los rebaños, botín de guerra, se venden en los mercados de la capital.

En las montañas, el digno Zapata resiste. Cuando están por llegar las lluvias, la revolución se suspende por siembra; pero luego, terca, increíble, continúa.

(246, 260 y 468)

1916
Buenos Aires

Isadora

Descalza, desnuda, apenas envuelta en la bandera argentina, Isadora Duncan baila el himno nacional.

Una noche comete esta osadía, en un café de estudiantes de Buenos Aires, y a la mañana siguiente todo el mundo lo sabe: el empresario rompe el contrato, las buenas familias devuelven sus entradas al Teatro Colón y la prensa exige la expulsión inmediata de esta pecadora norteamericana que ha venido a la Argentina a mancillar los símbolos patrios.

Isadora no entiende nada. Ningún francés protestó cuando ella bailó la Marsellesa con un chal rojo por todo vestido. Si se puede bailar una emoción, si se puede bailar una idea, ¿por qué no se puede bailar un himno?

La libertad ofende. Mujer de ojos brillantes, Isadora es enemiga declarada de la escuela, el matrimonio, la danza clásica y de todo lo que enjaule al viento. Ella baila porque bailando goza, y baila lo que quiere, cuando quiere y como quiere, y las orquestas callan ante la música que nace de su cuerpo.

(145)

1916
Nueva Orleans

El jazz

De los esclavos proviene la más libre de las músicas. El *jazz,* que vuela sin pedir permiso, tiene por abuelos a los negros que trabajaban cantando en las plantaciones de sus amos, en el sur de los Estados Unidos, y por padres a los músicos de los burdeles negros de Nueva Orleans. Las bandas de los burdeles tocan toda la noche sin parar, en balcones que los ponen a salvo de golpes y puñaladas cuando se arma la gorda. De sus improvisaciones nace la loca música nueva.

Con lo que ahorró repartiendo diarios, leche y carbón, un muchacho petiso y tímido acaba de comprarse corneta propia por diez dólares. Él sopla y la música se despereza largamente, largamente, saludando al día. Louis Armstrong es nieto de esclavos, como el *jazz,* y ha sido criado, como el *jazz,* en los puteros.

(105)

1916
Columbus

América Latina invade los Estados Unidos

Llueve hacia arriba. La gallina muerde al zorro y la liebre fusila al cazador. Por primera y única vez en la historia, soldados mexicanos invaden los Estados Unidos.

Con la descuajaringada tropa que le queda, quinientos hombres de los muchos miles que tenía, Pancho Villa atraviesa la frontera y gritando *¡Viva México!* asalta a balazos la ciudad de Columbus.

(206 y 260)

1916
León

Darío

En Nicaragua, tierra ocupada, tierra humillada, Rubén Darío muere. Lo mata el médico, de certero pinchazo al hígado. El embalsamador, el peluquero, el maquillador y el sastre le atormentan los restos. Se le infligen suntuosos funerales. Huele a incienso y a mirra el caliente aire de febrero en la ciudad de León. Las más distinguidas señoritas, envueltas en lirios y plumones de garza, son las Canéforas y las Vírgenes de Minerva que van regando flores al paso de la capilla ardiente.

Rodeado de cirios y de admiradores, el cadáver de Darío luce durante el día túnica griega y corona de laurel y por la noche traje negro de etiqueta, levita y guantes al tono. Por toda una semana, día tras noche, noche tras día, se lo azota con cursis versos, en recitales de nunca acabar, y se le propinan discursos que lo proclaman Cisne Inmortal, Mesías de la Lira Española y Sansón de la Metáfora.

Rugen los cañones: el gobierno contribuye al martirio descerrajando honores de Ministro de Guerra al poeta que predicaba la paz. Alzan cruces los obispos, tintinean las campanillas: en el momento culminante de la flagelación, el poeta que creía en el divorcio y en la enseñanza laica cae al hoyo convertido en Príncipe de la Iglesia.

(129, 229 y 454)

1917
Campos de Chihuahua y Durango

La aguja en el pajar

Una expedición de castigo, diez mil soldados y mucha artillería, entra en México para cobrar a Pancho Villa el insolente ataque a la ciudad norteamericana de Columbus.

—*¡En jaula de hierro nos vamos a llevar a ese asesino!* —proclama el general John Pershing, y le hace eco el trueno de sus cañones.

A través de los inmensos secarrales del norte, el general Pershing encuentra varias tumbas —*Aquí yace Pancho Villa*— sin Villa adentro. Encuentra serpientes y lagartijas y piedras mudas y campesinos que murmuran pistas falsas cuando los golpean, los amenazan o les ofrecen en recompensa todo el oro del mundo.

Al cabo de algunos meses, casi un año, Pershing se vuelve a los Estados Unidos. Se lleva sus huestes, larga caravana de soldados hartos de respirar polvo y de recibir pedradas y mentiras en cada pueblito del cascajoso desierto. Dos jóvenes tenientes marchan a la cabeza de la procesión de humillados. Ambos han hecho en México su bautismo de fuego. Dwight Eisenhower, recién salido de West Point, está iniciando con mala pata el camino de la gloria militar. George Patton escupe al irse de *este país ignorante y medio salvaje*.

Desde la cresta de una loma, Pancho Villa contempla y comenta:

—*Vinieron como águilas y se van como gallinas mojadas.*

(206 y 260)

1918
Córdoba

La docta Córdoba y sus mohosos doctores

Ya la universidad argentina de Córdoba no niega el título a quien no pueda probar su blanca estirpe, como ocurría hasta hace unos años, pero todavía en Filosofía del Derecho se estudia el tema *Deberes para con los siervos* y los estudiantes de Medicina se reciben sin haber visto nunca un enfermo.

I os profesores, venerables espectros, copian a Europa con varios siglos de atraso, perdido mundo de caballeros y beatas, siniestra belleza del pasado colonial, y con orlas y con borlas recompensan los méritos del loro y las virtudes del mono.

Los estudiantes cordobeses, hartos, estallan. Se declaran en huelga contra los carceleros del espíritu y llaman a los estudiantes y a los obreros de toda América Latina a luchar juntos por una cultura propia. Poderosos ecos les responden, desde México hasta Chile.

(164)

1918
Córdoba

«Los dolores que quedan son las libertades que faltan», proclama el manifiesto de los estudiantes

...Hemos resuelto llamar a todas las cosas por el nombre que tienen. Córdoba se redime. Desde hoy contamos para el país una vergüenza menos y una libertad más. Los dolores que quedan son las libertades que faltan. Creemos no equivocarnos, las resonancias del corazón nos lo advierten: estamos pisando sobre la revolución, estamos viviendo una hora americana...

Las universidades han sido hasta aquí el refugio secular de los mediocres, la renta de los ignorantes, la hospitalización segura de los inválidos y —lo que es peor aún— el lugar donde todas las formas de tiranizar y de insensibilizar hallaron la cátedra que las dictara. Las universidades han llegado a ser así fiel reflejo de esas sociedades decadentes que se empeñan en ofrecer el triste espectáculo de una inmovilidad senil. Por ello es que la ciencia, frente a estas casas mudas y cerradas, pasa silenciosa o entra mutilada y grotesca al servicio burocrático...

(164)

1918
Ilopango

Miguel a los trece

Llegó al cuartel de Ilopango empujado por el hambre, que le había escondido los ojos allá en el fondo de la cara.

En el cuartel, a cambio de comida, Miguel empezó haciendo mandados y lustrando botas de tenientes. Rápidamente aprendió a partir cocos de un solo machetazo, como si fueran pescuezos, y a disparar la carabina sin desperdiciar cartuchos. Así se hizo soldado.

Al cabo de un año de vida cuartelera, el pobre muchachito no da más. Después de tanto aguantar oficiales borrachos que lo garrotean porque sí, Miguel se escapa. Y esta noche, la noche de su fuga, estalla el terremoto en Ilopango. Miguel lo escucha de lejos.

Un día sí y otro también tiembla la tierra en El Salvador, paisito de gente caliente, y entre temblor y temblor algún terremoto de verdad, un señor terremoto como éste, irrumpe y rompe. Esta noche el terremoto desploma el cuartel, ya sin Miguel, hasta la última piedra; y todos los oficiales y todos los soldados mueren machacados por el derrumbe.

Y así ocurre el tercer nacimiento de Miguel Mármol, a los trece años de su edad.

(126)

1918
Montañas de Morelos

Tierra arrasada, tierra viva

Los cerdos, las vacas, las gallinas, ¿son zapatistas? ¿Y los jarros y las ollas y las cazuelas? Las tropas del gobierno han exterminado a la mitad de la población de Morelos, en estos años de obstinada guerra campesina, y se han llevado todo. Sólo piedras y tallos carbonizados se ven en los campos; algún resto de casa, alguna mujer tirando de un arado. De los hombres, quien no está muerto o desterrado, anda fuera de la ley.

Pero la guerra sigue. La guerra seguirá mientras siga el maíz brotando en rincones secretos de las montañas y mientras sigan centelleando los ojos del jefe Zapata.

(468)

1918
Ciudad de México

La nueva burguesía nace mintiendo

—*Luchamos por la tierra* —dice Zapata— *y no por ilusiones que no dan de comer... Con elecciones o sin elecciones, anda el pueblo rumiando amarguras.*

Mientras arranca la tierra a los campesinos de Morelos y les arrasa las aldeas, el presidente Carranza habla de reforma agraria. Mientras aplica el terror de Estado contra los pobres, les otorga el derecho de votar por los ricos y brinda a los analfabetos la libertad de imprenta.

La nueva burguesía mexicana, hija voraz de la guerra y del saqueo, entona himnos de alabanza a la Revolución mientras la engulle con cuchillo y tenedor en mesa de mantel bordado.

(468)

1919
Cuautla

Este hombre les enseñó que la vida no es sólo miedo de sufrir y espera de morir

A traición tenía que ser. Mintiendo amistad, un oficial del gobierno lo lleva a la trampa. Mil soldados lo están esperando, mil fusiles lo voltean del caballo.

Después lo traen a Cuautla. Lo muestran boca arriba.

Desde todas las comarcas acuden los campesinos. Varios días dura el silencioso desfile. Al llegar ante el cuerpo, se detienen, se quitan el sombrero, miran cuidadosamente y niegan con la cabeza. Nadie cree: le falta una verruga, le sobra una cicatriz, este traje no es el suyo, puede ser de cualquiera esta cara hinchada de tanta bala.

Secretean lento los campesinos, desgranando palabras como maíces:

—*Dicen que se fue con un compadre para Arabia.*
—*Que no, que el jefe Zapata no se raja.*
—*Lo han visto por las cumbres de Quilamula.*
—*Yo sé que duerme en una cueva del Cerro Prieto.*
—*Anoche estaba el caballo bebiendo en el río.*

Los campesinos de Morelos no creen, ni creerán nunca, que Emiliano Zapata pueda haber cometido la infamia de morirse y dejarlos solitos.

(468)

Corrido de la muerte de Zapata

> *Estrellita que en las noches*
> *te prendes de aquellos picos,*
> *¿dónde está el jefe Zapata*
> *que era azote de los ricos?*
>
> *Trinitaria de los campos*
> *de las vegas de Morelos,*
> *si preguntan por Zapata*
> *di que ya se fue a los Cielos.*
>
> *Arroyito revoltoso,*
> *¿qué te dijo aquel clavel?*
> *—Dice que no ha muerto el jefe,*
> *que Zapata ha de volver.*

(293)

1919
Hollywood

Chaplin

En el principio fueron los trapos.

De los desperdicios de los estudios Keystone, Charles Chaplin eligió las prendas más inútiles, por demasiado grandes o demasiado pequeñas o demasiado feas, y unió, como quien junta basura, un pantalón de gordo, una chaqueta de enano, un sombrero hongo y unos ruinosos zapatones. Cuando tuvo todo eso, agregó un bigote de utilería y un bastón. Y entonces, ese montoncito de despreciados harapos se alzó y saludó a su autor con una ridícula reverencia y se echó a caminar a paso de pato. A poco andar, chocó con un árbol y le pidió disculpas sacándose el sombrero.

Y así fue lanzado a la vida Carlitos el Vagabundo, paria y poeta.

(121 y 383)

1919
Hollywood

Buster Keaton

Hace reír el hombre que nunca ríe.

Como Chaplin, Buster Keaton es un mago de Hollywood. Él también ha creado un héroe del desamparo. El personaje de Keaton, sombrero de paja, cara de piedra, cuerpo de gato, no se parece en nada a Carlitos el Vagabundo, pero está metido en la misma guerra desopilante contra los policías, los matones y las máquinas. Siempre impasible, helado por fuera, ardiente por dentro, muy dignamente camina por la pared o por el aire o por el fondo de la mar.

Keaton no es tan popular como Chaplin. Sus películas divierten, pero tienen demasiado misterio y melancolía.

(128 y 382)

1919
Memphis

Miles de personas asisten al espectáculo

Se ven numerosas mujeres con niños en brazos. El sano esparcimiento alcanza su momento culminante cuando la gasolina bautiza a Ell Persons, atado a una estaca, y las llamas le arrancan los primeros aullidos.

No mucho después, el público se retira en orden, quejándose de lo poco que duran estas cosas. Algunos revuelven las cenizas buscando algún hueso de recuerdo.

Ell Persons es uno de los setenta y siete negros que han sido asados vivos o ahorcados por la multitud blanca, este año, en los estados norteamericanos del sur, por haber cometido asesinato o violación, o sea: por mirar a una mujer blanca con posible brillo de lascivia, o por decirle *sí* en lugar de *sí, señora,* o por no sacarse el sombrero al dirigirle la palabra.

De todos estos linchados, algunos vestían uniforme militar de los Estados Unidos de América y habían perseguido a Pancho Villa por los desiertos del norte de México o estaban recién llegados de la guerra mundial.

(51, 113 y 242)

1921
Río de Janeiro

Polvo de arroz

El presidente Epitácio Pessoa hace una recomendación a los dirigentes del fútbol brasileño. Por razones de prestigio patrio, les sugiere que no envíen a ningún jugador de piel oscura al próximo Campeonato Sudamericano.

Sin embargo, el Brasil fue campeón del último Sudamericano gracias a que el mulato Artur Friedenreich metió el gol de la victoria; y sus zapatos, sucios de barro, se exhiben desde entonces en la vitrina de una joyería. Friedenreich, nacido de alemán y negra, es el mejor jugador brasileño. Siempre llega último a la cancha. Le lleva por lo menos media hora plancharse las motas en el vestuario; y después, durante el juego, no se le mueve un pelito ni al cabecear la pelota.

El fútbol, diversión elegante para después de la misa, es cosa de blancos.

—*¡Polvo de arroz! ¡Polvo de arroz!* —gritan los hinchas contra Carlos Alberto, otro jugador mulato, el único mulato del club Fluminense, que con polvo de arroz se blanquea la cara.

(279)

1921
Río de Janeiro

Pixinguinha

Se anuncia que el conjunto *Los batutas* actuará en París y cunde la indignación en la prensa brasileña. ¿Qué van a pensar del Brasil los europeos? ¿Creerán que este país es una colonia africana? En el repertorio de *Los batutas* no hay arias de ópera ni valses, sino maxixes, lundús, cortajacas, batuques, cateretês, modinhas y recién nacidos sambas. Ésta es una orquesta de negros que tocan cosas de negros: se publican artículos exhortando al gobierno a que evite tamaño desprestigio. De inmediato el Ministerio de Relaciones Exteriores aclara que *Los batutas* no llevan misión oficial ni oficiosa.

Pixinguinha, uno de los negros del conjunto, es el mejor músico del Brasil. Él no lo sabe, ni le interesa el tema. Está muy ocupado buscando en su flauta, con endiablada alegría, los sonidos robados a los pájaros.

(75)

1921
Río de Janeiro

El escritor brasileño de moda

inaugura la piscina de un club deportivo. El discurso de Coelho Neto exaltando las virtudes de la piscina arranca lágrimas y aplausos. Coelho Neto convoca a los poderes del Mar, del Cielo y de la Tierra _para esta solemnidad de tal magnitud que no la podemos evaluar sino rastreando, a través de las Sombras del Tiempo, su proyección en el Futuro._

—_Postre para ricos_ —denuncia Lima Barreto. Él no es escritor de moda sino escritor maldito, por mulato y por rebelde, y maldiciendo agoniza en algún hospital de mala muerte.

Lima Barreto se burla de los escritores que lorean las pomposas letras de la cultura ornamental. Ellos cantan las glorias de un Brasil feliz, sin negros, ni obreros, ni pobres, pero con sabios economistas inventores de una fórmula, muy original, que consiste en aplicar más impuestos al pueblo, y con doscientos sesenta y dos generales que tienen la función de diseñar nuevos uniformes para el desfile del año que viene.

_(36)_

1922
Toronto

Este indulto

salva a millones de personas condenadas a muerte temprana. No es un indulto de rey, ni de presidente siquiera. Lo ha otorgado un médico canadiense que la semana pasada andaba buscando empleo con siete centavos en el bolsillo.

A partir de una corazonada que le quitó el sueño, y al cabo de mucho error y desaliento, Fred Banting descubre que la insulina, segregada por el páncreas, reduce el azúcar en la sangre; y así deja sin efecto las muchas penas de muerte que la diabetes había de·cretado.

(54)

1922
Leavenworth

Por seguir creyendo que todo es de todos

Ricardo, el más talentoso y peligroso de los hermanos Flores Magón, ha estado ausente de la revolución que tanto ayudó a desatar. Mientras el destino de México se jugaba en los campos de batalla, él picaba piedras, engrillado, en una cárcel norteamericana.

Un tribunal de los Estados Unidos lo había condenado a veinte años de trabajo forzado por haber firmado un manifiesto anarquista contra la propiedad privada. Varias veces le ofrecieron el perdón, si lo pedía. Nunca lo pidió.

—*Cuando muera, mis amigos quizás escriban en mi tumba: «Aquí yace un soñador», y mis enemigos: «Aquí yace un loco». Pero no habrá nadie que se atreva a estampar esta inscripción: «Aquí yace un cobarde y traidor a sus ideas».*

En su celda, lejos de su tierra, lo estrangulan. *Paro cardíaco,* dice el parte médico.

(44 y 391)

1922
Campos de la Patagonia

El tiro al obrero

Hace tres años, los jóvenes aristócratas de La Liga Patriótica Argentina salieron de cacería por los barrios de Buenos Aires. El safari fue un éxito. Los niños bien mataron obreros y judíos en cantidad, durante toda una semana, y ninguno fue a parar a la cárcel por hacerlo sin permiso.

Ahora es el ejército quien practica el tiro al blanco con los trabajadores, en las tierras heladas del sur. Los jinetes del Décimo de Caballería, al mando del teniente coronel Héctor Benigno Varela, recorren los latifundios de la Patagonia fusilando peones en huelga. Los acompañan fervorosos voluntarios de la Liga Patriótica Argentina. A nadie se ejecuta sin juicio previo. Cada juicio demora menos que fumar un cigarrillo. Estancieros y oficiales hacen de jueces. De a montones entierran a los condenados, en fosas comunes cavadas por ellos.

Al presidente Hipólito Yrigoyen no le gustan nada estas maneras de acabar con los anarquistas y los rojos en general, pero no mueve un dedo contra los asesinos.

(38 y 365)

1923
Río Guayas

Flotan cruces en el río,

centenares de cruces coronadas de flores del cerro, florida escuadra de minúsculos navíos navegando al vaivén de las olas y de la memoria: cada cruz recuerda a un obrero asesinado. El pueblo ha echado al agua estas cruces flotantes, para que descansen en sagrado los obreros que en el fondo del río yacen.

Fue hace un año, en el puerto de Guayaquil. Hacía horas que estaba Guayaquil en manos proletarias. Ni los del gobierno podían circular sin salvoconducto de los sindicatos. Los trabajadores, hartos de comer hambre, habían declarado la primera huelga general en la historia del Ecuador. Las mujeres, lavanderas, cigarreras, cocineras, vendedoras ambulantes, habían formado el comité Rosa Luxemburgo; y eran las, más gallas.

—*Hoy la chusma se levantó riendo. Mañana se recogerá llorando* —anunció Carlos Arroyo, presidente de la Cámara de Diputados. Y el presidente de la república, José Luis Tamayo, ordenó al general Enrique Barriga:

—*Cueste lo que cueste.*

Los huelguistas se habían concentrado, en inmensa manifestación, cuando avanzaron marcando el paso, por las calles de alrededor, las botas militares. A los primeros balazos, muchos obreros quisieron huir, como de hormiguero pateado, y fueron los primeros en caer.

A quién sabe cuántos arrojaron al fondo del río Guayas, con los vientres abiertos a bayoneta.

(192, 332 y 472)

1923
Acapulco

La función de las fuerzas del orden en el proceso democrático

Cuando acabó la película de Tom Mix, hubo discurso. Parado ante la pantalla del único cine de Acapulco, Juan Escudero sorprendió al público con una arenga contra los mercaderes chupasangres. Cuando los de uniforme se le echaron encima, ya había nacido el Partido Obrero de Acapulco, bautizado por ovación.

En poco tiempo, el Partido Obrero ha crecido y ha ganado las elecciones y ha clavado su bandera rojinegra sobre el palacio municipal. Juan Escudero, alta figura, patilludo, mostachos en punta, es el nuevo alcalde, el alcalde socialista: en un abrir y cerrar de ojos convierte al palacio en sede de cooperativas y de sindicatos, emprende la campaña de alfabetización y desafía el poder de los dueños de todo: las tres empresas que poseen el agua, el aire, el suelo y la mugre de este cochino puerto mexicano abandonado de Dios y del gobierno federal. Entonces los dueños de todo organizan nuevas elecciones, para que el pueblo corrija su error, pero vuelve a ganar el Partido Obrero de Acapulco. De modo que no hay más remedio que convocar al ejército, que de inmediato procede a normalizar la situación. El victorioso Juan Escudero recibe dos tiros, uno en el brazo y otro en la frente, tiro de gracia de bien cerquita, mientras los soldados prenden fuego al palacio municipal.

(441)

1923
Acapulco

Escudero

resucita y sigue ganando elecciones. En silla de ruedas, mutilado, casi mudo, hace su triunfal campaña de diputado dictándole discursos a un muchacho que le descifra los murmullos y los repite a viva voz desde las tribunas.

Los dueños de Acapulco deciden pagar treinta mil pesos a la patrulla militar, para que esta vez dispare como se debe. En los libros mayores de contabilidad de las empresas se registra la salida de los fondos, pero no el destino. Y por fin Juan Escudero cae fusiladísimo, muerto de muerte total, para que no se diga.

(441)

1923
Azángaro

Urviola

La familia lo quería doctor y en lugar de doctor se hizo indio, como si no le resultara bastante maldición su giba de dos puntas y su estatura de enano. Ezequiel Urviola abandonó su carrera de Derecho en Puno y juró seguir la huella de Túpac Amaru. Desde entonces habla quechua, calza ojotas, masca coca y sopla quena. Día y noche va y viene sublevando gente por la sierra del Perú, donde los indios tienen propietario, como las mulas y los árboles.

Los policías sueñan con atrapar al contrahecho Urviola y los terratenientes se la tienen jurada, pero el muy renacuajo se hace águila volando sobre la cordillera.

(370)

1923
El Callao

Mariátegui

En barco regresa al Perú, después de vivir unos años en Europa, José Carlos Mariátegui. Cuando se marchó era un bohemio de la noche limeña, cronista de caballos, poeta místico que sentía mucho y entendía poco. Allá en Europa descubrió América: Mariátegui encontró el marxismo y encontró a Mariátegui y así supo ver, de lejos, a la distancia, al Perú que de cerca no veía.

Cree Mariátegui que el marxismo integra el progreso humano tan indiscutiblemente como la vacuna antivariólica o la teoría de la relatividad, pero para peruanizar al Perú hay que empezar por peruanizar al marxismo, que no es catecismo ni copia al calco sino llave para entrar en el país profundo. Y las claves del país profundo están en las comunidades indias, despojadas por el latifundio estéril pero invictas en sus socialistas tradiciones de trabajo y vida.

(32, 277 y 355)

1923
Buenos Aires

Retrato de un cazador de obreros

Contempla con lasciva mirada los catálogos de armas de fuego, como si fueran colecciones de fotos pornográficas. El uniforme del ejército argentino le parece la piel humana más bella. Le gusta desollar vivos a los zorros que caen en sus trampas y hacer puntería sobre obreros en fuga, y más si son rojos, y mucho más si son rojos extranjeros.

Jorge Ernesto Pérez Millán Témperley se alistó como voluntario en las tropas del teniente coronel Varela y el año pasado marchó a la Patagonia a liquidar alegremente a cuanto peón huelguista se le pusiera a tiro. Y después, cuando el anarquista alemán Kurt Wilckens, justiciero de pobres, arrojó la bomba que voló al teniente coronel Varela, este cazador de obreros juró de viva voz que vengaría a su superior.

Y lo venga. En nombre de la Liga Patriótica Argentina, Jorge Ernesto Pérez Millán Témperley dispara un balazo de máuser al pecho de Wilckens, que está durmiendo en la celda. En seguida se hace fotografiar, el arma en la mano, el gesto marcial del deber cumplido, para la posteridad.

(38)

1923
Tampico

Traven

Un barco fantasma, viejo navío destinado al naufragio, llega a las costas de México. Entre sus marineros, vagabundos sin nombre ni nación, viene un sobreviviente de la revolución aniquilada en Alemania.

Este camarada de Rosa Luxemburgo, fugitivo del hambre y de la policía, escribe en Tampico su primera novela. La firma Bruno Traven. Con ese nombre se hará famoso, pero nadie conocerá nunca su rostro, ni su voz, ni su huella. Traven decide ser un misterio, para que la burocracia no lo etiquete y para mejor burlarse de un mundo donde el contrato de matrimonio y el testamento importan más que el amor y la muerte.

(398)

1923
Campos de Durango

Pancho Villa lee «Las mil y una noches»,

deletreando en voz alta a la luz del candil, porque ése es el libro
que le da mejores sueños; y después se despierta tempranito a pas-
torear ganado junto a sus viejos compañeros de pelea.

Villa sigue siendo el hombre más popular en los campos del
norte de México, aunque a los del gobierno no les guste ni un poquito. Hoy hace tres años que Villa convirtió en cooperativa la hacienda de Canutillo, que ya luce hospital y escuela, y un mundo
de gente ha venido a celebrar.

Está Villa escuchando sus corridos favoritos cuando don Fernando, peregrino de Granada, cuenta que John Reed ha muerto en
Moscú.

Pancho Villa manda parar la fiesta. Hasta las moscas detienen
el vuelo.

—¿Que Juanito murió? ¿Mi cuate Juanito?

—El mero mero.

Se queda Villa entre creyendo y no creyendo.

—Yo lo ví —se disculpa don Fernando—. Está enterrado con
los héroes de la revolución de allá.

Ni respira la gente. Nadie molesta al silencio. Don Fernando
murmura:

—Fue por tifus, no por bala.

Y Villa cabecea:

—Así que murió Juanito.

Y repite:

—Así que murió Juanito.

Y calla. Y mirando lejos, dice:

—Yo nunca había escuchado la palabra *socialismo*. Él me ex-
plicó.

Y en seguida se alza y abriendo los brazos increpa a los mudos
guitarreros:

—¿Y la música? ¿Qué hay de la música? ¡Ándale!

(206)

1923
Ciudad de México

Un millón de muertos puso el pueblo en la revolución mexicana,

en diez años de guerra, para que finalmente los jefes militares se apoderen de las mejores tierras y de los mejores negocios. Los oficiales de la revolución comparten el poder y la gloria con los doctores desplumadores de indios y los políticos de alquiler, brillantes oradores de banquete, que llaman a Obregón *el Lenin mexicano.*

En el camino de la reconciliación nacional, toda discrepancia se supera mediante contratos de obras públicas, concesiones de tierras o favores a bolsillo abierto. Álvaro Obregón, el presidente, define su estilo de gobierno con una frase que hará escuela en México:

—*No hay general que resista un cañonazo de cincuenta mil pesos.*

(246 y 260)

1923
Parral

Nunca pudieron amansarle el orgullo

Con el general Villa se equivoca Obregón.

A Pancho Villa no hay más remedio que matarlo a balazos.

Llega a Parral en auto, de mañanita. Al verlo, alguien se frota la cara con un pañuelo rojo. Doce hombres reciben la señal y aprietan los gatillos.

Parral era su ciudad preferida, *Parral me gusta tanto, tanto,* y el día que las mujeres y los niños de Parral corrieron a pedradas a los invasores gringos, a Pancho Villa se le saltó el corazón, se le desbocaron los caballos de adentro, y entonces lanzó un tremendo grito de alegría:

—*¡Parral me gusta hasta para morirme!*

(206 y 260)

1924
Mérida de Yucatán

Algo más sobre la función de las fuerzas del orden en el proceso democrático

Felipe Carrillo Puerto, también invulnerable al cañón con que Obregón dispara pesos, enfrenta al pelotón de fusilamiento una húmeda madrugada de enero.

—*¿Quiere un confesor?*
—*No soy católico.*
—*¿Y un notario?*
—*No tengo nada que dejar.*

Había sido coronel del ejército de Zapata, en Morelos, antes de fundar el Partido Socialista Obrero en Yucatán. En tierras yucatecas, Carrillo Puerto decía sus discursos en lengua maya. En lengua maya explicaba que Marx era hermano de Jacinto Canek y de Cecilio Chi y que el socialismo, heredero de la tradición comunitaria, daba dimensión futura al glorioso pasado de los indios.

Él encabezaba, hasta ayer, el gobierno socialista de Yucatán. Infinitos fraudes y prepotencias no habían podido evitar que los socialistas ganaran, de lejos, las elecciones; y después no hubo manera de evitar que cumplieran sus promesas. Los sacrilegios contra el sagrado latifundio, el orden esclavista y el monopolio imperial desataron la cólera de los amos del henequén y de la International Harvester Company. Por su parte, el arzobispo sufría violentas convulsiones de ira ante la enseñanza laica, el amor libre y los bautismos rojos, así llamados porque los niños recibían su nombre sobre un colchón de flores rojas, y con su nombre recibían los votos por una larga militancia socialista. Así que hubo que llamar al ejército para que acabara con tanto escándalo.

El fusilamiento de Felipe Carrillo Puerto repite la historia de Juan Escudero en Acapulco. Un par de años ha durado el gobierno de los humillados en Yucatán. Los humillados tenían el gobierno y las armas de la razón. Los humilladores no tenían el gobierno, pero tenían la razón de las armas. Y como en todo México, a muerte se juega la suerte.

(330)

1924
Ciudad de México

La nacionalización de los muros

El arte de caballete invita al encierro. El mural, en cambio, se ofrece a la multitud que anda. El pueblo es analfabeto, sí, pero no ciego: Rivera, Orozco y Siqueiros se lanzan al asalto de las paredes de México. Pintan lo que nunca: sobre la cal húmeda nace un arte de veras nacional, hijo de la revolución mexicana y de estos tiempos de partos y funerales.

El muralismo mexicano irrumpe contra el arte enano, castrado, cobarde, de un país entrenado para negarse. Súbitamente las naturalezas muertas y los difuntos paisajes se hacen realidades locamente vivas y los pobres de la tierra se vuelven sujetos de arte y de historia en vez de objetos de uso, desprecio o compasión.

A los muralistas les llueven agravios. Elogios, ni uno. Pero ellos continúan, impávidos, trepados a los andamios, su tarea. Dieciséis horas diarias sin parar trabaja Rivera, ojos y buche de sapo, dientes de pez. Lleva una pistola al cinto:

—*Para orientar a la crítica* —dice.

(80 y 387)

1924
Ciudad de México

Diego Rivera

pinta a Felipe Carrillo Puerto, redentor de Yucatán, con un balazo en pleno pecho pero alzado ante el mundo, resucitado o no enterado de su propia muerte, y pinta a Emiliano Zapata sublevando pueblo, y pinta al pueblo: todos los pueblos de México, reunidos en la epopeya del trabajo y la guerra y la fiesta, sobre mil seiscientos metros cuadrados de paredes de la Secretaría de Educación. Mientras va cubriendo de colores el mundo, Diego se divierte mintiendo. A quien quiera escucharlo cuenta mentiras tan colosales como su panza y su pasión de crear y su voracidad de mujerófago insaciable.

Hace apenas tres años que ha vuelto de Europa. Allá en París, Diego fue pintor de vanguardia y se hartó de los ismos; y cuando ya estaba apagándose, pintando nomás por aburrimiento, llegó a México y recibió las luces de su tierra hasta incendiarse los ojos.

(82)

1924
Ciudad de México

Orozco

Diego Rivera redondea, José Clemente Orozco afila. Rivera pinta sensualidades, cuerpos de carne de maíz, frutas voluptuosas; Orozco pinta desesperaciones, cuerpos huesudos y desollados, un maguey mutilado que sangra. Lo que en Rivera es alegría, en Orozco es tragedia. En Rivera hay ternura y radiante serenidad; en Orozco, severidad y crispación. La revolución mexicana de Orozco tiene grandeza, como la de Rivera; pero donde Rivera nos habla de esperanza, Orozco parece decirnos que sea quien sea quien robe el sagrado fuego a los dioses, lo negará a los hombres.

(83 y 323)

1924
Ciudad de México

Siqueiros

Huraño es Orozco, escondido, turbulento hacia adentro. Espectacular, ampuloso, turbulento hacia afuera es David Alfaro Siqueiros. Orozco practica la pintura como ceremonia de la soledad. Siqueiros pinta por militancia de la solidaridad. _No hay más ruta que la nuestra_, dice Siqueiros. A la cultura europea, que considera enclenque, opone su propia energía musculosa. Orozco duda, desconfía de lo que hace. Siqueiros embiste, seguro de que su patriótica arrogancia no es mala medicina para un país enfermo de complejo de inferioridad.

(27)

«El pueblo es el héroe de la pintura mural mexicana», dice Diego Rivera

La verdadera novedad de la pintura mexicana, en el sentido en que la iniciamos con Orozco y Siqueiros, fue hacer del pueblo el héroe de la pintura mural. Hasta entonces los héroes de la pintura mural habían sido los dioses, los ángeles, los arcángeles, los santos, los héroes de la guerra, los reyes y emperadores y prelados, los grandes jefes militares y políticos, apareciendo el pueblo como el coro alrededor de los personajes estelares de la tragedia...

(79)

1924
Regla

Lenin

El alcalde del pueblo cubano de Regla convoca al gentío. Desde la vecina ciudad de La Habana ha llegado la noticia de la muerte de Lenin en la Unión Soviética y el alcalde emite un decreto de duelo. Dice el decreto que _el susodicho Lenin conquistó merecida simpatía entre los elementos proletarios e intelectuales de este término municipal. Por tal motivo, a las cinco de la tarde del próximo domingo sus habitantes harán dos minutos de silencio y meditación, durante los cuales personas y vehículos quedarán en estado de quietud absoluta._

A las cinco en punto de la tarde del domingo, el alcalde del pueblo de Regla sube a la loma del Fortín. Más de mil personas lo acompañan, a pesar de la lluvia furiosa. Y bajo la lluvia transcurren los dos minutos de silencio y meditación. Después, el alcalde planta un olivo en lo alto de la colina, en homenaje al hombre que tan para siempre ha clavado la bandera roja allá en el centro de la nieve.

(215)

1926
San Albino

Sandino

Hombre corto y flaco, fideofino, lo volaría el ventarrón si no estuviera tan plantado en tierra de Nicaragua.

En esta tierra, su tierra, Augusto César Sandino se alza y habla. Hablando cuenta lo que su tierra le ha dicho. Cuando Sandino se echa a dormir sobre su tierra, ella le secretea hondas penas y dulzuras.

Sandino se alza y cuenta las confidencias de su tierra invadida y humillada y pregunta *cuántos de ustedes la aman tanto como yo.*

Veintinueve mineros de San Albino dan un paso al frente.

Estos son los primeros soldados del ejército de liberación de Nicaragua. Obreros analfabetos, trabajan quince horas por día arrancando oro para una empresa norteamericana y duermen amontonados en un galpón. Con dinamita vuelan la mina; y se van tras de Sandino a la montaña.

Sandino anda en un burrito blanco.

(118 y 361)

1926
Puerto Cabezas

Las mujeres más dignas del mundo

son las putas de Puerto Cabezas. Ellas conocen, por confidencias de cama, el lugar exacto donde los *marines* norteamericanos han hundido cuarenta rifles y siete mil cartuchos. Gracias a ellas, que jugándose la vida desafían a las tropas extranjeras de ocupación, Sandino y sus hombres rescatan de las aguas, a la luz de las antorchas, sus primeras armas y sus primeras municiones.

(361)

1926
Juazeiro do Norte

El padre Cícero

Juazeiro parecía un caserío de nada, cuatro ranchos escupidos en la inmensidad, cuando un buen día Dios señaló con su dedo esta basurita y decidió que ella fuera la Ciudad Santa. De a miles acuden, desde entonces, los afligidos. Hacia aquí conducen todos los caminos del martirio y del milagro. Escuálidos peregrinos venidos del Brasil entero, largas filas de harapos y muñones, han convertido a Juazeiro en la ciudad más rica del sertón nordestino. En esta nueva Jerusalén restauradora de la fe, memoria de los olvidados, brújula de los perdidos, el modesto arroyo Salgadinho se llama ahora río Jordán. Rodeado de beatas que alzan sangrantes crucifijos de bronce, el padre Cícero anuncia que Jesucristo está al llegar.

El padre Cícero Romão Batista es el dueño de las tierras y las almas. Este salvador de los náufragos del desierto, amansador de locos y criminales, otorga hijos a la mujer estéril, lluvia a la tierra seca, luz al ciego y al pobre algunas migas del pan que él come.

(133)

1926
Juazeiro do Norte

Por milagro divino un bandido se convierte en capitán

Tiran tiros, cantan cantos los guerreros de Lampião. Campanas y cohetes les dan la bienvenida a la ciudad de Juazeiro. Los canga- ceiros lucen arsenal completo y frondoso medallerío sobre las arma- duras de cuero.

Al pie de la estatua del padre Cícero, el padre Cícero bendice al jefe de la banda. Ya se sabe que el bandido Lampião jamás asalta una casa que tenga alguna imagen del padre Cícero, ni mata jamás a nadie que sea devoto de santo tan milagrero.

En nombre del gobierno del Brasil, el padre Cícero otorga a Lampião grado de capitán de ejército, tres tiras azules en cada hom- bro, y le cambia las viejas escopetas winchester por impecables fusi- les máuser. El capitán Lampião promete derrotar a los rebeldes del teniente Luis Carlos Prestes, que recorren el Brasil predicando de- mocracia y otras ideas demoníacas; pero no bien abandona esta ciu- dad se olvida de la Columna Prestes y vuelve a sus afanes de siempre.

(120, 133 y 263)

1926
Nueva York

Valentino

Anoche, en una cantina italiana, Rodolfo Valentino cayó fulminado por un banquete de pastas.

Millones de mujeres han quedado viudas en los cinco continen- tes. Ellas adoraban al fino felino latino en las pantallas-altares de los cines-templos de todos los pueblos y ciudades. Con él cabalga- ban hacia el oasis, empujadas por el viento del desierto, y con él entraban en trágicos ruedos de toros y en misteriosos palacios y

bailaban sobre suelo de espejos y se desnudaban en los aposentos
del príncipe hindú o del hijo del sheik: eran atravesadas por la
mirada de él, lánguido taladro, y estrujadas por sus brazos se sumergían en hondos lechos de seda.

Él ni se enteraba. Valentino, el dios de Hollywood que fumaba
besando y miraba matando, el que cada día recibía mil cartas de
amor, era en realidad un hombre que dormía solo y soñaba con
la mamá.

(443)

1927
Chicago

Louie

Ella vivía en Perdido Street, en Nueva Orleans, bajo el fondo
más hondo de los bajos fondos, donde todo el que moría era velado
con un platillo sobre el pecho, para que los vecinos echaran monedas con que pagar el entierro. Pero ella muere ahora y su hijo Louie
tiene la alegría de regalarle un hermoso funeral, el funeral de lujo
que ella hubiera soñado al fin de un sueño en que Dios la hacía
blanca y millonaria.

Louis Armstrong había crecido sin comer más que sobras y música, hasta que pudo huir de Nueva Orleans hacia Chicago trayén-
dose por todo equipaje una trompeta y por toda compañía un
sandwich de pescado. Unos pocos años han pasado y él está bien
gordo, porque come vengándose, y si volviera al sur quizás podría
entrar en algunos de los lugares prohibidos para negros o imposibles para pobres y hasta podría caminar por casi todas las calles sin
ser expulsado. Él es el rey del *jazz* y eso no hay quien lo discuta:
su trompeta secretea, rezonga, gime, aúlla como bestia herida y ríe
a carcajada plena celebrando, eufórica, inmensamente poderosa, el
disparate de vivir.

(105)

1927
Nueva York

Bessie

Esta mujer canta sus lastimaduras con la voz de la gloria y nadie puede hacerse el sordo o el distraído. Pulmones de la honda noche: Bessie Smith, inmensamente gorda, inmensamente negra, maldice a los ladrones de la Creación. Sus *blues* son los himnos religiosos de las pobres negras borrachas de los suburbios: anuncian que serán destronados los blancos y machos y ricos que humillan al mundo.

(165)

1927
Rapallo

Pound

Hace veinte años que Ezra Pound se marchó de América. Hijo de los poetas, padre de los poetas, Pound está buscando bajo los soles de Italia nuevas imágenes, que sean dignas de acompañar a los bisontes de Altamira, y desconocidas palabras capaces de conversar con dioses más antiguos que los peces.

En el camino, se equivoca de enemigos.

(261, 349 y 437)

1927
Charlestown

«Hermoso día»,

dice el gobernador del estado de Massachusetts.

A la medianoche de este lunes de agosto, dos obreros italianos se sentarán en la silla eléctrica de la Casa de la Muerte de la prisión de Charlestown. Nicola Sacco, zapatero, y Bartolomeo Vanzetti, vendedor de pescado, serán ejecutados por crímenes que no han cometido.

Las vidas de Sacco y Vanzetti están en manos de un mercader que ha ganado cuarenta millones de dólares vendiendo autos Packard. Alvan Tufts Fuller, gobernador de Massachusetts, es un hombre pequeño sentado detrás de un gran escritorio de madera tallada. Él se niega a ceder ante el clamor de protesta que resuena desde los cuatro puntos cardinales del planeta. Honestamente cree en la corrección del proceso y en la validez de las pruebas; y además cree que merecen la muerte todos los malditos anarquistas y mugrientos extranjeros que vienen a arruinar este país.

(162 y 445)

1927
Araraquara

Mário de Andrade

es un desafiador de la servil y dulzona y grandilocuente cultura oficial, un creador de palabras que se mueren de envidia de la música y que son sin embargo capaces de ver y decir al Brasil y también capaces de masticarlo, por ser el Brasil un sabroso maní caliente.

En vacaciones, por el puro gusto de divertirse, Mário de Andrade transcribe dichos y hechos de Macunaíma, héroe sin ningún carácter, tal como los escuchó del dorado pico de un papagayo. Según el papagayo, Macunaíma, negro feo, nació en el fondo de la selva. Hasta los seis años no pronunció una palabra, por pereza, dedicado como estaba a decapitar hormigas, a escupir a la cara de sus hermanos y a meter mano a las gracias de sus cuñadas. Las desopilantes aventuras de Macunaíma atraviesan todos los tiempos y todos los espacios del Brasil, en una gran tomadura de pelo que no deja santo por desvestir ni títere con cabeza.

Macunaíma es más real que su autor. Como todo brasileño de carne y hueso, Mário de Andrade es un delirio de la imaginación.

(23)

1927
París

Villa-Lobos

Detrás del enorme cigarro, viene una nube de humo. Envuelto en ella, alegre y enamorado, Heitor Villa-Lobos silba una canción vagabunda.

En Brasil, los críticos de la contra dicen que él compone música para ser ejecutada por epilépticos y escuchada por paranoicos, pero en Francia lo reciben con ovaciones. La prensa de París aplaude con ganas sus audaces armonías y su vigoroso sentido nacional. Se publican artículos sobre la vida del maestro. Un diario cuenta que una vez Villa-Lobos fue atado a una parrilla y casi asado por los indios antropófagos, cuando él andaba por la selva amazónica, con una victrola en brazos, difundiendo a Bach.

En una de las fiestas que París le ofrece entre concierto y concierto, una señora la pregunta si ha comido gente cruda, y si le gustó.

(280)

1927
Llanos de Jalisco

Tras una inmensa cruz de palo

atropellan los jinetes. Se alzan los cristeros en Jalisco y en otros estados de México, en busca de martirio y gloria. Echan vivas a un Cristo Rey que en la cabeza lleva enjoyada corona en vez de espinas, y vivas al Papa, que no se resigna a perder los pocos privilegios clericales que en México quedaban en pie.

Los campesinos pobres vienen de morir por una revolución que les prometió la tierra. Condenados a vivir muriendo, ahora pasan a morir por una Iglesia que les promete el Cielo.

(297)

Un niño mira

La madre le tapó los ojos para que no viera al abuelo colgado de los pies. Y después las manos de la madre no lo dejaron ver al padre agujereado por los balazos de los bandoleros, ni a los tíos balanceándose, al soplo del aire, allá en lo alto de los postes del telégrafo.

Ahora la madre también se murió o se cansó de defenderle los ojos. Sentado en la cerca de piedra que culebrea por las lomas, Juan Rulfo contempla a ojo desnudo su tierra áspera. Ve a los jinetes, federales o cristeros, que lo mismo da, emergiendo del humo y, tras ellos, allá lejos, un incendio. Ve la hilera de los ahorcados, pura ropa en jirones vaciada por los buitres, y ve una procesión de mujeres vestidas de negro.

Juan Rulfo es un niño de nueve años rodeado de fantasmas que se le parecen.

Aquí no hay nada viviente. No hay más voces que los aullidos de los coyotes, ni más aire que el negro viento que sube en tremolina. En los llanos de Jalisco, los vivos son muertos que disimulan.

(48 y 400)

La guerra de los tigres y los pájaros

Hace quince años, los *marines* desembarcaron en Nicaragua por un ratito, *para proteger las vidas y las propiedades de los ciudadanos de los Estados Unidos,* y se olvidaron de irse. Contra ellos se levantan, ahora, estas montañas del norte. Por aquí son escasas las aldeas; pero quien no se hace soldado de Sandino, se convierte en su espía o mensajero. Desde la voladura de la mina de San Albino y la primera batalla, ocurrida en la comarca de Muy Muy, la tropa libertadora viene creciendo.

Todo el ejército de Honduras está en la frontera, para impedir que lleguen armas a Sandino a través del río, pero los guerrilleros arrancan fusiles a los enemigos caídos y balas a los árboles donde se incrustan. Machetes no faltan, para decapitar; y hacen un buen desparramo las granadas de latas de sardinas llenas de vidrios, clavos, tuercas y dinamita.

Los aviones norteamericanos bombardean al tuntún, arrasando caseríos, y los *marines* vagan por la selva, entre abismos y altos picos, asados de sol, ahogados de lluvia, asfixiados de polvo, quemando y matando todo lo que a su paso encuentran. Hasta los monitos les arrojan proyectiles.

A Sandino le ofrecen el perdón y diez dólares por cada día de los que lleva alzado. El capitán Hatfield le intima la rendición. Desde la fortaleza de El Chipote, misteriosa cumbre envuelta en brumas, llega la respuesta: *Yo no me vendo ni me rindo.* Y el saludo: *Su obediente servidor, que desea ponerlo en un hermoso ataúd con lindos ramos de flores.* Y la firma de Sandino.

Muerden como tigres y vuelan como pájaros los soldados patriotas. Donde menos se espera pegan el zarpazo, salto del tigre a la cara del enorme enemigo, y antes de que atine a reaccionar ya están acometiendo por la espalda o los flancos y en un batir de alas desaparecen.

(118 y 361)

1928
San Rafael del Norte

Pequeño ejército loco

Cuatro aviones *Corsair* bombardean la fortaleza de Sandino en la montaña de El Chipote, cercada y acosada por el cañoneo de los *marines*. Durante varios días y noches truena y tiembla toda la región, hasta que los invasores calan bayonetas y se lanzan al ataque contra las trincheras de piedra erizadas de fusiles. La heroica acción culmina sin muertos ni heridos, porque los atacantes encuentran soldados de paja y fusiles de palo.

Pronto los diarios norteamericanos informan sobre esta batalla de El Chipote. No dicen que los *marines* han abatido a una legión de muñecos de anchos sombreros y pañuelos rojinegros. En cambio, aseguran que el propio Sandino figura entre las víctimas.

En el lejano pueblo de San Rafael del Norte, Sandino escucha cantar a su gente a la luz de las fogatas. Allí recibe la noticia de su propia muerte:

—*Dios y nuestras montañas están con nosotros. Y al fin y al cabo, la muerte no es más que un momentito de dolor.*

En los últimos meses, treinta y seis buques de guerra y seis mil nuevos *marines,* fuerzas de refresco, han llegado a Nicaragua. De setenta y cinco batallas y batallitas, han perdido casi todas. La presa se les ha escurrido varias veces, nadie sabe cómo, de entre las manos.

Pequeño ejército loco, llama la poeta chilena Gabriela Mistral a la hueste de Sandino, estos rotosos guerreros maestros del coraje y la diablura.

(118, 361 y 419)

«Todo era hermanable»

Juan Pablo Ramírez: *Hicimos muñecos de zacate y los pusimos. Dejamos plantados ganchos de palos con sombreros. Y nos dio gusto... Se volaron siete días disparando, volando bombas allí, ¡y yo hasta me meaba de la risa!*

Alfonso Alexander: *Los invasores representaban el elefante y nosotros la serpiente. Ellos eran la inmovilidad; nosotros, la movilidad.*

Pedro Antonio Aráuz: *Los yanquis morían tristemente, los ingratos. Es que no conocían lo que era el sistema de la montaña de nuestro país.*

Sinforoso González Zeledón: *A nosotros nos ayudaban los campesinos, ellos trabajaban con nosotros, sentían por nosotros.*

Cosme Castro Andino: *Nosotros éramos sin sueldo. Cuando llegábamos a un pueblo y nos daban comida, nos la repartíamos. Todo era hermanable.*

(236)

1928
Washington

Noticiero

En emotiva ceremonia, diez oficiales de marina reciben en Washington la Cruz del Mérito, *por servicios distinguidos y heroísmo extraordinario* en la guerra contra Sandino.

«The Washington Herald» y otros diarios denuncian a toda página los crímenes de la *banda de forajidos,* degolladores de *marines,* y publican documentos recién llegados de México. Los documentos, que lucen una impresionante cantidad de faltas de ortografía, probarían que el presidente mexicano Calles está enviando a Sandino armas y propaganda bolchevique por medio de los diplomáticos soviéticos. Fuentes oficiosas del Departamento de Estado explican que el presidente Calles empezó a dar evidencias de su ideología comunista cuando elevó los impuestos de las empresas petroleras norteamericanas que operan en México, y la confirmó plenamente cuando su gobierno abrió relaciones diplomáticas con la Unión Soviética.

El gobierno de los Estados Unidos advierte que *no permitirá que soldados rusos y mexicanos implanten el soviet en Nicaragua.* Según los voceros oficiales del Departamento de Estado, México está *exportando el bolchevismo.* Después de Nicaragua, el canal de Panamá sería el objetivo de la expansión soviética en América Central.

El senador Shortdridge afirma que los ciudadanos de los Estados Unidos *merecen tanta protección como los de la antigua Roma* y el senador Bingham declara: *Estamos obligados a aceptar nuestra función de policías internacionales.* El senador Bingham, famoso arqueólogo que hace dieciséis años descubrió las ruinas de Machu Picchu en el Perú, no ha ocultado jamás su admiración por las obras de los indios muertos.

Desde la oposición, el senador Borah niega a su país el derecho de actuar como censor en América Central y el senador Wheeler sugiere al gobierno que envíe a los *marines* a Chicago, no a Nicaragua, si verdaderamente quiere perseguir bandidos. Por su parte, el periódico «The Nation» opina que el presidente de los Estados Unidos llama *bandido* a Sandino con el mismo criterio con que el rey Jorge III de Inglaterra podía haber llamado *ratero* a George Washington.

(39 y 419)

1928
Managua

Retablo del poder colonial

Los niños norteamericanos estudian geografía en mapas donde Nicaragua es una mancha de color sobre la que se lee: *Protectorado de los Estados Unidos de América.*

Cuando los Estados Unidos decidieron que Nicaragua no podía gobernarse por su cuenta, había cuarenta escuelas públicas en la región de la costa atlántica. Ahora hay seis. La potencia tutelar no ha tendido una vía, ni ha abierto una sola carretera, ni ha fundado ninguna universidad. En cambio, Nicaragua debe ahora mucho más de lo que debía. El país ocupado paga los gastos de su propia ocupación; y los ocupantes siguen ocupando so pretexto de garantizar la cobranza de los gastos que ellos generan.

Las aduanas de Nicaragua están en poder de los banqueros norteamericanos acreedores. Los banqueros han designado al norteamericano Clifford D. Ham interventor de aduanas y recaudador general. Clifford D. Ham es, además, corresponsal de la agencia de noticias United Press. El vice-interventor de aduanas y vice-recaudador general, el norteamericano Irving Lindbergh, es corresponsal de la agencia de noticias Associated Press. Así, Ham y Lindbergh no sólo usurpan los aranceles de Nicaragua: también usurpan la información. Son ellos quienes informan a la opinión pública internacional sobre las fechorías de Sandino, *bandolero criminal y agente bolchevique.*

Un coronel norteamericano dirige el ejército de Nicaragua, National Guard o Guardia Nacional, y un capitán norteamericano encabeza la policía nicaragüense.

El general norteamericano Frank McCoy preside la Junta Nacional de Elecciones. Cuatrocientos treinta y dos *marines* presiden las mesas de votación, custodiadas por doce aviones de los Estados Unidos. Los nicaragüenses votan, los norteamericanos eligen. Apenas electo, el nuevo presidente anuncia que los *marines* seguirán en Nicaragua. Esta inolvidable fiesta cívica ha sido organizada por el general Logan Feland, comandante de las fuerzas de ocupación.

El general Feland, mucho músculo, mucha ceja, cruza sus pies sobre el escritorio. A propósito de Sandino, bosteza y dice:

—*Ese pájaro ha de caer algún día.*

(39 y 419)

1928
Ciudad de México

Obregón

En la hacienda del Náinari, en el valle mexicano del Yaqui, aullaban los perros.

—*¡Que se callen!* —mandó el general Álvaro Obregón.

Y los perros ladraron más.

—*¡Que les den de comer!* —mandó el general.

Y los perros no hicieron caso de la comida y siguieron el alboroto.

—*¡Échenles carne fresca!*

Y tampoco la carne fresca hizo callar a los perros. Y fueron golpeados, pero continuó el clamor de la jauría.

—*Yo sé lo que quieren* —dijo entonces, resignado, Obregón.

Esto ocurrió el 17 de mayo. Y el 9 de julio, en Culiacán, estaba Obregón bebiendo un refresco de tamarindo a la sombra de los portales, cuando sonaron las campanas de la Catedral y Chuy Andrade, poeta, borracho le dijo:

—*Mocho, tocan por tí.*

Y al día siguiente, en Escuinapa, después de un festín de tamales barbudos de camarón, estaba Obregón subiendo al tren cuando Elisa Beaven, buena amiga, le apretó el brazo y le pidió, con su voz rasposa:

—*No vayas. Te van a matar.*

Pero Obregón entró en el tren y vino a la capital. Obregón había sabido abrirse camino, a tiros y sombrerazos, en los tiempos en que zumbaban las balas como avispas, y había sido matador de matadores y vencedor de vencedores, y había conquistado poder y gloria y dinero sin perder más que la mano que Pancho Villa le voló, de modo que no iba a andarse con vueltas ahora que sabía que se le estaban acabando los días de la vida. Siguió como si nada, pero triste. Había perdido, al fin y al cabo, su única inocencia: la dicha de ignorar su propia muerte.

Hoy, 17 de julio de 1928, dos meses después de que los perros ladraran en Náinari, un fanático de Cristo Rey mata al reelecto presidente Álvaro Obregón en un restaurante de la ciudad de México.

(4)

1928
Villahermosa

El comecuras

Apenas muere Obregón, volteado por las balas de un catoliquísimo, el gobernador del estado mexicano de Tabasco, Manuel Garrido, decreta venganza: manda demoler la catedral hasta la última piedra y con el bronce de las campanas erige una estatua del difunto.

Cree Garrido que la religión católica mete a los trabajadores en la jaula del miedo, aterrorizándolos con la amenaza del fuego eterno: para que la libertad entre en Tabasco, dice Garrido, la religión debe salir. Y a patadas la saca: decapita santos, arrasa iglesias, arranca las cruces del cementerio, obliga a los curas a casarse y aplica nuevos nombres a todos los lugares con nombres de santos. La capital del estado, San Juan Bautista, pasa a llamarse Villahermosa. Y en solemne ceremonia dispone que un toro semental se llame Obispo y un asno responda al nombre de Papa.

(283)

1928
Al sur de Santa Marta

Bananización

Eran no más que perdidas aldeas de la costa de Colombia, un callejón de polvo entre el río y el cementerio, un bostezo entre dos sueños, cuando el tren amarillo de la United Fruit Company llegó desde la mar. Tosiendo humo, el tren atravesó los pantanos y se abrió paso en la selva, y al emerger en la fulgurante claridad anunció, silbando, que la edad del banano había nacido.

Entonces toda la comarca despertó convertida en inmensa plantación. Ciénaga, Aracataca y Fundación tuvieron telégrafo y correo y nuevas calles con billares y burdeles; y por millares acudían los campesinos, olvidaban la mula en el palenque y se hacían obreros.

Durante años esos obreros fueron obedientes y baratos y machetearon malezas y racimos a menos de un dólar por día, y aceptaron vivir en inmundos barracones y morir de paludismo o tuberculosis. Después, formaron sindicato.

(186 y 464)

1928
Aracataca

Maldición

Calor y sopor y rencor. Los bananos se pudren en las cepas. Duermen los bueyes ante las carretas vacías. Los trenes, muertos en los ramales, no reciben ni un racimo. Siete barcos esperan, anclados en los muelles de Santa Marta: en sus bodegas sin fruta, los ventiladores han dejado de girar.

Hay cuatrocientos huelguistas presos, pero la huelga sigue como si nada.

En Aracataca, la United Fruit ofrece una cena de homenaje al Jefe Civil y Militar de la región. A los postres, el general Carlos Cortés Vargas maldice a los obreros, *malhechores armados,* y a sus *agitadores bolcheviques,* y anuncia que mañana marchará hacia Ciénaga, a la cabeza de las fuerzas del orden, para proceder.

(93 y 464)

1928
Ciénaga

Matazón

En las orillas de Ciénaga, un oleaje de mar y de banderas. Los huelguistas han venido desde todas las distancias, hombres de machete al cinto, mujeres cargadas de ollas y de niños, y aquí, rodeados de fogatas, esperan. Les han prometido que esta noche la empresa firmará el acuerdo que pondrá fin a la huelga.

En lugar del gerente de la United Fruit, llega el general Cortés Vargas. En lugar del acuerdo, les lee un ultimátum.

La multitud no se mueve. Tres veces suena, advirtiendo, el clarín militar.

Y entonces, de pronto, revienta el mundo, súbito trueno de truenos, y se vacían las ametralladoras y los rifles.

Queda la plaza alfombrada de muertos. Los soldados la barren y la lavan, durante toda la noche, mientras los barcos arrojan a los muertos mar adentro; y al amanecer no pasa nada.

—*En Macondo no ha pasado nada, ni está pasando, ni pasará nunca.*

(93 y 464)

1928
Aracataca

García Márquez

Se desata la persecución de los huelguistas heridos y escondidos. Como a conejos los cazan, tirando al bulto desde el tren en marcha; y en las estaciones pescan lo que la red atrapa. A ciento veinte capturan en Aracataca, en una sola noche. Los soldados despiertan al cura y le arrancan la llave del cementerio. En calzoncillos, temblando, el cura escucha las descargas.

No lejos del cementerio, un niño berrea en la cuna.

Pasarán los años y este niño revelará al mundo los secretos de la comarca que fue atacada por la peste del olvido y perdió el nombre de las cosas. Él descubrirá los pergaminos que cuentan que los obreros han sido fusilados en la plaza y que aquí la Mamá Grande es dueña de vidas y haciendas y de las aguas llovidas y por llover, y que entre lluvia y lluvia Remedios la Bella se va al cielo y en el aire se cruza con un ángel viejito y desplumado que viene cayendo rumbo al gallinero.

(187 y 464)

1928
Bogotá

Noticiero

La prensa informa sobre los recientes acontecimientos en la zona bananera. Según las fuentes oficiales, los desmanes de los huelguistas han dejado un saldo de cuarenta plantaciones incendiadas, treinta y cinco mil metros de hilo telegráfico destruido y ocho obreros muertos cuando intentaban agredir al ejército.

El presidente de la república acusa a los huelguistas de traición y felonía. *Ellos han atravesado con su puñal envenenado el corazón amante de la Patria,* declara. Por decreto, el presidente designa director de la Policía Nacional al general Cortés Vargas y anuncia promociones y recompensas para los demás oficiales participantes en los sucesos de notoriedad.

En espectacular discurso, el joven legislador liberal Jorge Eliécer Gaitán contradice la versión oficial y denuncia que el ejército colombiano ha cometido una carnicería cumpliendo órdenes de una empresa extranjera. La United Fruit Company, que según Gaitán dirigió la matanza de obreros, ha reducido los jornales después del aplastamiento de la huelga. La United Fruit paga los jornales con cupones y no con dinero. Subrayó el legislador que la empresa explota tierras regaladas por el Estado colombiano y está exonerada de impuestos.

(174 y 464)

1929
Ciudad de México

Mella

El dictador de Cuba, Gerardo Machado, lo manda matar. Julio Antonio Mella no es más que un estudiante desterrado en México, que ocupa sus fervores en correr la liebre y en publicar artículos, para poquitos lectores, contra el racismo y el colonialismo enmascarado; pero el dictador no se equivoca al considerarlo el más peligroso de sus enemigos. Machado lo tiene en la mira desde que los relampagueantes discursos de Mella estremecían al estudiantado de La Habana. Mella ardía denunciando a la dictadura y burlándose de la decrepitud de la universidad cubana, que es una fábrica de profesionales con mentalidad de convento español de la colonia. Una noche, anda Mella caminando del brazo de su compañera, Tina Modotti, cuando los asesinos lo liquidan a balazos. Tina grita, pero no llora ante el cuerpo caído. Tina llora después, cuando llega a casa, al amanecer, y ve los zapatos de Mella, vacíos, que están como esperándolo bajo la cama. Hasta hace unas horas, esta mujer era tan feliz que sentía envidia de sí misma.

(290)

1929
Ciudad de México

Tina Modotti

El gobierno de Cuba no tiene nada que ver, afirman los diarios mexicanos de derecha. Mella ha sido víctima de un crimen pasional, _digan lo que digan las juderías del bolchevismo moscovita._ Revela la prensa que Tina Modotti, _mujer de dudosa decencia,_ reaccionó con frialdad ante el trágico episodio y posteriormente, en sus declaraciones policiales, incurrió en contradicciones sospechosas.

Tina, fotógrafa italiana, ha sabido penetrar muy a fondo México adentro, en los pocos años que lleva aquí. Sus fotografías ofrecen un espejo de grandeza a las cosas simples de cada día y a las sencillas gentes que aquí trabajan con las manos.

Pero ella es culpable de libertad. Vivía sola cuando descubrió a Mella, mezclado en la multitud que manifestaba por Sacco y Vanzetti y por Sandino, y se unió a él sin boda. Antes había sido actriz en Hollywood y modelo y amante de artistas; y no hay hombre que al verla no se ponga nervioso. Se trata, por lo tanto, de una perdida —y para colmo extranjera y comunista. La policía difunde fotos que muestran desnuda su imperdonable belleza, mientras se inician los trámites para expulsarla de México.

(112)

1929
Ciudad de México

Frida

Tina Modotti no está sola frente a sus inquisidores. La acompañan, de un brazo y del otro, sus camaradas Diego Rivera y Frida Kahlo: el inmenso buda pintor y su pequeña Frida, pintora también, la mejor amiga de Tina, que parece una misteriosa princesa de Oriente pero dice más palabrotas y bebe más tequila que un mariachi de Jalisco.

Frida ríe a carcajadas y pinta espléndidas telas al óleo desde el día en que fue condenada al dolor incesante.

El primer dolor ocurrió allá lejos, en la infancia, cuando sus padres la disfrazaron de ángel y ella quiso volar con alas de paja; pero el dolor de nunca acabar llegó por un accidente en la calle, cuando un fierro de tranvía se le clavó en el cuerpo de lado a lado, como una lanza, y le trituró los huesos. Desde entonces ella es un dolor que sobrevive. La han operado, en vano, muchas veces; y en la cama del hospital empezó a pintar sus autorretratos, que son desesperados homenajes a la vida que le queda.

(224 y 444)

1929
Capela

Lampião

La más célebre banda del nordeste del Brasil asalta el pueblo de Capela. El jefe Lampião, que jamás sonríe, fija un precio razonable de rescate. Hace rebaja, porque estamos en época de sequía. Mientras los notables del lugar reúnen el dinero, él pasea por las calles. Todo el pueblo lo sigue. Sus crímenes espeluznantes le han ganado la admiración general.

Lampião, el rey tuerto, señor de los páramos, refulge al sol. Brillan sus lentes de aro de oro, que le dan un aire de profesor distraído, y brilla su puñal largo como espada. En cada dedo brilla un anillo de diamantes y en la frente las libras esterlinas cosidas a la vincha. Lampião se mete en el cine, donde dan una película de Janet Gaynor. Por la noche cena en el hotel. El telegrafista del pueblo, sentado a su lado, prueba el primer bocado de cada plato. Después Lampião se echa unos tragos, mientras lee *La vida de ∙Jesús,* de Ellen G. White. Acaba la jornada en el burdel. Elige a la más gorda, una tal Enedina. Con ella pasa toda la noche. Al amanecer, Enedina ya es famosa. Durante años los hombres harán fila ante su puerta.

(120 y 348)

1929
Atlantic City

El trust del crimen

El hampa organizada de los Estados Unidos celebra su primer congreso nacional, en los salones del hotel President. Asisten al evento calificados representantes de las bandas de gángsters que operan en las ciudades principales.

Ramas de olivo, bandera blanca: el congreso resuelve que las bandas rivales no seguirán matándose entre sí y decreta la amnistía general. Para garantizar la paz, los ejecutivos de la industria del crimen siguen el buen ejemplo de la industria del petróleo. Como acaban de hacerlo la Standard Oil y la Shell, también los gángsters poderosos reparten mercados, fijan precios y se ponen de acuerdo para eliminar la competencia de los pequeños y medianos.

En estos últimos años, los empresarios del crimen han diversificado sus actividades y han modernizado sus métodos de organización del trabajo. Ahora no solamente practican la extorsión, el asesinato, el proxenetismo y el contrabando, sino que además poseen grandes destilerías, hoteles, casinos, bancos y supermercados. Utilizan los últimos modelos de ametralladoras y de máquinas de contabilidad. Ingenieros, economistas y expertos en publicidad dirigen los equipos técnicos, que evitan el desperdicio de recursos y aseguran el continuo ascenso de las tasas de ganancia.

Al Capone preside el directorio de la sociedad anónima más lucrativa de cuantas actúan en el ramo. Él gana cien millones de dólares al año.

(335)

1929
Chicago

Al Capone

Diez mil estudiantes corean el nombre de Al Capone, en el campo de deportes de la Northwestern University. El popular Capone saluda a la multitud con ambas manos. Doce guardaespaldas lo escoltan. A la salida lo espera un cadillac acorazado. Capone luce una rosa en el ojal y un diamante en la corbata, pero debajo lleva chaleco de acero y su corazón late contra una pistola 45.

Él es un ídolo. Nadie da tanto de ganar a las funerarias, a las florerías y a las costureras que hacen zurcidos invisibles en ropa agujereada a balazos; y paga generosos sueldos a los policías, jueces, legisladores y alcaldes que trabajan para él. Ejemplar padre de familia, Capone detesta la falda corta y el maquillaje y cree que el lugar de la mujer está en la cocina. Patriota fervoroso, sobre su escritorio ostenta los retratos de George Washington y Abraham Lincoln. Profesional de gran prestigio, no hay quien ofrezca mejor servicio para romper huelgas, apalear obreros y enviar rebeldes al otro mundo. Él está siempre alerta ante la amenaza roja.

(335)

Al Capone llama a la defensa
contra el peligro comunista

El bolchevismo está llamando a nuestra puerta. No debemos dejarle entrar. Tenemos que permanecer unidos y defendernos contra él con plena decisión. América debe permanecer incólume e incorrupta. Debemos proteger a los obreros de la prensa roja y de la perfidia roja, y cuidar de que sus mentes se mantengan sanas...

(153)

1929
Nueva York

La euforia

Millones de lectores tiene *El hombre que nadie conoce*, el libro de Bruce Barton que sitúa el Cielo en Wall Street. Según el autor, Jesús de Nazaret fundó el moderno mundo de los negocios. Jesús fue un empresario conquistador de mercados, dotado de un genial sentido de la publicidad y bien secundado por doce vendedores hechos a su imagen y semejanza.

Con fe religiosa cree el capitalismo en su propia eternidad. ¿Qué ciudadano norteamericano no se siente un elegido? La Bolsa es un casino donde todos juegan y nadie pierde. Dios los ha hecho prósperos. El empresario Henry Ford quisiera no dormir nunca, para ganar más dinero.

(2 y 304)

Del Manifiesto Capitalista de Henry Ford,
fabricante de automóviles

El bolchevismo ha fracasado porque era, a la vez, antinatural e inmoral. Nuestro sistema se mantiene en pie...

No puede haber nada más absurdo, ni cabe imaginar peor servicio a la humanidad en general, que la insistencia en que todos los hombres son iguales...

El dinero aparece naturalmente como resultado de servicio. Y es absolutamente necesario tener dinero. Pero nosotros no queremos olvidar que el fin del dinero no es el ocio sino la oportunidad de realizar más servicio. En mi mente no cabe nada más aborrecible que una vida de ocio. Ninguno de nosotros tiene ningún derecho al ocio. En la civilización no hay lugar para el haragán...

En nuestra primera publicidad, mostramos la utilidad del automóvil. Dijimos: «A menudo escuchamos mencionar el viejo proverbio —Tiempo es dinero—, pero sin embargo son pocos los hombres de negocios y profesionales que actúan como si realmente creyeran en esta verdad...»

(168)

1929
Nueva York

La crisis

La especulación crece más que la producción y la producción más que el consumo y todo crece a ritmo de vértigo hasta que estalla, súbita, la crisis. El derrumbamiento de la Bolsa de Nueva York reduce a cenizas, en un solo día, las ganancias de años. De pronto las más valiosas acciones se convierten en papeluchos que no sirven ni para envolver pescado.

Caen, en picada, las cotizaciones, y en picada caen los precios y los salarios y más de un hombre de negocios desde la azotea. Cierran fábricas y bancos; se arruinan los granjeros. Los obreros sin trabajo se calientan las manos ante las fogatas de basura y mascan chicle para consolar la boca. Las más altas empresas se vienen abajo; y hasta Al Capone se desploma sin levante.

(2 y 304)

1930
La Paz

Una emocionante aventura del Príncipe de Gales entre los salvajes

La Bolsa de Nueva York arrastra varios gobiernos al abismo. Los precios internacionales se derrumban y con ellos se vienen al suelo, uno tras otro, diversos presidentes civiles de América Latina, plumas que se desprenden de las alas del águila; y nuevas dictaduras nacen, para hambrear el hambre.

En Bolivia, la ruina del precio del estaño tumba al presidente Hernando Siles y coloca, en su lugar, a un general a sueldo de Patiño, rey de las minas. Una turbamulta acompaña al motín militar. Los forajidos asaltan el palacio de gobierno, con permiso de saqueo. En pleno alboroto, se llevan muebles, alfombras, cuadros y todo lo demás. Todo: también se llevan los baños completos, con letrinas, bañeras y cañerías.

En esos días visita Bolivia el príncipe de Gales. El pueblo espera un príncipe como Dios manda, de esos que cabalgan en caballo blanco, con espada al cinto y dorada cabellera al viento, y provoca general decepción la llegada de este señor de sombrero de copa y bastón, que baja del ferrocarril con cara de cansado.

Por la noche, el nuevo presidente le ofrece un banquete en el desvalijado palacio de gobierno. A los postres, cuando están por comenzar los discursos, Su Alteza cuchichea dramáticas palabras al oído del intérprete, que las transmite al edecán, que las transmite al presidente. El presidente palidece. Una pierna del príncipe está golpeteando nerviosamente el suelo. Sus deseos son órdenes; pero en palacio no hay dónde, no hay cómo. Sin vacilar, el presidente designa una comitiva, que encabezan el Ministro de Relaciones Exteriores y el Comandante en Jefe de las Fuerzas Armadas.

La vistosa comitiva, coronada de galeras y plumajes, acompaña al príncipe, a paso digno pero presuroso, casi a los saltitos, a través de la Plaza de Armas. Al llegar a la esquina, entran todos al hotel París. El Ministro de Relaciones Exteriores abre la puerta que dice *Caballeros,* para que pase el heredero de la corona imperial británica.

(34)

1930
Buenos Aires

Yrigoyen

Al despeñadero de la crisis mundial llega también el presidente argentino Hipólito Yrigoyen. Lo condena el desplome de los precios de la carne y del trigo.

Callado y solo, Yrigoyen asiste al fin de su poder. Desde otro tiempo, desdé otro mundo: este viejo tozudo se niega todavía a usar teléfono y jamás ha entrado a un cine, desconfía de los automóviles y no cree en los aviones. Ha conquistado al pueblo sin discursos, conversando, convenciendo a uno por uno, poquito a poco. Ahora lo maldicen los mismos que ayer desenganchaban los caballos de su carruaje para llevarlo a pulso. La multitud arroja a la calle los muebles de su casa.

El golpe militar que voltea a Yrigoyen ha sido cocinado, al calor de la súbita crisis, en los salones del Jockey Club y del Círculo de Armas. El achacoso patriarca, crujiente de reuma, selló su destino cuando se negó a entregar el petróleo argentino a la Standard Oil y a la Shell; y para colmo quiso enfrentar la catástrofe de los precios comerciando con la Unión Soviética.

—*Ha sonado otra vez, para bien del mundo, la hora de la espada* —había proclamado el poeta Leopoldo Lugones, anunciando la era militar en la Argentina.

En pleno cuartelazo, el joven capitán Juan Domingo Perón ve que sale del palacio de gobierno, corriendo a todo lo que da, un entusiasta que grita:

—*¡Viva la Patria! ¡Viva la Revolución!*

El entusiasta lleva una bandera argentina arrollada bajo el brazo. Dentro de la bandera, la máquina de escribir que acaba de robar.

(178, 341 y 365)

1930
París

Ortiz Echagüe, periodista,
comenta la caída del precio de la carne

Cada vez que vuelvo de Buenos Aires, los argentinos de París me preguntan:
— *¿Cómo están las vacas?*
Hay que venir a París para darse cuenta de la importancia de la vaca argentina.

Anoche, en «El Garrón» —un cabaret de Montmartre donde la juventud argentina hace el duro aprendizaje de la vida— unos vecinos de mesa me preguntaron, con familiaridad, de madrugada:
— *Diga, ché, y por allá, ¿cómo andan las vacas?*
— *Por los suelos —contesté.*
— *¿Y no se levantarán?*
— *Me parece difícil.*
— *¿Usted no tiene vacas?*
Yo me palpé los bolsillos maquinalmente y contesté que no.
— *No sabe, amigo, la suerte que tiene.*
En ese punto, tres bandoneones rompieron a llorar su nostalgia y nos cortaron el diálogo.
— *¿Cómo están las vacas? —me han preguntado maîtres d'hôtel y músicos, floristas y mozos, pálidos bailarines, porteros galoneados, diligentes chasseurs y, sobre todo, mujeres pintadas, esas pobres mujeres ojerosas y anémicas...*

(325)

1930
Avellaneda

La vaca, la espada y la cruz

forman la santísima trinidad del poder en la Argentina. Los matones del Partido Conservador custodian el altar.

En pleno centro de Buenos Aires, los pistoleros de guante blanco usan leyes y decretos, en vez de ametralladoras, para realizar sus asaltos. Expertos en doble contabilidad y doble moral, no desvalijan con ganzúas, que para algo son doctores: ellos conocen a la perfección las combinaciones secretas para abrir todas las cajas de caudales del país. Pero al otro lado del Riachuelo, en Avellaneda, el Partido Conservador practica política y negocios a tiro limpio. Don Alberto Barceló, senador de la nación, hace y deshace desde su trono de Avellaneda. En procesión llegan los parias a recibir de don Alberto algún dinerito, un consejo de padre y un abrazo confianzudo. El hermano, Enrique el Manco, se ocupa de los burdeles. Don Alberto tiene a su cargo la timba y la paz social. Fuma en boquilla; espía el mundo por entre los párpados hinchados. Sus muchachos rompen huelgas, incendian bibliotecas, empastelan imprentas y envían al otro mundo a sindicalistas y judíos y a todo el que se olvide de pagar y de obedecer, en esta hora de crisis tan propicia al desorden. Después el bueno de don Alberto regala cien pesos a los huérfanos.

(166 y 176)

1930
Castex

El último gaucho alzado

por los cuatro rumbos de la pampa argentina se llama Bairoletto, y es hijo de chacareros venidos de Italia. El forajido se desgració muy joven, cuando le metió un tiro en la frente a un policía que lo había humillado, y ahora no tiene más remedio que dormir a la intemperie. En el desierto batido por el viento se deja ver y desaparece, relámpago o luz mala, jineteando un zaino que salta como si nada los alambrados de siete hilos. Los pobres lo protegen, y él se ocupa de vengarlos castigando a los poderosos que los verduguean y les tragan la tierra. Al final de cada asalto, Bairoletto graba a tiros una B en las aletas de los molinos de las estancias y echa a volar panfletos anarquistas que anuncian la revolución.

(123)

1930
Santo Domingo

El huracán

golpea rugiendo, revienta los barcos contra los muelles, despedaza
los puentes, arranca de raíz los árboles y los revolea por los aires;
por los aires vuelan los techos de lata, como hachas locas, decapi-
tando gente. Esta isla está siendo arrasada por los vientos, fusilada
por los rayos, ahogada por las aguas de la lluvia y de la mar. El huracán embiste vengándose o ejecutando una maldición descomunal,
que tal parece que la República Dominicana hubiera sido condenada
a pagar, ella solita, todas las cuentas que el planeta entero debe.
   Después, cuando el huracán se va, empieza la quema. Hay muchos cadáveres y ruinas que quemar antes de que las pestes liqui-
den lo poco que queda vivo y en pie. Durante una semana una inmensa nube de humo negro flota suspedida sobre la ciudad de
Santo Domingo.
   Así transcurren los primeros días del gobierno del general Rafael Leónidas Trujillo, que ha llegado al poder en vísperas del ciclón, traído por la no menos catastrófica caída del precio internacional del azúcar.

(60 y 101)

1930
Ilopango

Miguel a los veinticinco

La crisis también revuelca por los suelos el precio del café. Los
granos se pudren en las ramas; un olor dulzón, de café podrido,
pesa en el aire. En toda América Central, los finqueros arrojan a
los peones al camino. Los pocos peones que tienen trabajo reciben
la misma ración que los cerdos.
   En plena crisis nace el Partido Comunista de El Salvador. Miguel es uno de los fundadores. Maestro artesano en el oficio de za-

patería, Miguel trabaja salteado. La policía le anda pisando los talones. Él agita el ambiente, recluta gente, se esconde y huye.

Una mañana Miguel se acerca, disfrazado, a su casa. La ve sin vigilancia. Escucha llorar a su hijo y entra. El niño está solo, chillando a pleno pulmón. Miguel se pone a cambiarle los pañales cuando en eso alza la mirada y por la ventana descubre que los agentes están rodeando la casa.

—*Perdoná* —le dice al cagadito, y lo deja a medio mudar. Pega un salto de gato y consigue deslizarse por un agujero entre las tejas rotosas, mientras suenan los primeros tiros.

Y así ocurre el cuarto nacimiento de Miguel Mármol, a los veinticinco años de su edad.

(126 y 404)

1930
Nueva York

La vida cotidiana de la crisis

De mala manera, a las bofetadas, la crisis despierta a los norteamericanos. La catástrofe de la Bolsa de Valores de Nueva York ha roto el Gran Sueño, que prometía llenar todos los bolsillos de dinero, todos los cielos de aviones, todas las tierras de automóviles y rascacielos.

No hay quien venda optimismo en el mercado. Se entristece la moda. Caras largas, ropas largas, largos cabellos: se acabaron los alocados años veinte y con ellos acabaron las piernas a la vista y el cabello corto de las mujeres.

Verticalmente baja el consumo de todo. Sólo aumentan las ventas de cigarrillos, horóscopos y bombillas de veinticinco vatios, que dan luz mortecina pero gastan poco.

Hollywood prepara películas sobre gigantescos monstruos desatados, King Kong, Frankestein, inexplicables como la economía, imparables como la crisis, que siembran el terror en las calles de las ciudades.

(15 y 331)

1930
Achuapa

La bandera rojinegra flamea en los lomeríos

Nicaragua, país condenado a producir baratas sobremesas, bananas
y café y azúcar, continúa arruinando la digestión de sus clientes.

El jefe sandinista Miguel Ángel Ortez festeja el fin de año aniquilando una patrulla de *marines* en los barrosos barrancos de Achuapa. El mismo día, otra patrulla cae en la ceja de un despeñadero de
las cercanías de Ocotal.

En vano los invasores intentan vencer por hambre, incendiando
ranchos y sembradíos. Muchas familias se echan al monte, errantes
y sin amparo; dejan a sus espaldas altas humaredas y animales
muertos a bayonetazos.

Creen los campesinos que Sandino sabe cómo atraer el arcoiris.
El arcoiris viene hacia él y se achica mucho, mucho, para que él
pueda recogerlo entre dos dedos.

(118 y 361)

1931
Bocay

Lo que espera la esperanza

Alumbrado por aromosas astillas de ocote, Sandino escribe cartas y órdenes. También escribe informes, para que se lean en voz
alta en los campamentos, sobre la situación militar y política en
Nicaragua *(Como varita de cohete el enemigo saldrá dentro de
poco...),* manifiestos que condenan a los traidores *(No encontrarán
lugar para vivir, como no sea bajo siete cuartas de tierra...)* y profe-
cías que anuncian que pronto resonarán, en todas partes, los clarines
de guerra contra los opresores, y que más temprano que tarde el
Juicio Final destruirá la injusticia para que el mundo sea, por fin,
lo que quiso ser cuando todavía no era.

(237)

Escribe Sandino a uno de sus oficiales:
«Ni vamos a poder andar de tantas flores»

Si le da sueño, hambre o miedecito, pídale a Dios que lo conforte... Dios nos dará este otro triunfo, que será el definitivo, porque estoy seguro que después de esta pelea, no volverán por el vuelto, ¡y ustedes quedarán cubiertos de glorias! Cuando entremos en Managua, hasta que ni vamos a poder andar de tantas flores...

(361)

**1931
Bocay**

Santos López

Quien entra en el ejército libertador gana el derecho de ser llamado *hermano*. Dinero no gana. Ningún dinero, nunca. Por su cuenta ha de ganarse el fusil, en pelea, y quizás un uniforme de algún difunto *marine*, una vez acortado el pantalón con mucho dobladillo.

Santos López está con Sandino desde el primer día. Desde los ocho años trabajaba de peón en las fincas. Tenía doce cuando el levantamiento en la mina de San Albino. En la tropa patriota fue aguatero y mensajero y espía entre enemigos borrachos o distraídos, y junto a otros compinches de su edad se especializó en tender emboscadas y en armar alboroto con latas y triquitraques para que poquitos parecieran muy montón.

Santos López cumple diecisiete años el día que Sandino lo hace coronel.

(236, 267 y 361)

1931
Bocay

Tranquilino

En el raquítico arsenal de Sandino no hay mejor arma que una ametralladora Browning último modelo, rescatada de uno de los aviones norteamericanos volteados a tiros de fusil.

En manos de Tranquilino Jarquín, esa Browning dispara y canta. Tranquilino es cocinero, además de artillero cantador. Luce un diente en la risa y una orquídea en el sombrero; y mientras revuelve la gran olla humeante, escasa de carne pero no de aroma, se echa al buche un buen trago de ron.

En el ejército de Sandino está prohibido beber, pero Tranquilino puede. Mucho trabajo le costó conseguir el privilegio, hasta que convenció al general. Sin unos traguitos no funciona este artista del cucharón y del gatillo. Cuando lo someten a dieta de agua, le salen tristes los platos y torcidos y mudos los balazos.

(236 y 393)

1931
Bocay

Cabrerita

Tranquilino hace cantar a la ametralladora y Pedro Cabrera al clarín. En ráfagas canta tangos, marchas y corridos la Browning de Tranquilino; y el clarín de Cabrerita gime requiebros de amor y proclama valentías.

Cabrerita se hace estatua y cierra los ojos para besar su trompeta celestial. Antes del alba despierta a los soldados; y en la noche los duerme, soplando bajito y demorándose en las notas.

Musiquero y poeta, enamorado y bailandero, Cabrerita es asistente de Sandino desde que empezó la guerra. La naturaleza le ha dado un metro y medio de altura y siete mujeres.

(393)

1931
Hanwell

El ganador

Carlitos el Vagabundo visita la escuela Hanwell. Camina en una pierna, como patinando; se retuerce la oreja y de la oreja salta un chorro de agua. Centenares de niños, huérfanos, pobres o abandonados, ríen a carcajadas.

Hace treinta y cinco años, Charles Chaplin era uno de estos niños. Ahora reconoce la silla donde se sentaba y el rincón del lúgubre gimnasio donde fue castigado con vara de abedul. Cuando huía a Londres, en aquellos tiempos, humeaban en los escaparates las chuletas de cerdo y las doradas papas empapadas en jugo de carne: la nariz de Chaplin recuerda todavía aquel aroma que atravesaba los cristales para burlarse de él. Y en su memoria han quedado grabados los precios de otros manjares imposibles: una taza de té, medio penique; una ración de arenque, un penique; un pastel, dos peniques.

Hace veinte años se fue de Inglaterra en un barco de ganado y ahora ha vuelto convertido en el hombre más famoso del mundo. Como sombra lo sigue una nube de periodistas y vaya donde vaya encuentra multitudes ansiosas por verlo y tocarlo. Puede hacer lo que quiera. En plena euforia del cine sonoro, sus películas mudas tienen un éxito arrasador. Y puede gastar lo que quiera —aunque nunca quiere. En las películas, Carlitos el Vagabundo, pobre hoja al viento, ignora el dinero; pero en la realidad, Charles Chaplin, que transpira millones, cuida los centavos y es incapaz de mirar un cuadro sin calcularle el precio. Jamás le ocurrirá lo que a Buster Keaton, hombre de bolsillo abierto, a quien se le vuela todo lo que gana.

(121 y 383)

1932
Hollywood

El perdedor

Buster Keaton llega a los estudios de la empresa Metro con horas de atraso, arrastrando la resaca de la borrachera de anoche, ojos de fiebre, lengua de cobre, músculos de trapo, y quién sabe cómo hace para ejecutar las piruetas de payaso que el guión ordena y cómo se las arregla para recitar los chistes idiotas que le mandan decir.

Ahora las películas son sonoras y Keaton tiene prohibido improvisar. Tampoco puede repetir filmaciones en busca del evasivo instante en que la poesía encuentra a la risa, prisionera, y la desencadena. Keaton, genio de la libertad y del silencio, está ahora obligado a seguir al pie de la letra los charlatanes guiones escritos por otros. Así los costos se reducen a la mitad aunque el talento se reduzca a la nada, según mandan las normas de producción de las fábricas de películas en la época del cine sonoro, alta industria, gran negocio: han quedado atrás, por siempre atrás, los tiempos en que Hollywood era una aventura loca.

Cada día Keaton se entiende mejor con los perros y las vacas. Cada noche destapa una botella de *bourbon* y suplica a su propia memoria que beba y calle.

(128 y 382)

1932
Ciudad de México

Eisenstein

Mientras en México lo acusan de *bolchevique, homosexual y libertino,* en Hollywood lo tratan de *perro rojo y amigo de asesinos.*

Serguéi Eisenstein ha venido a México para filmar una epopeya indígena. A medio hacer, se la destripan. La censura mexicana le prohíbe algunas escenas, porque está bien la verdad pero no tanta, y el productor norteamericano le usurpa el material filmado y lo deja en manos de quien quiera descuartizarlo.

La película de Eisenstein, *Que viva México,* ya no es más que un montón de grandiosos retazos, imágenes sin articular o rejuntadas sin coherencia y a traición: deslumbrantes letras sueltas de una palabra jamás dicha sobre este país, este delirio surgido del lugar donde el fondo de la mar se toca con el centro de la tierra: pirámides que son volcanes a punto de estallar, lianas entrelazadas como cuerpos ávidos, piedras que respiran...

(151 y 305)

1932
Caminos de Santa Fe

El titiritero

no sabía que era titiritero, hasta que una tarde, estando con un amigo en un balcón alto de Buenos Aires, vio pasar por la calle un carro de heno. Sobre el heno había un muchacho echado cara al cielo, las manos en la nuca, las piernas cruzadas, fumando. El amigo y él lo vieron y sintieron, los dos, una insoportable necesidad de irse. El amigo se fue, volando, prendido a una melena de mujer, desde ese balcón de Buenos Aires hacia las misteriosas tierras heladas al sur del sur; y el titiritero descubrió que era titiritero, oficio de libres, y se lanzó al camino en una carreta tirada por dos caballos.

Largas cicatrices van dejando las ruedas de madera de la carreta, de pueblo en pueblo, por la orilla del río Paraná. El titiritero, mago alegrador, se llama Javier Villafañe. Javier viaja acompañado por sus hijos, que tienen carne de papel y engrudo. El más hijo de sus hijos es Maese Trotamundos, narigón tristón, de capa negra y corbata voladora: mientras dura la función prolonga la mano de Javier y después duerme y sueña a sus pies, dentro de una caja de zapatos.

1932
Izalco

El uso del derecho de voto y sus penosas consecuencias

El general Maximiliano Hernández Martínez, presidente por golpe de Estado, convoca al pueblo de El Salvador a elegir diputados y alcaldes. A pesar de mil trampas, el minúsculo Partido Comunista gana las elecciones. El general se indigna y dice que así no vale. Queda suspendido por siempre jamás el escrutinio de votos.

Los comunistas, estafados, se alzan. Estalla el pueblo el mismo día que estalla el volcán Izalco. Mientras corre la lava hirviente por las laderas y las nubes de ceniza cubren el cielo, los campesinos rojos asaltan los cuarteles a machete limpio en Izalco, Nahuizalco, Tacuba, Juayúa y otros pueblos. Por tres días ocupan el poder los primeros soviets de América.

Por tres días. Y tres meses dura la matanza. Farabundo Martí y otros dirigentes comunistas caen ante los pelotones de fusilamiento. Los soldados matan a golpes al jefe indio José Feliciano Ama, cabeza de la rebelión en Izalco; después ahorcan el cadáver de Ama en la plaza principal y obligan a los niños de las escuelas a presenciar el espectáculo. Treinta mil campesinos, condenados por denuncia de patrón, simple sospecha o chisme de vieja, excavan sus propias tumbas con las manos. Mueren niños también, porque a los comunistas, como a las culebras, hay que matarlos de chicos. Por dondequiera rasquen las pezuñas de un perro o de un cerdo, aparecen restos de gente. Uno de los fusilados es el obrero zapatero Miguel Mármol.

(9, 21 y 404)

1932
Soyapango

Miguel a los veintiséis

Los llevan en camión, amarrados. Miguel reconoce los lugares de su infancia:

—*Qué suerte* —piensa—. *Voy a morir cerca de donde tengo enterrado el ombligo.*

Los bajan a culatazos. Van fusilando de a dos. Los faros del camión y la luna hacen luz de sobra.

Después de unas cuantas descargas, llega el turno de Miguel y de un vendedor de estampitas, condenado por ruso. El ruso y Miguel se estrechan las manos, atadas a la espalda, y enfrentan al pelotón. A Miguel le pica todo el cuerpo, necesita rascarse desesperadamente, y en eso está pensando mientras escucha gritar: *¡Preparen! ¡Apunten! ¡Fuego!*

Cuando Miguel despierta, hay un montón de cuerpos goteando sangre encima de él. Siente su cabeza latiendo y manando sangre y en el cuerpo y en el alma y en la ropa le duelen los balazos. Escucha el cerrojo de un fusil. Un tiro de gracia. Otro. Otro. Con los ojos nublados de sangre, Miguel espera su bala final, pero en vez de bala final le llegan machetazos.

A patadas los soldados arrojan los cuerpos a la fosa y echan tierra. Cuando el camión se va, Miguel, todo baleado y tajeado, empieza a moverse. Le lleva siglos desprenderse de tanto muerto y tanta tierra. Por fin consigue caminar, a paso ferozmente lento, más cayéndose que parándose, y muy de a poco se va alejando. Se lleva el sombrero de un camarada que se llamaba Serafín.

Y así ocurre el quinto nacimiento de Miguel Mármol, a los veintiséis años de su edad.

(126)

**1932
Managua**

Viene triunfando Sandino

en arrollador avance que llega hasta las riberas del lago de Managua, y las tropas de ocupación se repliegan en desbandada. Mientras tanto, dos fotografías se difunden por los diarios del mundo. Una muestra al teniente Pensington, de la Marina de Guerra de los Estados Unidos, alzando en trofeo la cabeza cortada de un campesino nicaragüense. En la otra sonríe el estado mayor en pleno de la Na-

tional Guard of Nicaragua, oficiales que lucen altas botas y sombreros de safari. Al centro está sentado el director del cuerpo, coronel Calvin B. Mathews. Detrás, aparece la jungla. A los pies del
grupo, echado en el suelo, hay un perro. La jungla y el perro son
los únicos nicaragüenses.

(118 y 361)

1932
San Salvador

Miguel a los veintisiete

De quienes salvaron a Miguel, no ha quedado ni uno vivo. Los soldados han acribillado a los camaradas que lo recogieron en una zanja,
y a quienes lo pasaron por el río en silla de manos, y a quienes lo
escondieron en una cueva, y a quienes consiguieron traerlo hasta
esta casa, la casa de su hermana, en San Salvador. A la hermana
hubo que abanicarla cuando vio el espectro de Miguel cosido a tiros
y machetazos. Ella estaba rezando novenas por su descanso eterno.

El oficio fúnebre continúa. Miguel se repone como puede, escondido tras el altar armado en su memoria, sin más remedio que el
agua de cogollo de chichipince que la hermana aplica, con santa
paciencia, sobre las heridas purulentas. Yace Miguel al otro lado de
la cortina, ardiente de fiebre; y así pasa el día de su cumpleaños
escuchando las alabanzas que le dedican los desconsolados parientes
y vecinos que por él lloran a mares y rezan sin parar.

Una noche de éstas, una patrulla militar se detiene a la puerta:

—¿Por quién rezan?

—Por el alma de mi difunto hermano.

Los soldados entran, se asoman al altar, fruncen narices.

La hermana de Miguel estruja el rosario. Tiemblan las velas ante
la imagen de Nuestro Señor Jesucristo. A Miguel le vienen súbitas
ganas de toser. Pero los soldados se persignan:

—Que en paz descanse —dicen, y siguen de largo.

Y así ocurre el sexto nacimiento de Miguel Mármol, a los veintisiete años de su edad.

(126)

1933
Managua

La primera derrota militar de los Estados Unidos en América Latina

El primer día del año abandonan Nicaragua los *marines*, con todos sus barcos y sus aviones. El esmirriado general de los patriotas, el hombrecito que parece una T con su aludo sombrero, ha humillado a un imperio.

La prensa norteamericana lamenta los muchos muertos en tantos años de ocupación, pero destaca el valor del entrenamiento realizado por los aviadores. Gracias a la guerra contra Sandino, los Estados Unidos han podido ensayar por primera vez el bombardeo en picada, desde aviones Fokker y Curtiss especialmente diseñados para combatir en Nicaragua.

Al irse, el coronel Mathews deja en su lugar a un oficial nativo simpático y fiel. Anastasio *Tacho* Somoza es el nuevo director de la National Guard, que pasa a llamarse Guardia Nacional.

No bien llega a Managua, el triunfante Sandino declara:

—*Ya somos libres. No dispararé un tiro más.*

El presidente de Nicaragua, Juan Bautista Sacasa, le da un abrazo. El general Somoza también le da un abrazo.

(118 y 361)

1933
Campo Jordán

La Guerra del Chaco

Están en guerra Bolivia y el Paraguay. Los dos pueblos más pobres de América del Sur, los que no tienen mar, los más vencidos y despojados, se aniquilan mutuamente por un pedazo de mapa. Escondidas entre los pliegues de ambas banderas, la Standard Oil Company y la Royal Dutch Shell disputan el posible petróleo del Chaco.

Metidos en la guerra, paraguayos y bolivianos están obligados a odiarse en nombre de una tierra que no aman, que nadie ama: el Chaco es un desierto gris, habitado por espinas y serpientes, sin un pájaro cantor ni una huella de gente. Todo tiene sed en este mundo de espanto. Las mariposas se apiñan, desesperadas, sobre las pocas gotas de agua. Los bolivianos vienen de la heladera al horno: han sido arrancados de las cumbres de los Andes y arrojados a estos calcinados matorrales. Aquí mueren de bala, pero más mueren de sed.

Nubes de moscas y mosquitos persiguen a los soldados, que agachan la cabeza y trotando embisten a través de la maraña, a marchas forzadas, contra las líneas enemigas. De un lado y del otro, el pueblo descalzo es la carne de cañón que paga los errores de los oficiales. Los esclavos del patrón feudal y del cura rural mueren de uniforme, al servicio de la imperial angurria.

Habla uno de los soldados bolivianos que marcha hacia la muerte. No dice nada sobre la gloria, nada sobre la patria. Dice, resollando:

—*Maldita la hora en que nací hombre.*

(354 y 402)

Céspedes

Contará Augusto Céspedes, del lado boliviano, la patética epopeya. Un pelotón de soldados empieza a excavar un pozo, a pico y pala, en busca de agua. Ya se ha evaporado lo poco que llovió y no hay nada de agua por donde se mire o se ande. A los doce metros, los perseguidores del agua encuentran barro líquido. Pero después, a los treinta metros, a los cuarenta y cinco, la polea sube baldes de arena cada vez más seca. Los soldados continúan excavando, día tras día, atados al pozo, pozo adentro, boca de arena cada vez más honda, cada vez más muda; y cuando los paraguayos, también acosados por la sed, se lanzan al asalto, los bolivianos mueren defendiendo el pozo, como si tuviera agua.

(96)

Roa Bastos

Contará Augusto Roa Bastos, del lado paraguayo, la patética epopeya. También él hablará de los pozos convertidos en fosas, y del gentío de muertos, y de los vivos que sólo se distinguen de los muertos porque se mueven, pero se mueven como borrachos que han olvidado el camino de su casa. Él acompañará a los soldados perdidos, que no tienen ni una gota de agua para perder en lágrimas.

(380)

1934
Managua

Cine de terror: Guión para dos actores y algunos extras

Somoza sale de la casa de Arthur Bliss Lane, embajador de los Estados Unidos.

Sandino llega a la casa de Sacasa, presidente de Nicaragua.

Mientras Somoza se sienta a trabajar con sus oficiales, Sandino se sienta a cenar con el presidente.

Somoza cuenta a sus oficiales que el embajador acaba de darle su apoyo incondicional para matar a Sandino.

Sandino cuenta al presidente los problemas de la cooperativa de Wiwilí, donde él y sus soldados trabajan la tierra desde hace más de un año.

Somoza explica a sus oficiales que Sandino es un comunista enemigo del orden, que tiene escondidas muchas más armas que las que ha entregado.

Sandino explica al presidente que Somoza no lo deja trabajar en paz.

Somoza discute con sus oficiales si Sandino ha de morir por veneno, tiro, incendio de avión o emboscada en las montañas.

Sandino discute con el presidente sobre el creciente poder de la Guardia Nacional, dirigida por Somoza, y le advierte que pronto Somoza lo volteará de un soplido para sentarse en el sillón presidencial.

Somoza termina de resolver algunos detalles prácticos y se despide de sus oficiales.

Sandino termina de beber su café y se despide del presidente.

Somoza marcha al recital de una poetisa y Sandino marcha a la muerte.

Mientras Somoza escucha los sonetos de Zoila Rosa Cárdenas, joven valor de las letras peruanas que distingue al país con su visita, Sandino cae acribillado en un lugar llamado La Calavera, sobre el Camino Solo.

(339 y 405)

1934
Managua

Decide el gobierno que el crimen no existe

Esa noche, el coronel Santos López escapa de la trampa de Managua. Con una pierna sangrando, séptimo tiro de sus años de guerra, trepa a los tejados, se descuelga, salta tapias, se agazapa y finalmente emprende una espantosa caminata por las vías del tren hacia el norte.

Al día siguiente, mientras Santos López anda arrastrando su pierna herida por la orilla del lago, hay matanza al por mayor en las montañas. Somoza manda arrasar la cooperativa de Wiwilí. La Guardia Nacional ataca por sorpresa y extermina a los campesinos que habían sido soldados de Sandino y ahora estaban sembrando tabaco y plátanos y tenían un hospital a medio hacer. Se salvan las mulas, pero no los niños.

Poco después, se celebran banquetes de homenaje a Somoza en la embajada de los Estados Unidos, en Managua, y en los clubes de alta sociedad de León y de Granada.

El gobierno dicta la orden de olvidar. Una amnistía borra todos los delitos cometidos desde la víspera del asesinato de Sandino

(267 y 405)

1934
San Salvador

Miguel a los veintinueve

Siempre corrido por la policía salvadoreña, Miguel encuentra refugio en casa de la amante del cónsul de España. Una noche se desata una tempestad. Desde la ventana, Miguel ve que el río crece y que allá lejos, en el recodo, la correntada está a punto de embestir el rancho de barro y cañas donde viven su mujer y sus hijos. Desafiando al ventarrón y a las patrullas nocturnas, Miguel abandona su sólido escondite y sale disparado en busca de los suyos.

Pasan la noche todos abrazados, apoyados contra las frágiles paredes, escuchando rugir al viento y al río. Al alba, cuando por fin callan el aire y el agua, el ranchito está un poco chueco y mojado, pero no volteado. Miguel se despide de su familia y regresa a su refugio.

Pero no lo encuentra. De aquella casa de bien plantados pilares, no queda ni un ladrillo de recuerdo. La furia del río ha socavado la barranca, ha arrancado los cimientos y se ha llevado al diablo a la casa, a la amante del cónsul y a la mucama, que han muerto ahogadas.

Y así ocurre el séptimo nacimiento de Miguel Mármol, a los veintinueve años de su edad.

(126)

1935
Camino de Villamontes a Boyuibe

Después de noventa mil muertos,

acaba la guerra del Chaco. Tres años ha durado la guerra, desde que paraguayos y bolivianos cruzaron las primeras balas en un caserío llamado Masamaclay —que en lengua de indios significa *lugar donde pelearon dos hermanos.*

Al mediodía llega al frente la noticia. Callan los cañones. Se incorporan los soldados, muy de a poco, y van emergiendo de las trincheras. Los haraposos fantasmas, ciegos de sol, caminan a los tumbos por campos de nadie hasta que quedan frente a frente el regimiento Santa Cruz, de Bolivia, y el regimiento Toledo, del Paraguay: los restos, los jirones. Las órdenes recién recibidas prohíben hablar con quien era enemigo hasta hace un rato. Sólo está permitida la venia militar; y así se saludan. Pero alguien lanza el primer alarido y ya no hay quien pare la algarabía. Los soldados rompen la formación, arrojan las gorras y las armas al aire y corren en tropel, los paraguayos hacia los bolivianos, los bolivianos hacia los paraguayos, bien abiertos los brazos, gritando, cantando, llorando, y abrazándose ruedan por la arena caliente.

(354 y 402)

1935
Maracay

Gómez

El dictador de Venezuela, Juan Vicente Gómez, muere y sigue mandando. Veintisiete años ha estado en el poder, sin que nadie lo moviera ni lo muriera, y ahora no hay quien se atreva a chistar. Cuando el ataúd del terrible viejito queda indudablemente sepultado bajo montañas de tierra, por fin los presos derriban las puertas de las cárceles y se desata el pueblo en griteríos y saqueos.

Gómez muere solterón. Ha engendrado hijos a montones, amando como quien mea, pero jamás ha pasado toda una noche en brazos de una mujer. La luz del alba lo ha encontrado siempre solo, en su cama de hierro, bajo la imagen de la Virgen María y junto a los baúles llenos de dinero.

Nunca gastó ni una moneda. Todo lo pagaba con petróleo. Repartió petróleo a chorros, a la Standard Oil, a la Gulf, a la Texas, a la Shell, y con pozos de petróleo pagó las cuentas del médico que le aplicaba sondas en la vejiga, los sonetos de los poetas que escribían a su gloria y las faenas secretas de los verdugos que le cuidaban el orden.

(114, 333 y 366)

1935
Buenos Aires

Borges

Le horroriza todo lo que reúne a la gente, como el fútbol o la política, y todo lo que la multiplica, como el espejo o el acto del amor. No reconoce otra realidad que la que existe en el pasado, en el pasado de sus antepasados, y en los libros escritos por quienes supieron nombrarla. El resto es humo.

Con alta finura y filoso ingenio, Jorge Luis Borges cuenta la *Historia universal de la infamia.* De la infamia nacional, la que lo rodea, ni se entera.

(25 y 59)

1935
Buenos Aires

Estos años infames

En Londres, el gobierno argentino firma un tratado comercial que vende el país por moneditas. En las opulentas quintas al norte de Buenos Aires, la vacunocracia baila el vals bajo las glorietas; pero si el país vale moneditas, ¿cuánto valen sus hijos más pobres? A precio de ganga están los brazos obreros y es fácil encontrar muchachas que se desnudan por un café con leche. Brotan nuevas fábricas y con ellas los barrios de latas, acosados por la policía y la tuberculosis, donde la yerba de ayer se seca al sol y el mate engrupe el hambre. La policía argentina inventa la picana eléctrica para convencer a los que dudan y enderezar a los que se tuercen.

En la noche de Buenos Aires, el cafiolo busca a la milonguita y la milonguita al bacán, el burrero busca el dato y el cuentamusas algún otario que engrupir y el desocupado busca empleo en el primer diario de la madrugada. Van y vienen por las calles el bohe-

mio, el calavera, el timbero y demás murciélagos, todos solos de
sola soledad, mientras el último tango de Discepolín canta que el
mundo fue y será una porquería.

(176, 365 y 412)

1935
Buenos Aires

Discepolín

Es un hueso con nariz, tan flaco que le ponen las inyecciones en el
sobretodo, el sombrío poeta de Buenos Aires en los años infames.
    Enrique Santos Discépolo creó sus primeros tangos, *pensamien-
tos tristes que se pueden bailar,* cuando andaba de cómico de la
legua, perdido por provincias. En los destartalados camarines se hacía amigo de las pulgas, enormes, de tamaño casi humano, y para
ellas tarareaba tangos que hablaban de gente sin plata y sin fe.

(379)

1935
Buenos Aires

Evita

Parece una flaquita del montón, paliducha, desteñida, ni fea ni linda, que usa ropa de segunda mano y repite sin chistar las rutinas
de la pobreza. Como todas vive prendida a los novelones de la
radio, los domingos va al cine y sueña con ser Norma Shearer y
todas las tardecitas, en la estación del pueblo, mira pasar el tren
hacia Buenos Aires. Pero Eva Duarte está harta. Ha cumplido quince años y está harta: trepa al tren y se larga.
    Esta chiquilina no tiene nada. No tiene padre ni dinero; no es
dueña de ninguna cosa. Ni siquiera tiene una memoria que la ayude.

Desde que nació en el pueblo de Los Toldos, hija de madre soltera, fue condenada a la humillación, y ahora es una nadie entre los miles de nadies que los trenes vuelcan cada día sobre Buenos Aires, multitud de provincianos de pelo chuzo y piel morena, obreros y sirvientas que entran en la boca de la ciudad y son por ella devorados: durante la semana Buenos Aires los mastica y los domingos escupe los pedazos.

A los pies de la gran mole arrogante, altas cumbres de cemento, Evita se paraliza. El pánico no la deja hacer otra cosa que estrujarse las manos, rojas de frío, y llorar. Después se traga las lágrimas, aprieta los dientes, agarra fuerte la valija de cartón y se hunde en la ciudad.

(311 y 417)

1935
Buenos Aires

Alfonsina

A la mujer que piensa se le secan los ovarios. Nace la mujer para producir leche y lágrimas, no ideas; y no para vivir la vida sino para espiarla desde las ventanas a medio cerrar. Mil veces se lo han explicado y Alfonsina Storni nunca lo creyó. Sus versos más difundidos protestan contra el macho enjaulador.

Cuando hace años llegó a Buenos Aires desde provincias, Alfonsina traía unos viejos zapatos de tacones torcidos y en el vientre un hijo sin padre legal. En esta ciudad trabajó en lo que hubiera; y robaba formularios del telégrafo para escribir sus tristezas. Mientras pulía las palabras, verso a verso, noche a noche, cruzaba los dedos y besaba las barajas que anunciaban viajes y herencias y amores.

El tiempo ha pasado, casi un cuarto de siglo; y nada le regaló la suerte. Pero peleando a brazo partido Alfonsina ha sido capaz de abrirse paso en el masculino mundo. Su cara de ratona traviesa nunca falta en las fotos que congregan a los escritores argentinos más ilustres.

Este año, en el verano, supo que tenía cáncer. Desde entonces escribe poemas que hablan del abrazo de la mar y de la casa que la espera allá en el fondo, en la avenida de las madréporas.

(310)

1935
Medellín

Gardel

Cada vez que canta, canta como nunca. Tiene voz de colores. Hace fulgurar las notas oscuras y las letras opacas. Es el Mago, el Mudo, Carlos Gardel.

Invicta queda su estampa ganadora, la sombrita del sombrero sobre los ojos, la sonrisa perpetua y perfecta, por siempre joven. El origen de Gardel era un misterio; su vida, un enigma. La tragedia tenía que salvarlo de toda explicación y decadencia. Sus adoradores no le hubieran perdonado la vejez. En el aeropuerto de Medellín, Gardel estalla al emprender el vuelo.

1936
Buenos Aires

Patoruzú

Hace diez años que la historieta de Patoruzú, obra de Dante Quinterno, se publica en los diarios de Buenos Aires. Ahora aparece una revista mensual enteramente consagrada al personaje: Patoruzú es un señor latifundista, dueño de media Patagonia, que vive en hoteles de cinco estrellas en Buenos Aires, derrochando millones a manos llenas, y cree con fervor en la propiedad privada y en la civilización del consumo. Dante Quinterno dice que Patoruzú es el típico indio argentino.

(446 y 456)

1936
Río de Janeiro

Olga y él

A la cabeza de su ejército rebelde, Luis Carlos Prestes había atravesado a pie el inmenso Brasil de punta a punta, ida y vuelta desde las praderas del sur hasta los desiertos del nordeste, a través de la selva amazónica. En tres años de marcha, la Columna Prestes había peleado contra la dictadura de los señores del café y del azúcar sin sufrir jamás una derrota. De modo que Olga Benário lo imaginaba gigantesco y devastador. Menuda sorpresa se llevó cuando conoció al gran capitán. Prestes resultó ser un hombrecito frágil, que se ponía colorado cuando Olga lo miraba a los ojos. Ella, fogueada en las luchas revolucionarias en Alemania, militante sin fronteras, se vino al Brasil. Y él, que nunca había conocido mujer, fue por ella amado y fundado.

Al tiempo, caen presos los dos. Se los llevan a cárceles diferentes.

Desde Alemania, Hitler reclama a Olga por judía y comunista, sangre vil, viles ideas, y el presidente brasileño, Getulio Vargas, se la entrega. Cuando los soldados llegan a buscarla a la cárcel, se amotinan los presos. Olga acaba con la revuelta, para evitar una matanza inútil, y se deja llevar. Asomado a la rejilla de su celda, el novelista Graciliano Ramos la ve pasar, esposada, panzona de embarazo.

En los muelles, la espera un navío que ostenta la cruz esvástica. El capitán tiene órdenes de no parar hasta Hamburgo. Allá Olga será encerrada en un campo de concentración, asfixiada en una cámara de gas, carbonizada en un horno.

(263, 302 y 364)

1936
Madrid

La Guerra de España

La sublevación contra la república española se ha incubado en cuarteles, sacristías y palacios. Generales, frailes, lacayos del rey y señores feudales de horca y cuchillo son sus tenebrosos protagonistas. El poeta chileno Pablo Neruda los maldice invocando a las balas que les hallarán un día el sitio del corazón. En Granada ha caído Federico García Lorca, su más hermano. Los fascistas han fusilado al poeta de Andalucía, *relámpago perpetuamente libre,* por ser o parecer homosexual y rojo. Anda Neruda sobre el suelo español empapado de sangre. Viendo lo que ve, se transforma. El distraído de la política pide a la poesía que se haga útil como metal o harina y que se disponga a mancharse de carbón la frente y a luchar cuerpo a cuerpo.

(313 y 314)

1936
San Salvador

Martínez

A la cabeza del levantamiento, Francisco Franco se proclama Generalísimo y Jefe del Estado español. El primer reconocimiento diplomático llega a la ciudad de Burgos desde este lejano mar Caribe. El general Maximiliano Hernández Martínez, dictador de El Salvador, es el primero en felicitar a la recién nacida dictadura de su colega Franco.

Martínez, el abuelo bonachón que asesinó a treinta mil salvadoreños, cree que matar hormigas es más criminal que matar gente, porque las hormigas no se reencarnan. Cada domingo el Maestro Martínez habla al país, por radio, sobre la situación política internacional, los parásitos intestinales, la reencarnación de las almas y el peligro comunista. Habitualmente cura las enfermedades de sus ministros y funcionarios con agüitas de colores que guarda en botellones en el patio del palacio presidencial, pero cuando se desató la epidemia de viruela supo espantar la peste envolviendo en celofán rojo los faroles de las calles.

Para descubrir las conspiraciones, balancea un reloj de péndulo sobre la sopa humeante. Ante dificultades graves, recurre al presidente Roosevelt: por telepatía se comunica directamente con la Casa Blanca.

(250)

1936
San Salvador

Miguel a los treinta y uno

Después del derrumbamiento de su escondite en la barranca, Miguel había caído preso. Casi dos años estuvo esposado en celda solitaria.

Recién salido de la cárcel, deambula por los caminos, paria rotoso, sin nada. No tiene partido, porque sus camaradas del Partido Comunista sospechan que el dictador Martínez lo ha dejado libre a cambio de traición. No tiene trabajo, porque el dictador Martínez impide que le den. No tiene mujer, que lo abandonó llevándose a los hijos, ni tiene casa, ni comida, ni zapatos, y ni nombre tiene siquiera: está probado que Miguel Mármol no existe desde que fue ejecutado en 1932.

Decide acabar de una vez. Ya basta de tristear la pena negra. De un machetazo se abrirá las venas. Y está alzando el machete, cuando por el camino aparece un niño a lomo de burro. El niño lo saluda, revoleando un enorme sombrero de paja, y le pide el machete para partir un coco. Después le ofrece la mitad del coco abierto, agua de beber, pulpa de comer, y Miguel bebe y come como si este niño desconocido lo hubiera invitado a una espléndida fiesta, y se levanta y caminando se va de la muerte.

Y así ocurre el octavo nacimiento de Miguel Mármol, a los treinta y un años de su edad.

(126)

1936
Ciudad de Guatemala

Ubico

Lo primerió Martínez, por unas horas, pero Ubico es el segundo en reconocer a Franco. Diez días antes que Hitler y Mussolini, Ubico otorga sello de legitimidad al alzamiento contra la democracia española.

El general Jorge Ubico, jefe de Estado de Guatemala, gobierna rodeado de efigies de Napoleón Bonaparte. Se le parece, dice, como mellizo. Pero Ubico cabalga motocicletas y la guerra que lleva adelante no tiene por objeto la conquista de Europa. La suya es la guerra contra los malos pensamientos.

Contra los malos pensamientos, disciplina militar. Ubico militariza a los empleados del correo, a los músicos de la orquesta sinfónica y a los niños de las escuelas. Como la barriga llena es madre de los malos pensamientos, manda reducir a la mitad los salarios en las plantaciones de la United Fruit. Castiga el ocio, padre de los malos pensamientos, obligando a los culpables a trabajar gratis las tierras de su propiedad. Para arrancar los malos pensamientos a los revolucionarios, inventa una corona de acero que les estruja la cabeza en los sótanos de la policía.

Ubico ha impuesto a los indios una contribución forzosa de cinco centavos mensuales para levantar un gran monumento a Ubico. Ante el escultor, mano al pecho, posa.

(250)

1936
Ciudad Trujillo

En el año 6 de la Era de Trujillo

se corrige el nombre de la capital de la República Dominicana. Santo Domingo, así bautizada por sus fundadores, pasa a llamarse Ciudad Trujillo. También el puerto se llama ahora Trujillo y Trujillo se llaman muchos pueblos y plazas y mercados y avenidas. Desde Ciudad Trujillo, el generalísimo Rafael Leónidas Trujillo hace llegar al generalísimo Francisco Franco su más fervorosa adhesión.

Trujillo, incansable azote de rojos y de herejes, ha nacido, como Anastasio Somoza, de la ocupación militar norteamericana. Su natural modestia no le impide aceptar que su nombre figure en las placas de todos los automóviles y su efigie en todos los sellos de correo. No se ha opuesto a que se otorgue a su hijo Ramfis, de tres años de edad, el grado de coronel, por tratarse de un acto de estricta justicia. Su sentido de la responsabilidad lo obliga a designar personalmente ministros y porteros, obispos y reinas de belleza. Para estimular el espíritu de empresa, Trujillo otorga a Trujillo el monopolio de la sal, el tabaco, el aceite, el cemento, la harina y los fósforos. En defensa de la salud pública, Trujillo clausura los comercios que no venden carne de los mataderos de Trujillo o leche de sus tambos; y por razones de seguridad pública hace obligatorias las pólizas que Trujillo vende. Apretando con mano firme el timón del progreso, Trujillo exonera de impuestos a las empresas de Trujillo y proporciona riego y caminos a sus tierras y clientes a sus fábricas. Por orden de Trujillo, dueño de la fábrica de zapatos, marcha preso quien osa pisar descalzo las calles de cualquier pueblo o ciudad.

Tiene voz de pito el todopoderoso, pero él no discute nunca. En la cena alza la copa y brinda con el gobernador o diputado que después del café irá a parar al cementerio. Cuando una tierra le interesa, no la compra: la ocupa. Cuando una mujer le gusta, no la seduce: la señala.

(89, 101 y 177)

Procedimiento contra la lluvia

Cuando las lluvias torrenciales están ahogando los cultivos en la República Dominicana, se requieren los servicios de un buen rezador, capaz de caminar bajo la lluvia sin mojarse, para que eleve urgentes plegarias a Dios y a Santa Bárbara Bendita. Los mellizos suelen ser eficaces amarradores del agua y espantadores del trueno.

En la comarca dominicana de Salcedo usan otra técnica. Buscan dos piedras grandes, con forma de huevo, dos piedras de esas que pule el río: las atan bien atadas a un cordel, una en cada extremo, y las cuelgan de la rama de un árbol. Apretando fuerte los huevos de piedra, y dando un seco tirón, ruegan a Dios. Entonces el Altísimo pega un alarido y se marcha con sus nubes negras a otra parte.

(251)

Procedimiento contra la desobediencia

Mujer de misa diaria y continua oración y penitencia, la madre de María la O se pelaba las rodillas suplicando a Dios que por milagro hiciera a su hija obediente y buena, y le rogaba perdón para las insolencias de la descarada.

Una noche de Viernes Santo, María la O se fue al río. La madre intentó, en vano, detenerla:

—*Piensa que están matando a Nuestro Señor Jesucristo...*

La ira de Dios deja por siempre pegados a quienes hacen el amor en Viernes Santo. María la O no iba al encuentro de ningún amante, pero cometió pecado: nadó desnuda en el río y el agua le hacía cosquillas en el cuerpo, en los recodos prohibidos del cuerpo, y ella se estremecía de placer.

Después quiso salir del río y no pudo. Quiso separar las piernas y no pudo. Estaba toda cubierta de escamas y tenía una aleta en lugar de pies.

Y en las aguas de los ríos dominicanos sigue estando María la O, que nunca fue perdonada.

(251)

1937
Dajabón

Procedimiento contra la amenaza negra

Los condenados son negros de Haití, que trabajan en la República Dominicana. Un día y medio dura esta operación militar de exorcismo, planificada por el general Trujillo hasta el último detalle. En la región dominicana del azúcar, los soldados encierran a los jornaleros haitianos en los corrales, rebaños de hombres, mujeres y niños, y los liquidan allí mismo a machetazos; o los atan de pies y manos y a punta de bayoneta los arrojan a la mar.

Trujillo, que se empolva la cara varias veces al día, quiere que la República Dominicana sea blanca.

(101, 177 y 286)

1937
Washington

Noticiero

Dos semanas después, el gobierno de Haití expresa ante el gobierno de la República Dominicana *su preocupación por los recientes incidentes fronterizos.* El gobierno de la República Dominicana promete realizar *una prolija investigación.*

En nombre del imperativo de la seguridad continental, el gobierno de los Estados Unidos propone al presidente Trujillo que pague una indemnización para evitar posibles fricciones en la zona. Al cabo de una prolongada negociación, Trujillo reconoce la muerte de dieciocho mil haitianos en territorio dominicano. Según el mandatario, la cifra de veinticinco mil víctimas, manejada por algunas fuentes, refleja el propósito de manipular deshonestamente los acontecimientos. Trujillo se aviene a pagar al gobierno de Haití, por concepto de indemnización, veintinueve dólares por cada muerto oficialmente reconocido, lo que arroja un total de 522.000 dólares.

La Casa Blanca se felicita *porque se ha llegado a un acuerdo dentro del marco de los tratados y procedimientos interamericanos establecidos.* El Secretario de Estado, Cordell Hull, declara en Washington que *el presidente Trujillo es uno de los más grandes hombres de América Central y de la mayor parte de Sudamérica.*

Una vez pagada, en efectivo, la indemnización, los presidentes de la República Dominicana y de Haití se abrazan en la frontera.

(101)

1937
Río de Janeiro

Procedimiento contra la amenaza roja

El presidente del Brasil, Getulio Vargas, no tiene más remedio que implantar la dictadura. Los diarios y las radios divulgan a tambor batiente el tenebroso Plan Cohen, que obliga a Vargas a suprimir el Parlamento y las elecciones. La patria no sucumbirá sin defenderse ante el avance de las hordas de Moscú. El Plan Cohen, que el gobierno ha descubierto en algún sótano, revela con todo detalle la táctica y la estrategia de la conspiración comunista contra el Brasil.

El plan se llama Cohen por un error de la dactilógrafa, que escuchó mal el dictado. El fabricante del plan, el capitán de ejército Olympio Mourão Filho, lo había bautizado Plan Kun en su manuscrito original, porque lo había inventado basándose en los documentos de la fugaz revolución húngara encabezada por Bela Kun.

El nombre es lo de menos. El capitán Mourão Filho recibe un merecido ascenso a mayor.

(43)

1937
Valle de Cariri

El delito de comunidad

Desde los aviones, los bombardean y los ametrallan. A cañonazos los atacan por tierra. Los degüellan, los queman vivos, los crucifican. Cuarenta años después del exterminio de la comunidad de Canudos, el ejército brasileño arrasa la comunidad de Caldeirão, isla de verdor en el nordeste, por el mismo delito de negación de la propiedad 'privada.

En Caldeirão nada era de nadie: ni los telares, ni los hornos de ladrillos, ni el mar de los maizales en torno al caserío, ni la vasta nieve de los algodonales que había más allá. Dueños eran todos y ninguno, y no había desnudos ni hambrientos. Los menesterosos se habían hecho comuneros al llamado de la Santa Cruz del Desierto, que el beato José Lourenço, peregrino del desierto, había cargado hasta aquí. La Virgen María había elegido el lugar adonde la cruz debía venir y había elegido el hombro del beato para traerla. Donde el beato clavó la cruz, brotó agua incesante.

Pero este beato escuálido era el próspero sultán de un harem de once mil vírgenes, según acusaron los diarios de lejanas ciudades; y por si fuera poco, era también un agente de Moscú que escondía un arsenal en sus graneros.

De la comunidad de Caldeirão, nada dejaron, ni nadie. El potro Trancelim, que sólo el Beato montaba, huye al galope por los montes pedregosos. En vano busca algún arbusto que convide sombra, bajo este sol de los infiernos.

(3)

1937
Río de Janeiro

Monteiro Lobato

La censura prohíbe *El escándalo del petróleo*, de Monteiro Lobato. El libro ofende al trust petrolero internacional y a los técnicos, alquilados o comprados, que mienten que el Brasil no tiene petróleo.

El autor se ha arruinado intentando crear una empresa petrolera brasileña. Antes, había fracasado en el negocio editorial, cuando
tuvo la loca idea de vender libros no sólo en librerías, sino también
en farmacias y bazares y puestos de periódicos.

Monteiro Lobato no ha nacido para editar libros, sino para es-
cribirlos. Lo suyo es contar cuentos a los niños, saber con ellos,
volar en ellos. En la Quinta del Benteveo Amarillo, un cerdo de
pocas luces es Marqués de Rabicó y una mazorca de maíz se hace
ilustrado vizconde, que puede leer la Biblia en latín y dirigirse en
inglés a los pollos Leghorn. El Marqués de Rabicó se ha enamorado
de Emilia, la muñeca de trapo, que habla y habla sin parar porque
ha empezado tarde en la vida y tiene mucha charla depositada.

(252)

1937
Madrid

Hemingway

Las crónicas de Ernest Hemingway cuentan la guerra que está ocurriendo a un paso de su hotel, en la capital asediada por los soldados
de Franco y los aviones de Hitler.

¿Por qué ha acudido Hemingway a la soledad de España? Él no
es precisamente un militante, de los muchos venidos de todas partes del mundo a las solidarias filas de las brigadas. Pero Hemingway escribe revelando la desesperada búsqueda de la dignidad entre
los hombres; y la dignidad es lo único que no está racionado en
estas trincheras de la república española.

(220 y 312)

1937
Ciudad de México

El bolero

La Secretaría de Educación Pública de México prohíbe los boleros de Agustín Lara en las escuelas, porque *sus letras obscenas, inmorales y degeneradas* podrían corromper a los niños. Lara exalta a la Perdida, en cuyas ojeras se ven las palmeras borrachas de sol, y suplica amor a la Pervertida, y sueña en el suntuoso lecho de la Cortesana de cutis de seda, y en sublime arrebato arroja rosas a los pies de la Pecadora y cubre de incienso y joyas a la Ramera Vil, a cambio de las mieles de su boca.

(299)

1937
Ciudad de México

Cantinflas

Acude el pueblo a reír. En las carpas suburbanas de la ciudad de México, pobres teatritos de quita y pon, todas las candilejas iluminan a Cantinflas.

—*Hay momentos en la vida que son verdaderamente momentáneos* —sentencia Cantinflas, bigote ralo, pantalón caído, disparateando discursos a toda velocidad. Su desbocado palabrerío sin ton ni son imita la retórica de los intelectualosos y los politiqueros, doctores de mucho hablar diciendo nada, que en infinitas frases persiguen al punto sin encontrarlo jamás. En estas tierras, la economía sufre la inflación monetaria y la política y la cultura están enfermas de inflación palabraria.

(205)

Cárdenas

México no se lava las manos ante la guerra de España. Lázaro Cárdenas, raro presidente amigo del silencio y enemigo del aspaviento, proclama su solidaridad, pero sobre todo la practica: envía armas al frente republicano, a través de la mar, y recibe a los niños huérfanos que los barcos traen a montones.

Cárdenas gobierna escuchando. Es andariego y escuchador: de pueblo en pueblo va, conociendo quejas y necesidades con infinita paciencia, y jamás promete más de lo que hace. Como es hombre de palabra, habla muy poco. Hasta Cárdenas, el arte de gobernar en México consistía en mover la lengua; pero él dice *sí* o *no* y todo el mundo le cree. En el verano del año pasado anunció la reforma agraria y desde entonces no ha cesado de entregar tierras a las comunidades indígenas.

Lo odian cordialmente los que han convertido la revolución en negocio. Ellos dicen que Cárdenas calla porque ya se le ha olvidado la lengua castellana, de tanto andar entre indios, y que cualquier día de éstos se va a aparecer vestido de taparrabos y plumajes.

(45, 78 y 201)

1938
Anenecuilco

Nicolás, hijo de Zapata

Antes que nadie, más que nadie, han luchado por la tierra los campesinos de Anenecuilco; y al cabo de mucho tiempo y mucha sangre sigue más o menos en las mismas la comunidad donde Emiliano Zapata nació y se alzó.

En el centro de la lucha de los campesinos hay un manojo de papeles, mordidos por las polillas y los siglos. Esos documentos prueban, con sello de virrey, que esta comunidad es dueña de su comarca. Emiliano Zapata los había dejado en manos de uno de sus soldados, Pancho Franco:

—*Si los pierdes, compadre, te secas colgado de una rama.*

Varias veces Pancho Franco salvó por un pelito los papeles y la vida. Varias veces tuvo que buscar refugio en las montañas, ante las embestidas de los militares y los politiqueros.

El mejor amigo de la comunidad es el presidente Lázaro Cárdenas, que ha venido a Anenecuilco, ha escuchado a los campesinos y ha reconocido y ampliado sus derechos. El peor enemigo de la comunidad es el voraz diputado Nicolás Zapata, el hijo mayor de Emiliano, que se ha apoderado de las mejores tierras y quiere quedarse también con las peores.

(468)

1938
Ciudad de México

La nacionalización del petróleo

Al norte de Tampico, el petróleo mexicano pertenece a la Standard Oil. Al sur, a la Shell. México paga caro su propio petróleo, que Europa y Estados Unidos compran barato. Las empresas llevan treinta años saqueando el subsuelo y robando impuestos y salarios cuando un buen día Cárdenas decide que México es el dueño del petróleo mexicano.

Desde ese día, nadie consigue pegar un ojo. El desafío despabila al país. Inmensas multitudes se lanzan a las calles en manifestación incesante, llevando en hombros ataúdes de la Standard y la Shell, y con música de marimbas y campanas los obreros ocupan los pozos y las refinerías. Pero las empresas se llevan a todos los técnicos, amos del misterio, y no hay quien maneje los indescifrables tableros de mando. La bandera nacional flamea sobre las torres silenciosas.

Se detienen los taladros, se vacían las tuberías, se apagan las chimeneas. Es la guerra: la guerra contra las dos empresas más poderosas del planeta y sobre todo la guerra contra la tradición latinoamericana de la impotencia, la colonial costumbre del *no sé, no puedo.*

(45, 201, 234 y 321)

1938
Ciudad de México

El desmadre

La Standard Oil exige la inmediata invasión de México. Cárdenas advierte que incendiará los pozos si asoma un solo soldado en la frontera. El presidente Roosevelt silba y mira para otro lado, pero la corona inglesa hace suyas las furias de la Shell y anuncia que no comprará ni una gota de petróleo mexicano. Francia dice que tampoco. Otros países se suman al bloqueo. México no encuentra quien le venda una pieza de repuesto; los barcos desaparecen de sus puertos.

Cárdenas no se baja de la mula. Busca clientes en las áreas prohibidas, la roja Rusia, la Alemania nazi, la Italia fascista, mientras las instalaciones abandonadas van resucitando poquito a poco: los trabajadores mexicanos remiendan, improvisan, inventan, se las arreglan como pueden a fuerza de puro entusiasmo, y así la magia de la creación va haciendo posible la dignidad.

(45, 201, 234 y 321)

1938
Coyoacán

Trotski

Cada mañana se sorprende de despertarse vivo. Aunque su casa tiene guardias en los torreones y está rodeada de alambradas eléctricas, León Trotski sabe que es una fortaleza inútil. El creador del ejército rojo agradece a México, que le ha dado refugio, pero más agradece a la suerte:

—¿*Ves, Natasha?* —comenta cada mañana a su mujer—. *Anoche no nos mataron, y todavía te quejas.*

Desde que Lenin murió de su muerte, Stalin ha liquidado, uno tras otro, a los hombres que habían encabezado la revolución rusa. Para salvarla, dice Stalin. Para apoderarse de ella, dice Trotski, hombre marcado para morir.

Porfiadamente, Trotski sigue creyendo en el socialismo, por muy sucio que esté de barro humano. Al fin y al cabo, ¿quién podría negar que el cristianismo es mucho más que la Inquisición?

(132)

1938
Sertón del nordeste brasileño

Los cangaceiros

operan siempre en modesta escala y nunca sin motivo: no roban pueblos de más de dos iglesias y matan solamente por encargo o por venganza que han jurado besando el puñal. Actúan en las tierras quemadas del desierto, lejos de la mar y del salado aliento de sus dragones. Al revés y al derecho atraviesan las soledades del nordeste del Brasil, de a caballo y de a pie, con sus sombreros de media luna chorreando adornos. Rara vez se detienen. No crían a sus hijos ni entierran a sus padres. Pactando con el Cielo y con el Infierno han cerrado sus cuerpos a la bala y al puñal, para morir de muerte morida y no de muerte matada, pero a la corta o a la larga acaban muy a la mala sus vidas jugadas, mil veces alabadas por las coplas de los cantadores ciegos, Dios dirá, Dios dará, legua viene, legua va, epopeya de los bandidos errantes que de pelea en pelea andan sin dar tiempo a que el sudor se enfríe.

(136, 348, 352 y 353)

1938
Angico

Los cazadores de cangaceiros

Para despistar, los cangaceiros imitan ruidos y huellas de bichos y usan falsas suelas con el talón en la punta. Pero el que sabe, sabe; y un buen rastreador reconoce los rumbos del paso humano a través de esta moribunda vegetación: por lo que ve, ramita rota o piedra fuera de lugar, y por lo que huele. Los cangaceiros son locos por el perfume. Se echan perfume por litros, y esa debilidad los delata.

Persiguiendo huellas y aromas, llegan los rastreadores al escondrijo del jefe Lampião; y tras ellos la tropa. Tanto se arriman los soldados, que escuchan a Lampião discutiendo con su mujer. María Bonita lo maldice, mientras fuma un cigarro tras otro, sentada en una piedra a la entrada de la cueva, y él contesta tristezas desde adentro. Los soldados montan las ametralladoras y esperan la orden de disparar.

Cae una garúa, leve.

(52, 348, 352 y 353)

1939
San Salvador de Bahía

Las mujeres de los dioses

Ruth Landes, antropóloga norteamericana, viene al Brasil. Quiere conocer la vida de los negros en un país sin racismo. En Río de Janeiro la recibe el ministro Osvaldo Aranha. El ministro le explica que el gobierno se propone limpiar la raza brasileña, sucia de sangre negra, porque la sangre negra tiene la culpa del atraso nacional.

De Río, Ruth viaja a Bahía. Los negros son amplia mayoría en esta ciudad, donde otrora tuvieron su trono los virreyes opulentos en azúcar y en esclavos, y negro es todo lo que aquí vale la pena, desde la religión hasta la comida pasando por la música. Y sin embargo, en Bahía todo el mundo cree, y los negros también, que la piel clara es la prueba de la buena calidad. Todo el mundo, no: Ruth descubre el orgullo de la negritud en las mujeres de los templos africanos.

En esos templos son casi siempre mujeres, sacerdotisas negras, quienes reciben en sus cuerpos a los dioses venidos del África. Resplandecientes y redondas como balas de cañón, ellas ofrecen a los dioses sus cuerpos amplios, que parecen casas donde da gusto llegar y quedarse. En ellas entran los dioses y en ellas bailan. De manos de las sacerdotisas poseídas, el pueblo recibe aliento y consuelo; y por sus bocas escucha las voces del destino.

Las sacerdotisas negras de Bahía aceptan amantes, no maridos. El matrimonio da prestigio, pero quita libertad y alegría. A ninguna le interesa formalizar boda ante el cura o el juez: ninguna quiere ser esposada esposa, señora de. Cabeza erguida, lánguido balanceo: las sacerdotisas se mueven como reinas de la Creación. Ellas condenan a sus hombres al incomparable tormento de sentir celos de los dioses.

(253)

Exú

El terremoto de los tambores perturba el sueño de Río de Janeiro. Desde la maleza, a la luz de las fogatas, Exú se burla de los ricos y contra ellos lanza sus mortales maleficios. Alevoso vengador de los sin nada, él ilumina la noche y oscurece el día. Si tira una pedrada a la floresta, la floresta sangra.

El dios del pobrerío es diablo también. Tiene dos cabezas: una de Jesús de Nazaret, la otra de Satanás de los infiernos. En Bahía lo tienen por jodón mensajero del otro mundo, diosito de segunda, pero en las favelas de Río es el poderoso dueño de la medianoche. Exú, capaz de caricia y de crimen, puede salvar y puede matar.

Él viene desde el fondo de la tierra. Entra, violento, rompedor, por las plantas de los pies descalzos. Le prestan cuerpo y voz los hombres y mujeres que viven con las ratas, entre cuatro latas colgadas de los morros, y que en Exú se redimen y se divierten hasta rodar de risa.

(255)

María Padilha

Ella es Exú y también es una de sus mujeres, espejo y amante: María Padilha, la más puta de las diablas con las que Exú gusta revolcarse en las hogueras.

No es difícil reconocerla cuando entra en algún cuerpo. María Padilha chilla, aúlla, insulta y ríe de muy mala manera, y al fin del trance exige bebidas caras y cigarrillos importados. Hay que darle trato de gran señora y rogarle mucho para que ella se digne ejercer su reconocida influencia ante los dioses y los diablos que más mandan.

María Padilha no entra en cualquier cuerpo. Ella elige, para manifestarse en este mundo, a las mujeres que en los suburbios de Río se ganan la vida entregándose por monedas. Así, las despreciadas se vuelven dignas de devoción: la carne de alquiler sube al centro del altar. Brilla más que todos los soles la basura de la noche.

1939
Río de Janeiro

El samba

El Brasil es brasileño y Dios también, proclama Ari Barroso en la muy patriótica y bailonguera música que se está imponiendo en el carnaval de Río de Janeiro.

Pero los sambas más sabrosos que el carnaval ofrece no exaltan las virtudes del paraíso tropical. Sus letras malandramente elogian la vida bohemia y las fechorías de los libres, maldicen a la miseria y a la policía y desprecian el trabajo. El trabajo es cosa de otarios, porque a la vista está que el albañil no podrá nunca habitar el edificio que sus manos levantan.

El samba, ritmo negro, hijo de los cánticos que convocan a los dioses negros en las favelas, domina los carnavales. En los hogares respetables todavía lo miran de reojo. Merece desconfianza por negro y por pobre y por nacido en los refugios de los perseguidos de la policía. Pero el samba alegra las piernas y acaricia el alma y no hay manera de ignorarlo cuando suena. Al ritmo del samba respira el universo hasta el próximo miércoles de cenizas, mientras dura la fiesta que convierte a todo proletario en rey, a todo paralítico en atleta y a todo aburrido en loco lindo.

(74 y 285)

1939
Río de Janeiro

El malandro

más temible de Río se llama Madame Satán.

Cuando tenía siete años, la madre lo cambió por un caballo. Desde entonces anduvo de mano en mano, de dueño en dueño, hasta que vino a parar a un burdel donde aprendió el oficio de cocinero y las alegrías de la cama. Ahí se hizo matón profesional, protector de las putas y los putos y de todos los bohemios sin amparo. Los policías le han pegado palizas como para enviarlo varias veces al cementerio, pero este negro fortachón nunca va más allá del hospital y de la cárcel.

Madame Satán es él de lunes a viernes, un diablo de sombrero panamá que a trompadas y navajazos domina las noches del barrio de Lapa, mientras pasea silbando y marcando el ritmo del samba con una cajita de fósforos; y los fines de semana es ella, la diabla que acaba de ganar el concurso de fantasías de carnaval con una mariconísima capa de murciélaga dorada, que lleva un anillo en cada dedo y que mueve las caderas como su amiga Carmen Miranda.

(146)

1939
Río de Janeiro

Cartola

En el morro de Mangueira, Cartola es el alma del samba y de todo lo demás.

A menudo se lo ve pasar en ráfaga, con el pantalón en la mano flameando como bandera, corrido por algún marido intolerante.

Entre farras y disparadas, le brotan de adentro melodías y quejas de amor que él tararea y al rato olvida.

Cartola vende sus sambas al primero que aparezca y por lo poco que dé. Siempre se asombra de que haya quien pague algo por eso.

(428)

1939
Abadía de Montserrat

Vallejo

Herida de muerte, la república española da sus últimos pasos. Poco aire le queda. El ejército de Franco embiste aniquilando.

En la abadía de Montserrat, a modo de despedida, los milicianos publican los versos que dos latinoamericanos han escrito en homenaje a España y su tragedia. Los poemas del chileno Neruda y del peruano Vallejo se imprimen en papel hecho de jirones de uniformes, banderas enemigas y vendajes.

César Vallejo ha muerto poco antes de que caiga España, dolida y sola como él. Ha muerto en París, un día del cual tenía ya el recuerdo, y por España fueron sus últimos poemas, escritos a la mala, entre cuatro lúgubres paredes. Cantó Vallejo a la gesta del pueblo español en armas y a toda su desmesura, amado sol, amada sombra; y España fue la última palabra que dijo, en su agonía, este poeta americano, el más americano de los poetas.

(457)

1939
Washington

Roosevelt

Cuando Franklin Delano Roosevelt llegó a la presidencia, había en los Estados Unidos quince millones de trabajadores sin trabajo, que miraban con caras de niños perdidos. Muchos alzaban el pulgar en las carreteras y peregrinaban de ciudad en ciudad, descalzos o con cartones sobre las suelas agujereadas, teniendo por hoteles los urinarios públicos y las estaciones del ferrocarril.

Para salvar a su nación, lo primero que hizo Roosevelt fue enjaular el dinero: cerró todos los bancos hasta que se despejara el panorama. Y desde entonces ha gobernado la economía sin dejarse gobernar por ella, y ha consolidado la democracia amenazada por la crisis.

Con los dictadores latinoamericanos, sin embargo, se lleva de lo más bien. Roosevelt los protege, como protege a los automóviles Ford, a las heladeras Kelvinator y a todos los demás productos industriales de los Estados Unidos.

(276 y 304)

1939
Washington

En el año 9 de la Era de Trujillo

una salva de veintiún cañonazos le da la bienvenida en la academia militar de West Point. Trujillo se echa aire con un perfumado abanico de marfil y saluda revoleando el plumaje de avestruz de su sombrero. Lo acompaña una rechoncha delegación de obispos, generales y cortesanas, un médico y un brujo especialista en mal de ojo. También lo acompaña el brigadier general Ramfis Trujillo, de nueve años de edad, que arrastra una espada más larga que él.

El general George Marshall ofrece a Trujillo un banquete a bordo del Mayflower y el presidente Roosevelt lo recibe en la Casa Blanca. Legisladores, gobernadores y periodistas cubren de alabanzas al estadista ejemplar. Trujillo, que paga sus muertos al contado, también al contado compra elogios, con cargo al rubro *Alpiste para pájaros* del presupuesto del Poder Ejecutivo de la República Dominicana.

(60 y 177)

1939
Washington

Somoza

Antes de que los *marines* lo hicieran general y mandamás de Nicaragua, Tacho Somoza se dedicaba a falsificar monedas de oro y a ganar con trampas en el póker y el amor.

Desde que tiene todo el poder, el asesino de Sandino ha convertido el presupuesto nacional en su cuenta personal y se ha hecho dueño de las mejores tierras del país. Ha liquidado a sus enemigos tibios disparándoles préstamos del Banco Nacional. Sus enemigos calientes han acabado en accidente o emboscada.

La visita de Somoza a los Estados Unidos no es menos triunfal que la de Trujillo. El presidente Roosevelt acude, con varios ministros, a darle la bienvenida en la Union Station. Una banda militar interpreta los himnos y suenan cañonazos y discursos. Somoza anuncia que la avenida principal de Managua, que atraviesa la ciudad de la laguna al lago, pasa a llamarse avenida Roosevelt.

(102)

1939
Nueva York

Superman

En la revista «Action Comics» se publican las aventuras de Superman.

Este Hércules de nuestro tiempo custodia la propiedad privada en el universo. Desde un lugar llamado Metrópolis, viaja a otras épocas y galaxias, volando más rápido que la luz y rompiendo las barreras del tiempo. Vaya donde vaya, en este mundo o en otros, Superman restablece el orden con más eficacia y rapidez que todos los *marines* juntos. Con una mirada derrite el acero, con una patada tala todos los árboles de la selva, con un puñetazo perfora varias montañas a la vez.

En su otra personalidad, Superman es el timorato Clark Kent, tan pobre diablo como cualquiera de sus lectores.

(147)

1941
Nueva York

Retrato de un fabricante de opinión

Las salas de cine se niegan a exhibir *El Ciudadano*. Sólo algunos teatritos de morondanga se atreven a semejante desafío. En *El Ciudadano,* Orson Welles cuenta la historia de un hombre enfermo de fiebre de poder, y ese hombre se parece demasiado a William Randolph Hearst.

Hearst posee dieciocho diarios, nueve revistas, siete castillos y numerosas personas. Él sabe cómo excitar a la opinión pública. En su larga vida ha provocado guerras y bancarrotas, ha hecho y deshecho fortunas, ha creado ídolos, ha demolido reputaciones. Son inventos suyos las campañas escandalosas y las columnas de chismes, buenas para golpear, como a él le gusta, por debajo de la cintura.

El más poderoso fabricante de opinión de los Estados Unidos cree que la raza blanca es la única raza de veras humana. Cree en la necesaria victoria del más fuerte y cree que los comunistas tienen la culpa de que los jóvenes beban alcohol. También está convencido de que los japoneses son traidores de nacimiento.

Los diarios de Hearst llevan más de medio siglo alertando sobre el Peligro Amarillo, cuando el Japón bombardea la base norteamericana de Pearl Harbor. Los Estados Unidos entran en la segunda guerra mundial.

(130 y 441)

1942
Washington

La Cruz Roja no acepta sangre de negros

Salen los soldados de los Estados Unidos hacia los frentes de guerra. Muchos son negros, al mando de oficiales blancos.

Los que sobrevivan, volverán a casa. Los negros entrarán por la puerta de atrás, y en los estados del sur tendrán un lugar aparte para vivir y trabajar y morir, y hasta yacerán después de muertos en cementerio aparte. Los encapuchados del Ku Klux Klan evitarán que los negros se metan en el mundo de los blancos, y sobre todo en los dormitorios de las blancas.

La guerra acepta negros. Miles y miles de negros norteamericanos. La Cruz Roja, no. La Cruz Roja de los Estados Unidos prohíbe la sangre de negros en los bancos de plasma. Así evita que la mezcla de sangres se haga por inyección.

(51)

1942
Nueva York

Drew

Charles Drew es un inventor de vida. Sus investigaciones han hecho posible la conservación de la sangre. Gracias a él existen los bancos de plasma, que están resucitando a miles de moribundos en los campos de batalla de Europa.

Drew dirige el servicio de plasma de la Cruz Roja en los Estados Unidos. Cuando la Cruz Roja resuelve rechazar la sangre de negros, renuncia a su cargo. Drew es negro.

(218 y 262)

1942
Oxford, Mississippi

Faulkner

Sentado en una mecedora, ante el pórtico de columnas de una mansión que se está desmoronando, William Faulkner fuma su pipa y escucha las confidencias de los fantasmas.

Los amos de las plantaciones cuentan a Faulkner sus glorias y sus pánicos. Nada les produce tanto horror como la mezcla de razas. Una gota de sangre negra, aunque sólo sea una gota, es un destino que maldice la vida y obliga a pasar la muerte entre los negros fuegos del infierno. Las dinastías del sur de los Estados Unidos, nacidas del crimen y al crimen condenadas, vigilan el blanco fulgor de su propio crepúsculo, injuriado por cualquier negrura o sombra de negrura. Los caballeros quisieran creer que la pureza del linaje no perecerá, aunque perezca su memoria y se desvanezcan los últimos ecos de las trompetas de la carga final de los jinetes vencidos por Lincoln.

(163 y 247)

1942
Hollywood

Brecht

Hollywood fabrica películas para convertir en dulce sueñera la espantosa vigilia de la humanidad en trance de aniquilación. Bertolt Brecht, desterrado de la Alemania de Hitler, está empleado en esta industria de somníferos. El fundador de un teatro que quiere abrir bien abiertos los ojos de la gente, se gana la vida en los estudios de la United Artists. Él es uno más entre los muchos escritores que trabajan para Hollywood con horario de oficina, compitiendo por escribir la mayor cantidad de tonterías por jornada.

Un día de éstos, Brecht compra un pequeño Dios de la Suerte, al precio de cuarenta centavos, en una tienda china. Lo ubica en su escritorio, bien a la vista. A Brecht le han dicho que el Dios de la Suerte se relame cada vez que lo obligan a tomar veneno.

(66)

1942
Hollywood

Los buenos vecinos del sur

acompañan a los Estados Unidos en la guerra mundial. Es el tiempo de los *precios democráticos:* los países latinoamericanos aportan materias primas baratas, baratos alimentos y algún soldado que otro. El cine exalta la causa común. En las películas rara vez falta el número southamericano, cantado y bailado en español o portugués. El Pato Donald estrena un amigo brasileño, el lorito José Carioca. En islas del Pacífico o campos de Europa, los galanes de Hollywood liquidan japoneses y alemanes por montones: cada galán tiene al lado un latino simpático, indolente, más bien tonto, que admira al rubio hermano del norte y le sirve de eco y sombra, fiel escudero, alegre musiquero, mensajero y cocinero.

(467)

1942
Pampa de María Barzola

Método latinoamericano para reducir los costos de producción

Bolivia es uno de los países que pagan la guerra. Desde siempre condenada a ración de hambre, Bolivia contribuye a la causa aliada vendiendo su estaño a un precio diez veces más bajo que el bajo precio habitual.

Los obreros de las minas financian esta ganga: sus salarios, de casi nada pasan a nada. Y cuando un decreto de gobierno obliga a los obreros al trabajo forzado a punta de fusil, ocurre la huelga. Otro decreto prohíbe la huelga y la huelga sigue ocurriendo. Entonces el presidente, Enrique Peñaranda, ordena al ejército que actúe de manera *severa y enérgica.* Patiño, rey de las minas, manda *proceder sin vacilación.* Sus virreyes, Aramayo y Hochschild, aprueban. Las ametralladoras escupen fuego durante horas y dejan la estepa regada de gente.

La Patiño Mines paga algunos ataúdes, pero se ahorra la indemnización. La muerte por metralla no es accidente de trabajo.

(97 y 474)

1943
Sans-Souci

Carpentier

Alejo Carpentier descubre, alucinado, el reino de Henri Christophe. Recorre el escritor cubano las altivas ruinas del delirio de aquel esclavo cocinero, que llegó a ser monarca de Haití y se mató disparándose la bala de oro que llevaba siempre colgada del cuello. Carpentier escucha los himnos ceremoniales y los tambores mágicos de la invocación, mientras visita el palacio que el rey Christophe copió de Versalles, y recorre su invulnerable fortaleza, inmensa mole que resistió rayos y terremotos por tener sus piedras ligadas con sangre de toros sacrificados a los dioses.

En Haití, Carpentier aprende que no hay magia más prodigiosa y deleitosa que el viaje que conduce, realidad adentro, cuerpo adentro, a las profundidades de América. En Europa los magos se han hecho burócratas y la maravilla, cansada, se ha reducido a truco de prestidigitación. En América, en cambio, el surrealismo es natural como la lluvia o la locura.

(85)

1943
Port-au-Prince

Manos que no mienten

Dewitt Peters funda un gran taller abierto y desde allí súbitamente estalla el arte haitiano. Todos pintan todo: telas, cartones, latas, maderas, muros y lo que venga. Todos pintan a toda bulla y fulgor, con las siete almas del arcoiris. Todos: el zapatero remendón y el pescador, la lavandera del río y la vivandera del mercado. En el país más pobre de América, exprimido por Europa, invadido por Estados Unidos, arrasado por guerras y dictaduras, el pueblo se pone a gritar colores y no hay quien lo haga callar.

(122, 142 y 385)

1943
Mont Rouis

Un granito de sal

En una cantina, rodeado de niños panzones y perros esqueléticos, Hector Hyppolite pinta dioses con un pincel de plumas de gallina. San Juan Bautista se aparece por las tardes y lo ayuda.

Hyppolite pinta a los dioses que pintan por su mano. Estos dioses pintores y pintados, los dioses haitianos, habitan a la vez la tierra, el cielo y el infierno: son capaces del bien y del mal, ofrecen a sus hijos venganza y consuelo.

No todos han venido del África. Algunos han nacido aquí, como el Baron Samedi, dios de solemne andar, negro de negro sombrero de copa y bastón negro, que es el dueño de los venenos y las tumbas. Del Baron Samedi depende que los venenos maten y que los muertos descansen en paz. A muchos muertos los hace zombis y los condena a trabajar de esclavos.

Los zombis, muertos que caminan o vivos que han perdido el alma, tienen un aire de estupidez irremediable. Pero dos por tres se escapan y recuperan la vida perdida, el alma robada: un solo granito de sal alcanza para despertarlos. Un solo granito de sal. ¿Y cómo va a faltar sal en la morada de los esclavos que derrotaron a Napoleón y fundaron la libertad en América?

(142, 233 y 295)

1944
Nueva York

Aprendiendo a ver

Es mediodía y James Baldwin está caminando con un amigo por las calles del sur de la isla de Manhattan. La luz roja los detiene en una esquina.

—*Mira* —le dice el amigo, señalando el suelo.

Baldwin mira. No ve nada.

—*Mira, mira.*

Nada. Allí no hay nada que mirar, nada que ver. Un cochino charquito de agua contra el borde de la acera y nada más. Pero el amigo insiste:

—*¿Ves? ¿Estás viendo?*

Y entonces Baldwin clava la mirada y ve. Ve una mancha de aceite estremeciéndose en el charco. Después, en la mancha de aceite ve el arcoíris. Y más adentro, charco adentro, la calle pasa, y la gente pasa por la calle, los náufragos y los locos y los magos, y el mundo entero pasa, asombroso mundo lleno de mundos que en el mundo fulguran; y así, gracias a un amigo, Baldwin ve, por primera vez en su vida ve.

(152)

Miguel a los cuarenta

Duerme en cavernas y cementerios. Condenado por el hambre a hipo continuo, anda disputando miguitas con las urracas y las palomas mustungonas. La hermana, que lo encuentra de vez en cuando, le dice:

—*Dios te ha dado muchas habilidades, pero te ha puesto el castigo de ser comunista.*

Desde que Miguel recuperó la confianza plena de su partido, no ha dejado de correr y padecer. Y ahora el partido ha resuelto que el más sacrificado de sus militantes se marche desde El Salvador hacia el exilio en Guatemala.

Miguel consigue pasar la frontera, al cabo de mil trajines y peligros. Ya es noche cerrada. Se echa a dormir, exhausto, bajo un árbol. Al alba, lo despierta una enorme vaca amarilla, que le está lamiendo los pies. Miguel le dice:

—*Buen día.*

Y la vaca se asusta y huye a todo lo que da y mugiendo se mete en el monte. Del monte emergen, en seguida, cinco toros vengadores. Miguel no puede escapar hacia atrás ni hacia arriba. A sus espaldas hay un abismo y el árbol es de tronco liso. En tromba se le vienen encima los toros, pero antes de la embestida final se paran en seco y mirándolo fijo resoplan, echan fuego y humo, tiran cornadas al aire y rastrillan el suelo arrancando maleza y polvareda.

Miguel suda frío y tiembla. Tartamudo de pánico, balbucea explicaciones. Los toros lo miran, hombrecito mitad hambre mitad susto, y se miran entre sí. Él se encomienda a Marx y a san Francisco de Asís. Y por fin los toros le dan la espalda y se alejan, cabizbajos, a paso lento.

Y así ocurre el noveno nacimiento de Miguel Mármol, a los cuarenta años de su edad.

(126)

1945
Hiroshima y Nagasaki

Un sol de fuego,

violenta luz jamás vista en el mundo, se eleva lentamente, rompe el cielo y se derrumba. Tres días después, otro sol de soles revienta sobre el Japón. Debajo quedan las cenizas de dos ciudades, un desierto de herrumbre, muchos miles de muertos y más miles de condenados a morir de a pedazos a lo largo de los años que vienen.

Estaba la guerra casi acabada, ya liquidados Hitler y Mussolini, cuando el presidente Harry Truman dio la orden de arrojar las bombas atómicas sobre las poblaciones civiles de Hiroshima y Nagasaki. En los Estados Unidos, un clamor nacional exigía la pronta aniquilación del Peligro Amarillo. Ya era hora de acabar de una buena vez con los humos imperiales de este arrogante país asiático jamás colonizado por nadie. Ni muertos son buenos, decía la prensa, estos monitos traicioneros.

Ahora no caben dudas. Hay un gran vencedor entre los vencedores. Los Estados Unidos emergen de la guerra mundial intactos y más poderosos que nunca. Actúan como si todo el planeta fuera su trofeo.

(140 y 276)

1945
Princeton

Einstein

Albert Einstein se siente como si su propia mano hubiera apretado el botón. Él no hizo la bomba atómica, pero la bomba atómica no hubiera sido posible sin sus descubrimientos. Ahora Einstein quisiera haber sido otro, haberse dedicado al inofensivo oficio de reparar cañerías o levantar paredes en vez de andar averiguando secretos de la vida, que otros usan para aniquilarla.

Cuando era niño, un profesor le dijo:

—*Nunca llegarás a nada.*

Papando moscas, con cara de estar en la luna, él se preguntaba cómo sería la luz vista por alguien que pudiera cabalgar un rayo. Cuando se hizo hombre, encontró la respuesta, que resultó ser la teoría de la relatividad. Recibió un premio Nóbel y mereció varios más, por las respuestas que desde entonces ha encontrado para otras preguntas, nacidas del misterioso vínculo entre las sonatas de Mozart y el teorema de Pitágoras o nacidas de los desafiantes arabescos que dibuja, en el aire, el humo de su larguísima pipa.

Einstein creía que la ciencia era una manera de revelar la belleza del universo. El más célebre de los sabios tiene los más tristes ojos de la historia humana.

(150 y 228)

1945
Buenos Aires

Perón

El general MacArthur se hace cargo de los japoneses y Spruille Braden se ocupa de los argentinos. Para conducir a los argentinos por la buena senda de la Democracia, el embajador norteamericano Braden reúne a todos los partidos, desde el Conservador hasta el Comunista, en un frente único contra Juan Domingo Perón. Según el Departamento de Estado, el coronel Perón, ministro de Trabajo del gobierno, es el jefe de una banda de nazis. La revista «Look» afirma que se trata de un pervertido, que en los cajones de su escritorio guarda fotos de indias desnudas de la Patagonia junto a las imágenes de Hitler y Mussolini.

Volando recorre Perón el camino a la presidencia. Lleva del brazo a Evita, actriz de radioteatro, de ojos febriles y entradora voz; y cuando él se cansa o duda o se asusta, es ella quien lo lleva. Perón reúne más gente que todos los partidos juntos. Cuando lo acusan de agitador, responde que a mucha honra. Los copetudos, los de punta en blanco, corean el nombre del embajador Braden en

las esquinas del centro de Buenos Aires, agitando sombreros y pañuelos, pero en los barrios obreros gritan el nombre de Perón las
descamisadas multitudes. El pueblo laburante, desterrado en su propia tierra, mudo de tanto callar, encuentra patria y voz en este raro
ministro que se pone siempre de su lado.

El prestigio popular de Perón crece y crece a medida que él
desempolva olvidadas leyes sociales o crea leyes nuevas. Suyo es el
estatuto que obliga a respetar los derechos de quienes se desloman
trabajando en estancias y plantaciones. El estatuto no se queda en
el papel y así el peón de campo, casi cosa, se hace obrero rural con
sindicato y todo.

(311 y 327)

1945
Campos de Tucumán

El Familiar

está hecho una furia con estas novedades que han venido a perturbar sus dominios. Los sindicatos obreros le dan más bronca y susto
que la cruz del cuchillo.

En las plantaciones de caña de azúcar del norte argentino, el
Familiar se ocupa de la obediencia de los peones. Al peón que se
pone respondón y arisco, el Familiar lo devora de un bocado. Hace
ruido de cadenas y echa peste de azufre, pero no se sabe si es el
Diablo en persona o simple funcionario. Sólo sus víctimas lo han
visto, y ninguna pudo contar el cuento. Dicen que dicen que por
las noches el Familiar ronda los galpones donde los peones duermen, hecho enorme serpiente, y que acecha agazapado en los caminos, en forma de perro de ojos en llamas, todo negro, muy dentudo
y uñudo.

(103 y 328)

El velorio del angelito

En las provincias del norte argentino no se llora la muerte de los niños chicos. Una boca menos en la tierra, en el cielo un ángel más: la muerte se bebe y se baila, desde el primer canto del gallo, con largos tragos de aloja y chicha y al son del bombo y la guitarra. Mientras los bailantes giran y zapatean, se van pasando al niño de brazo en brazo. Cuando el niño ha sido bien mecido y festejado, rompen todos a cantar para que empiece su vuelo al Paraíso. Allá va el viajerito, vestido con sus mejores galas, mientras crece la canción. Y le dicen adiós encendiendo cohetes, con mucho cuidado de no quemarle las alas.

(104)

1945
Campos de Tucumán

Yupanqui

Tiene cara de indio que mira la montaña que lo mira, pero viene de las llanuras del sur, de la pampa sin eco, que nada esconde, el gaucho cantor de los misterios del norte argentino. Viene de a caballo, parando en cada lugar, en cada persona, al azar del camino. Por continuar el camino canta, cantando lo que anduvo, Atahualpa Yupanqui. Y por continuar la historia: porque la historia del pobre se canta o se pierde y bien lo sabe él, que es zurdo para tocar la guitarra y para pensar el mundo.

(202, 270 y 472)

1946
La Paz

La Rosca

En la cumbre, hay tres. Abajo, en la base de la montaña, hay tres millones. La montaña es de estaño y se llama Bolivia. Los tres de la cumbre forman la Rosca minera. Simón Patiño está al centro. A un costado tiene a Carlos Aramayo; al otro, a Mauricio Hochschild. Patiño era un minero pobretón hasta que hace medio siglo una hada lo tocó con la varita mágica y lo convirtió en uno de los hombres más ricos del mundo. Ahora usa chaleco con cadena de oro y a su mesa sienta reyes y presidentes. Aramayo viene de la aristocracia local. Hochschild viene del avión que lo trajo. Cualquiera de los tres tiene más dinero que el Estado.

Todo lo que el estaño rinde, queda afuera. Para evitar impuestos, la sede de Patiño está en Estados Unidos, la de Aramayo en Suiza y la de Hochschild en Chile. Patiño paga a Bolivia 50 dólares al año por impuesto a la renta, Aramayo 22 y Hochschild nada.

Cada miembro de la Rosca dispone de un diario y de varios ministros y legisladores. Es tradición que el canciller reciba un salario mensual de la Patiño Mines. Pero ahora el presidente, Gualberto Villarroel, quiere obligar a la Rosca a pagar impuestos y salarios que no sean simbólicos, así que se desata una desaforada conspiración.

(97)

1946
La Paz

Villarroel

El presidente Villarroel no se defiende. Se abandona al destino, como si del destino se tratara.

Contra él embisten matones a sueldo, seguidos de un extraño y numeroso cortejo donde se mezclan beatas y estudiantes. Alzando

antorchas, banderas negras y sábanas ensangrentadas, los amotina-
dos invaden el palacio de gobierno, arrojan a Villarroel del balcón
a la calle y lo cuelgan, desnudo, de un farol.

Además de desafiar a la Rosca, Villarroel había querido dar los
mismos derechos al blanco y al indio, a la esposa y a la amante, al
hijo legal y al hijo natural.

El mundo entero saluda el crimen. Los dueños de la Democracia
anuncian que han liquidado a este tirano a sueldo de Hitler, que
con imperdonable insolencia pretendía elevar el derrumbado precio
internacional del estaño. Y en Bolivia, país que no cesa de trabajar
por su propia desgracia, se celebra la caída de lo que es y la restauración de lo que era. Viven jornadas felices la Liga de Moral, la
Asociación de Madres del Sacerdote, las Viudas de Guerra, la embajada de los Estados Unidos, toda la derecha, casi toda la izquierda, izquierda a la izquierda de la luna, y la Rosca.

(97)

**1946
Hollywood**

Carmen Miranda

Toda brillosa de lentejuelas y collares, coronada por una torre
de bananas, Carmen Miranda ondula sobre un fondo de paisaje tropical de cartón.

Nacida en Portugal, hija de un fígaro pobretón que atravesó la
mar, Carmen es hoy por hoy el principal producto de exportación
del Brasil. El café viene después.

Esta petisa zafada tiene poca voz, y la poca que tiene desafina,
pero ella canta con las caderas y las manos y con las guiñadas de
sus ojos, y con eso le sobra. Es la mejor pagada de Hollywood; posee diez casas y ocho pozos de petróleo.

Pero la empresa Fox se niega a renovarle el contrato. El senador
Joseph MacCarthy la ha denunciado por obscena, porque durante
una filmación, en pleno baile, un fotógrafo delató intolerables des-
nudeces bajo su falda volandera. Y la prensa ha revelado que ya

en su más tierna infancia Carmen había recitado ante el rey Alberto
de Bélgica, acompañando los versos con descarados meneos y caídas
de ojos que provocaron escándalo a las monjas y al monarca prolon-
gado insomnio.

(401)

1948
Bogotá

Vísperas

En la plácida Bogotá, morada de frailes y juristas, el general
Marshall se reúne con los cancilleres de los países latinoamericanos.

¿Qué nos trae en sus alforjas el Rey Mago de Occidente, el que
riega con dólares los suelos europeos devastados por la guerra? El
general Marshall resiste, impasible, con los audífonos pegados a las
sienes, el discurserío que arrecia. Sin mover ni los párpados, aguanta
las larguísimas profesiones de fe democrática de muchos delegados
latinoamericanos ansiosos por venderse a precio de gallo muerto,
mientras John McCloy, gerente del Banco Mundial, advierte:

—*Lo lamento, señores, pero no he traído mi libreta de cheques
en la maleta.*

Más allá de los salones de la Novena Conferencia Panamericana,
también llueven discursos todo a lo largo y a lo ancho del país
anfitrión. Los doctores liberales anuncian que traerán la paz a Colombia, *como la diosa Palas Atenea hizo brotar el olivo en las coli-
nas de Atenas,* y los doctores conservadores prometen *arrancar al
sol fuerzas inéditas y prender con el oscuro fuego que es entraña
del globo la tímida lamparilla votiva del tenebrario que se enciende
en vísperas de la traición en la noche de las tinieblas.*

Mientras cancilleres y doctores claman, proclaman y declaman,
la realidad existe. En los campos colombianos se libra a tiros la
guerra entre conservadores y liberales; los políticos ponen las palabras y los campesinos ponen los muertos. Y ya la violencia está
llegando hasta Bogotá, ya golpea a las puertas de la capital y amenaza su rutina de siempre, siempre los mismos pecados, siempre las

mismas metáforas: en la corrida de toros del último domingo, la multitud desesperada se ha lanzado a la arena y ha roto en pedazos a un pobre toro que se negaba a pelear.

(7)

1948
Bogotá

Gaitán

El país político, dice Jorge Eliécer Gaitán, *nada tiene que ver con el país nacional.* Gaitán es jefe del Partido Liberal, pero es también su oveja negra. Lo adoran los pobres de todas las banderas. *¿Qué diferencia hay entre el hambre liberal y el hambre conservadora? ¡El paludismo no es conservador ni liberal!*

La voz de Gaitán desata al pueblo que por su boca grita. Este hombre pone al miedo de espaldas. De todas partes acuden a escucharlo, a escucharse, los andrajosos, echando remo a través de la selva y metiendo espuela a los caballos por los caminos. Dicen que cuando Gaitán habla se rompe la niebla en Bogotá; y que hasta en el alto cielo san Pedro para la oreja y no permite que caiga la lluvia sobre las gigantescas concentraciones reunidas a la luz de las antorchas.

El altivo caudillo, enjuto rostro de estatua, denuncia sin pelos en la lengua a la oligarquía y al ventrílocuo imperialista que la tiene sentada en sus rodillas, oligarquía sin vida propia ni palabra propia, y anuncia la reforma agraria y otras verdades que pondrán fin a tan larga mentira.

Si no lo matan, Gaitán será presidente de Colombia. Comprarlo, no se puede. ¿A qué tentación podría sucumbir este hombre que desprecia el placer, que duerme solo, come poco y bebe nada y que no acepta anestesia ni para sacarse una muela?

(7)

1948
Bogotá

El bogotazo

A las dos de la tarde de este nueve de abril, Gaitán tenía una cita. Iba a recibir a un estudiante, uno de los estudiantes latinoamericanos que se están reuniendo en Bogotá al margen y en contra de la ceremonia panamericana del general Marshall.

A la una y media, el estudiante sale del hotel, dispuesto a echarse una suave caminata hacia la oficina de Gaitán. Pero a poco andar escucha ruidos de terremoto y una avalancha humana se le viene encima.

El pobrerío, brotado de los suburbios y descolgado de los cerros, avanza en tromba hacia todos los lugares, huracán del dolor y de la ira que viene barriendo la ciudad, rompiendo vidrieras, volcando tranvías, incendiando edificios:

—*¡Lo mataron! ¡Lo mataron!*

Ha sido en la calle, de tres balazos. El reloj de Gaitán quedó parado a la una y cinco.

El estudiante, un cubano corpulento llamado Fidel Castro, se mete en la cabeza una gorra sin visiera y se deja llevar por el viento del pueblo.

(7)

1948
Bogotá

Llamas

Invaden el centro de Bogotá las ruanas indias y las alpargatas obreras, manos curtidas por la tierra o por la cal, manos manchadas de aceite de máquinas o de lustre de zapatos, y al torbellino acuden los changadores y los estudiantes y los camareros, las lavanderas del río y las vivanderas del mercado, las sieteamores y los sieteoficios, los buscavidas, los buscamuertes, los buscasuertes: del torbellino se desprende una mujer llevándose cuatro abrigos de piel, todos encima, torpe y feliz como osa enamorada; como conejo huye un hombre con varios collares de perlas en el pescuezo y como tortuga camina otro con una nevera a la espalda.

En las esquinas, niños en harapos dirigen el tránsito, los presos revientan los barrotes de las cárceles, alguien corta a machetazos las mangueras de los bomberos. Bogotá es una inmensa fogata y el cielo una bóveda roja; de los balcones de los ministerios incendiados llueven máquinas de escribir y llueven balazos desde los campanarios de las iglesias en llamas. Los policías se esconden o se cruzan de brazos ante la furia.

Desde el palacio presidencial, se ve venir el río de gente. Las ametralladoras han rechazado ya dos ataques, pero el gentío alcanzó a arrojar contra las puertas del palacio al destripado pelele que había matado a Gaitán.

Doña Bertha, la primera dama, se calza un revólver al cinto y llama por teléfono a su confesor:

—*Padre, tenga la bondad de llevar a mi hijo a la Embajada americana.*

Desde otro teléfono, el presidente, Mariano Ospina Pérez, manda proteger la casa del general Marshall y dicta órdenes contra la chusma alzada. Después, se sienta y espera. El rugido crece desde las calles.

Tres tanques encabezan la embestida contra el palacio presidencial. Los tanques llevan gente encima, gente agitando banderas y gritando el nombre de Gaitán, y detrás arremete la multitud erizada de machetes, hachas y garrotes. No bien llegan a palacio, los tanques se detienen. Giran lentamente las torretas, apuntan hacia atrás y empiezan a matar pueblo a montones.

(7)

1948
Bogotá

Cenizas

Alguien deambula en busca de un zapato. Una mujer aúlla con un niño muerto en brazos. La ciudad humea. Se camina con cuidado, por no pisar cadáveres. Un maniquí descuajaringado cuelga de los cables del tranvía. Desde la escalinata de un monasterio hecho carbón, un Cristo desnudo y tiznado mira al cielo con los brazos en cruz. Al pie de esa escalinata, un mendigo bebe y convida: la mitra del arzobispo le tapa la cabeza hasta los ojos y una cortina de terciopelo morado le envuelve el cuerpo, pero el mendigo se defiende del frío bebiendo coñac francés en cáliz de oro, y en copón de plata ofrece tragos a los caminantes. Bebiendo y convidando, lo voltea una bala del ejército.

Suenan los últimos tiros. La ciudad, arrasada por el fuego, recupera el orden. Al cabo de tres días de venganza y locura, el pueblo desarmado vuelve al humilladero de siempre, a trabajar y tristear.

El general Marshall no tiene dudas. El bogotazo ha sido obra de Moscú. El gobierno de Colombia suspende relaciones con la Unión Soviética.

(7)

1948
Valle de Upar

El vallenato

—*Yo quiero pegar un grito y no me dejan...*

El gobierno de Colombia prohíbe el *Grito vagabundo*. Arriesgan calabozo o bala quienes lo canten. En el río Magdalena, lo cantan igual.

El pueblo de la costa colombiana se defiende musiqueando. El *Grito vagabundo* es un ritmo vallenato, uno de los cantos de vaquería que dan noticia de los sucedidos de la región y, de paso, le alegran el aire.

Con el acordeón al pecho cabalgan o navegan los trovadores de vallenatos. Con el acordeón al muslo reciben el primer trago de todas las parrandas y lanzan su desafío, salga quien salga, a duelo de coplas. Como cuchilladas se cruzan los versos vallenatos, que el acordeón lleva y trae, y varios días y noches duran estas guerras alegres en los mercados y en los reñideros de gallos. El más temible rival de los improvisadores es Lucifer, gran musiquero, que en el infierno se aburre y dos por tres se viene a América, disfrazado, en busca de fiesta.

(359)

1948
Wroclaw

Picasso

Este pintor contiene a los mejores pintores que en el mundo han sido. Todos, desde los muy antiguos hasta los de hace un rato, conviven, muy a la mala, dentro de él. No es tarea fácil llevar adentro a gentes tan intratables, que pasan todo el tiempo peleándose, de modo que al pintor no le queda ni un minuto libre para escuchar discursos, y mucho menos para pronunciarlos.

Pero esta vez, primera y única vez en toda su vida, Pablo Picasso pronuncia un discurso. Ocurre el insólito acontecimiento en la ciudad polaca de Wroclaw, durante el congreso mundial de intelectuales por la paz:

—*Yo tengo un amigo que debería estar aquí...*

Picasso rinde homenaje *al más grande poeta de la lengua española y uno de los más grandes poetas del mundo, que ha tomado siempre el partido de los hombres desgraciados: Pablo Neruda, perseguido por la policía en Chile, acorralado como un perro...*

(442)

Neruda

En el diario «El Imparcial» se lee, a toda página: *Se busca a Neruda por todo el país.* Y debajo: *Será premiado el personal de Investigaciones que dé con el paradero del prófugo.*

De escondrijo en escondrijo, anda el poeta por la noche de Chile. Neruda es uno de los muchos que están sufriendo persecución por ser rojos o por ser dignos o por ser, y no se queja de esta suerte que ha elegido. Él no lamenta la solidaridad que practica: disfruta y celebra esta pasión peleadora, aunque le traiga líos, como disfruta y celebra las campanas, el vino, el caldillo de congrio y las cometas volanderas de alas muy desplegadas.

(313 y 442)

Figueres

Al cabo de seis semanas de guerra y dos mil muertos, la clase media rural llega al poder en Costa Rica.

A la cabeza del nuevo gobierno, José Figueres pone fuera de la ley al Partido Comunista y en alta voz promete *apoyo incondicional a la lucha del mundo libre contra el imperialismo ruso.* Pero en voz baja promete también continuar y profundizar las reformas sociales que los comunistas han impulsado en estos últimos años. Al amparo del presidente Rafael Calderón, amigo de los comunistas, se han multiplicado en Costa Rica sindicatos y cooperativas, los pequeños propietarios han ganado espacio al latifundio y se han difundido la salud y la educación.

El anticomunista Figueres no toca las tierras de la United Fruit Company, muy poderosa señora, pero nacionaliza los bancos y disuelve el ejército, para que el dinero no especule ni conspiren las armas. Costa Rica quiere ponerse a salvo de las feroces turbulencias de América Central.

(42, 243, 414 y 438)

1949
Washington

La revolución china

Entre ayer y mañana, un abismo: la revolución china se lanza al aire y salta. Desde Pekín llegan noticias que en Washington provocan cólera y espanto. Tras la larga marcha de la humildad armada, han triunfado los rojos de Mao. Huye el general Chiang Kai-chek. Los Estados Unidos le instalan nuevo trono en la isla de Formosa.

Los parques de China estaban prohibidos para pobres y perros, y morían de frío los mendigos en las madrugadas, como en los antiguos tiempos de los mandarines; pero no era en Pekín donde se dictaban las órdenes. No eran los chinos quienes designaban sus ministros y generales, redactaban sus leyes y decretos y fijaban sus tarifas y salarios. China no estaba en el mar Caribe por error de la geografía.

(156 y 291)

1949
La Habana

El radioteatro

—*No me mates* —pide el actor al autor.

Onelio Jorge Cardoso tenía previsto difuntear al Capitán Garfio en el próximo episodio; pero si el personaje se muere de espada en el navío de los piratas, el actor se muere de hambre en la calle. El autor, buen amigo del actor, le promete vida infinita.

Onelio inventa buenas aventuras, de ésas que cortan la respiración. Sus radioteatros no tienen, sin embargo, mucho éxito. Él es avaro en mieles y no sabe estrujar corazones sensibles como quien escurre ropa hasta la última gota. José Sánchez Arcilla, en cambio, sí que toca las fibras más íntimas. En su novelón *El collar de lágrimas,* los personajes se debaten contra el veredicto del perverso destino en 965 capítulos que bañan a la audiencia en duchas de llanto.

Pero el gran éxito radioteatral de todos los tiempos es *El derecho de nacer,* de Félix B. Caignet. Nunca se había oído nada igual, en Cuba ni en ninguna otra parte. A la noche, a la hora señalada, sólo eso se escucha, en misa unánime. En los cines interrumpen las películas; las calles se vacían; los amantes supenden sus amores, los gallos sus riñas y las moscas sus vuelos.

Desde hace setenta y cuatro capítulos, toda Cuba espera que hable don Rafael del Junco. Este personaje de *El derecho de nacer* es el dueño del secreto. Está completamente paralítico y, por si fuera poco, se quedó afónico en el episodio 197. Ya vamos por el 271 y don Rafael sólo emite ruidos de garganta raspada. ¿Cuándo conseguirá revelar la verdad a la buena mujer que una vez pecó sucumbiendo al llamado de la loca pasión? ¿Cuándo tendrá voz para decirle que Albertico Limonta, su médico, es en realidad aquel fruto de amor ilícito que ella abandonó, a poco de nacer, en manos de una negra de alma blanca? ¿Cuándo, cuándo?

El público, que muere de suspenso, ignora que don Rafael calla por huelga. Este silencio cruel continuará hasta que el actor que encarna a don Rafael del Junco consiga el aumento de sueldo que viene exigiendo desde hace dos meses y medio.

(266)

1950
Río de Janeiro

Obdulio

Viene brava la mano, pero Obdulio saca pecho y pisa fuerte y mete pierna. El capitán del equipo uruguayo, negro mandón y bien plantado, no se achica. Obdulio más crece mientras más ruge la inmensa multitud, enemiga, desde las tribunas.

Sorpresa y duelo en el estadio de Maracaná: el Brasil, goleador, demoledor, favorito de punta a punta, pierde el último partido en el último minuto. El Uruguay, jugando a muerte, gana el campeonato mundial de fútbol.

Al anochecer, Obdulio Varela huye del hotel, asediado por periodistas, hinchas y curiosos. Obdulio prefiere celebrar en soledad. Se va a beber por ahí, en cualquier cafetín; pero por todas partes encuentra brasileños llorando.

—*Todo fue por Obedulio* —dicen, bañados en lágrimas, los que hace unas horas vociferaban en el estadio—. *Obedulio nos ganó el partido.*

Y Obdulio siente estupor por haberles tenido bronca, ahora que los ve de a uno. La victoria empieza a pesarle en el lomo. Él arruinó la fiesta de esta buena gente, y le vienen ganas de pedirles perdón por haber cometido la tremenda maldad de ganar. De modo que sigue caminando por las calles de Río de Janeiro, de bar en bar. Y así amanece, bebiendo, abrazado a los vencidos.

(131 y 191)

1950
Hollywood

Rita

Ha conquistado Hollywood cambiando de nombre, de peso, de edad, de voz, de labios y de cejas. Su cabellera pasó del negro opaco al rojo llameante. Para ampliarle la frente, le arrancaron pelo tras pelo mediante dolorosas descargas de electricidad. En sus ojos pusieron pestañas como pétalos.

Rita Hayworth se disfrazó de diosa, y quizás lo fue, a lo largo de los años cuarenta. Ya los cincuenta exigen diosa nueva.

(249)

1950
Hollywood

Marilyn

Como Rita, esta muchacha ha sido corregida. Tenía párpados gordos y papada, nariz de punta redonda y demasiada dentadura: Hollywood le cortó grasa, le suprimió cartílagos, le limó los dientes y convirtió su pelo castaño y bobo en un oleaje de oro fulgurante. Después los técnicos la bautizaron Marilyn Monroe y le inventaron una patética historia de infancia para contar a los periodistas.

La nueva Venus fabricada en Hollywood ya no necesita meterse en cama ajena en busca de contratos para papeles de segunda en películas de tercera. Ya no vive de salchichas y café, ni pasa frío en invierno. Ahora es una estrella, o sea: una personita enmascarada que quisiera recordar, pero no puede, cierto momento en que simplemente quiso ser salvada de la soledad.

(214 y 274)

1951
Ciudad de México

Buñuel

Llueven piedras sobre Luis Buñuel. Varios diarios y sindicatos piden que México expulse a este español ingrato que con infamia está pagando los favores recibidos. La película que provoca la indignación nacional, *Los olvidados*, retrata los arrabales de la ciudad de México. En este espeluznante contramundo, unos adolescentes que viven a salto de mata, comiendo lo que encuentran y comiéndose entre sí, sobrevuelan los basurales. Se devoran a picotazos, pedazo tras pedazo, estos muchachos o pichones de buitres, y así van cumpliendo el oscuro destino que su ciudad les eligió.

Un trueno misterioso, una misteriosa fuerza, resuena en las películas de Buñuel. Es un largo y profundo redoble de tambores, los tambores de la infancia en Calanda haciendo temblar el suelo bajo los pies, aunque la banda sonora no registre ruido ninguno y aunque el mundo simule silencio y perdón.

(70 y 71)

1952
Cerro San Fernando

Enferma de fiebre de muerte

está Colombia desde que Gaitán cayó asesinado en una calle de Bogotá. En la cordillera y en los llanos, en los páramos helados y en los valles ardientes, los campesinos se matan entre sí, pobres contra pobres, todos contra todos: en el remolino de escarmientos y venganzas, se lucen Sangrenegra, Zarpazo, Tarzán, Malasuerte, La Cucaracha y otros artistas descuartizadores, pero más feroces crímenes cometen las fuerzas del orden. A mil quinientos ha matado el batallón Tolima, sin contar violadas ni mutilados, en su reciente paseo desde Pantanillo al cerro San Fernando. Para no dejar ni la semilla, los soldados arrojan niños al aire y los ensartan con la bayoneta o el machete.

—*A mí no me traigan cuentos* —mandan los que mandan— *Tráiganme orejas.*

Dejan chozas en cenizas, humeando a sus espaldas, los campesinos que consiguen huir y buscan amparo en lo hondo del monte. Antes de enmontarse, en dolida ceremonia matan al perro, porque hace ruido.

(217, 227 y 408)

1952
La Paz

El Illimani

Aunque no lo mires, él te ve. Te metas donde te metas, él te vigila. No hay rincón que se le escape. La capital de Bolivia le pertenece, aunque lo ignoren los cuatro señores que hasta anoche se creían dueños de estas casas y estas gentes.

El Illimani, erguido rey, se limpia de niebla. A sus pies, amanece la ciudad. Se van apagando las fogatas, se escuchan las últimas ráfagas de ametralladora. Los cascos amarillos de los mineros se imponen a las gorras militares. Se desploma un ejército que nunca había ganado contra los de afuera ni perdido contra los de adentro. El pueblo baila en cualquier esquina. Al lindo viento de la cueca, flamean pañuelos y ondulan trenzas y polleras.

En la profunda azulidad del cielo, fulgura la corona de tres picos: desde las cumbres de nieve del Illimani, los dioses contemplan la alegría de sus hijos en armas, al cabo del largo combate palmo a palmo por las callecitas.

(17, 172 y 473)

1952
La Paz

Tambor del pueblo

que bate y rebate y dobla y redobla, venganza del indio que duerme como perro en el zaguán y saluda al amo hincando la rodilla: el ejército de los de abajo ha peleado con bombas caseras y cartuchos de dinamita, hasta que por fin cayó en sus manos el arsenal de los militares.

Víctor Paz Estenssoro promete que desde hoy Bolivia será de todos los bolivianos. En las minas, los obreros ponen la bandera nacional a media asta, que así quedará hasta que el nuevo presidente cumpla su promesa de nacionalizar el estaño. En Londres se lo ven venir: el precio del estaño cae en un tercio, como por magia.

En la finca de Pairumani, los indios asan a la parrilla los toros de exposición que Patiño había importado desde Holanda.

En corrales de mulas se convierten las canchas de tenis de Aramayo, tapizadas con polvo de ladrillo traído de Inglaterra.

(17, 172 y 473)

Una mujer de las minas bolivianas explica cómo se hace una bomba casera

Latita de leche buscas. Se pone la dinamita al centrito, una cápsula. Entonces, fierro menudo, granza, tierrita. Vidrios pones, pues, clavitos. Entonces, se la tapa biencito. Como así, ¿ves? En ahí se la enciende y... ¡shsss!, se tira. Si tienes honda, más largo tiras. Mi marido sabe lanzar como de aquí hasta seis esquinas. Mechita larga pones, entonces.

(268)

1952
Cochabamba

Grito de burla y queja

En los campos de toda Bolivia se viven tiempos de cambio, vasta insurgencia contra el latifundio y contra el miedo, y en el valle de Cochabamba también las mujeres lanzan, cantando y bailando, su desafío.

En las ceremonias de homenaje al Cristo de Santa Vera Cruz, las campesinas quechuas de todo el valle encienden velas, beben chicha y coplean y bailotean, al son de acordeones y charangos, en torno al crucificado.

Las mozas casamenteras empiezan pidiendo a Cristo un marido que no las haga llorar, una mula cargada de maíz, una oveja blanca

y una oveja negra, un máquina de coser o tantos anillos como dedos
tienen las manos. Y después cantan, con voz estridente, siempre en
lengua india, su altiva protesta: al Cristo, al padre, al novio, al marido: prometen amarlo y bien servirlo en la mesa y en la cama,
pero no quieren ser apaleadas bestias de carga. Cantando disparan
balas de burla, que tienen por blanco a un macho desnudo, bastante
estragado por los años y los bichos, que en la cruz duerme o se
hace el dormido.

(5)

Coplas descaradas que las indias de Cochabamba cantan a Jesucristo

Santa Vera Cruz, Papito:
«Hija mía», estás diciendo.
¿Cómo pudiste engendrarme
si no tienes pajarito?

«Floja, floja», estás diciendo,
Santa Vera Cruz, Papito.
Pero más flojo eres tú
que estás parado durmiendo.

Zorrito cola enredada,
ojito espiando mujeres.
Cara de ratón, Viejito,
de nariz apolillada.

Tú no me quieres soltera.
Me condenas a los hijos,
a vestirlos mientras vivan
y enterrarlos cuando mueran.

¿Me vas a dar un marido
que me azote y me patee?
¿Por qué la flor que se abre
marchita marcha al olvido?

(5)

1952

Buenos Aires

El pueblo argentino desnudo de ella

¡Viva el cáncer!, escribió alguna mano enemiga en un muro de Buenos Aires. La odiaban, la odian, los biencomidos: por pobre, por mujer, por insolente. Ella los desafiaba hablando y los ofendía viviendo. Nacida para sirvienta, o a lo sumo para actriz de melodramas baratos, Evita se había salido de su lugar.

La querían, la quieren, los malqueridos: por su boca ellos decían y maldecían. Además, Evita era el hada rubia que abrazaba al leproso y al haraposo y daba paz al desesperado, el incesante manantial que prodigaba empleos y colchones, zapatos y máquinas de coser, dentaduras postizas, ajuares de novia. Los míseros recibían estas caridades desde al lado, no desde arriba, aunque Evita luciera joyas despampanantes y en pleno verano ostentara abrigos de visón. No es que le perdonaran el lujo: se lo celebraban. No se sentía el pueblo humillado sino vengado por sus atavíos de reina.

Ante el cuerpo de Evita, rodeado de claveles blancos, desfila el pueblo llorando. Día tras día, noche tras noche, la hilera de antorchas: una caravana de dos semanas de largo.

Suspiran, aliviados, los usureros, los mercaderes, los señores de la tierra. Muerta Evita, el presidente Perón es un cuchillo sin filo.

(311 y 417)

1952

En alta mar

Carlitos el Vagabundo corrido por la policía

Viaja Charles Chaplin hacia Londres. Al segundo día de navegación llega al barco la noticia de que no podrá regresar a los Estados Unidos. El gobierno le aplica la ley contra extranjeros sospechosos de comunismo, depravación o locura.

En los Estados Unidos, Chaplin había sido interrogado, tiempo atrás, por oficiales del FBI, Oficina Federal de Investigaciones, y del Servicio de Inmigración y Naturalización:

—*¿Tiene usted origen judío?*

—*¿Es usted comunista?*

—*¿Ha cometido adulterio alguna vez?*

El senador Richard Nixon y la chismosa Hedda Hopper afirman: *Chaplin es una amenaza para las instituciones.* A la entrada de los cines que exhiben sus películas, los piquetes de la Legión de la Decencia y la Legión Americana alzan carteles que exigen: *Chaplin a Rusia.*

El FBI lleva casi treinta años buscando pruebas de que Chaplin es en realidad un judío llamado Israel Thonstein, que trabaja de espía para Moscú. El FBI empezó a sospechar en 1923, cuando el diario «Pravda» publicó un artículo que decía: *Chaplin es un actor de indudable talento.*

(121 y 383)

1952
Londres

Un digno fantasma

llamado Buster Keaton ha regresado a la pantalla, de la mano de Chaplin, al cabo de largos años de olvido. Se estrena en Londres *Candilejas* y allí aparece Keaton compartiendo con Chaplin un disparatado dúo musical que dura pocos minutos y que se roba la película.

Ésta es la primera vez que Keaton y Chaplin trabajan juntos. Se los ve canosos y arrugados, pero con la misma gracia de los años mozos, cuando en los tiempos del cine mudo hacían un silencio más decidor que todas las palabras.

Chaplin y Keaton siguen siendo los mejores, los incomparables. Ellos conocen el secreto. Ellos saben que no hay asunto más serio que la risa, arte de mucho pero mucho trabajo, y que dar de reír a los demás es lo más hermoso que hacerse pueda mientras siga el mundo girando en el universo.

(382 y 383)

1953
Washington

Noticiero

Los Estados Unidos detonan la primera bomba H en Eniwetok. El presidente Einsenhower designa ministro de Defensa a Charles Wilson. Wilson, ejecutivo de la empresa General Motors, había declarado recientemente: *Lo que es bueno para la General Motors es bueno para América.*

Al cabo de un largo proceso, son ejecutados en la silla eléctrica Ethel y Julius Rosenberg. Los Rosenberg, acusados de espionaje al servicio de los rusos, niegan toda culpa hasta el final.

La ciudad norteamericana de Moscú exhorta a su homónima rusa a cambiar de nombre. Las autoridades de esta pequeña ciudad del estado de Idaho reivindican el derecho de llamarse Moscú con exclusividad y solicitan que la capital soviética sea rebautizada *para evitar asociaciones embarazosas.*

La mitad de los ciudadanos de los Estados Unidos apoya decididamente la campaña del senador MacCarthy contra la infiltración comunista en la Democracia, según revelan las encuestas de opinión pública.

Uno de los sospechosos que MacCarthy se proponía interrogar próximamente, el ingeniero Raymond Kaplan, se suicida arrojándose bajo un camión.

El científico Albert Einstein exhorta a los intelectuales a negarse a dar testimonio ante el Comité de Actividades Antiamericanas y a *prepararse para la cárcel o la ruina económica.* De no actuar así, opina Einstein, *los intelectuales no merecerían nada mejor que la esclavitud que se pretende imponerles.*

(41)

1953
Washington

La cacería

El incorregible Albert Einstein es el principal *compañero de ruta* del comunismo, según la lista del senador MacCarthy. Para integrar la lista, basta con tener amigos negros o con oponerse al envío de tropas norteamericanas a Corea; pero el caso de Einstein es mucho más pesado y a MacCarthy le sobran pruebas de que este judío ingrato tiene la sangre roja y el corazón a la izquierda.

La sala de audiencias, donde arden los fuegos de la Inquisición, se convierte en un circo. El nombre de Einstein no es el único nombre famoso que allí resuena. Desde hace tiempo, Hollywood está en la mira del Comité de Actividades Antiamericanas. El Comité exige nombres; y los nombres de Hollywood provocan escándalo. Quien calla, pierde el empleo y arruina su carrera, o marcha preso, como Dashiell Hammett, o queda sin pasaporte, como Lillian Hellman y Paul Robeson, o es expulsado del país, como Cedric Belfrage. Ronald Reagan, galán secundario, marca a los rojos y a los rosados que no merecen ser salvados de las furias de Armagedón. Otro galán, Robert Taylor, se arrepiente públicamente de haber actuado en una película donde los rusos sonreían. El dramaturgo Clifford Odets pide perdón por sus ideas y delata a sus viejos camaradas. El actor José Ferrer y el director Elia Kazan señalan colegas con el dedo. Para que quede claro que él no tiene nada con los comunistas, Kazan filma una película sobre el caudillo mexicano Emiliano Zapata, donde Zapata no es aquel silencioso campesino que hizo la reforma agraria sino un charlatán que dispara tiros y discursos en incesante diarrea.

(41, 219 y 467)

1953
Washington

Retrato de un cazador de brujas

Su materia prima es el miedo colectivo. Se arremanga la camisa y pone manos a la obra. Diestro alfarero de ese barro, Joseph MacCarthy convierte el miedo en pánico y el pánico en histeria.

A los gritos exhorta a delatar. Él no cerrará su estrepitosa boca mientras su patria siga infectada por la peste marxista. Toda duda le suena a cobardía. Primero acusa y después averigua. Él vende certezas a los vacilantes y atropella dispuesto a dar un rodillazo en la ingle, o un demoledor puñetazo, a cualquiera que desconfíe del derecho de propiedad o se oponga a la guerra y a los negocios.

(395)

1953
Seattle

Robeson

Le prohíben viajar a Canadá o a cualquier otro país. Cuando los obreros canadienses lo invitan, Paul Robeson canta para ellos por teléfono, desde Seattle, y por teléfono les jura que se mantendrá firme mientras haya aliento en su cuerpo.

Robeson, nieto de esclavos, cree que el África es una fuente de orgullo y no un zoológico comprado por Tarzán. Negro de ideas rojas, amigo de los amarillos que en Corea resisten la invasión blanca, él canta en nombre de su pueblo insultado y de todos los pueblos insultados que cantando alzan la cara y secan las lágrimas; y canta con voz de cielo que truena y de tierra que tiembla.

(381)

1953
Santiago de Cuba

Fidel

Al alba del 26 de julio, se lanza al asalto del cuartel Moncada un puñado de muchachos. Armados de dignidad y cubanía y unas pocas escopetas de cazar pajaritos, se baten contra la dictadura de Fulgencio Batista y contra medio siglo de colonia mentida de república.

Algunos, pocos, mueren en la batalla, pero a más de setenta los remata el ejército al cabo de una semana de tormentos. Los torturadores arrancan los ojos de Abel Santamaría y otros prisioneros.

El jefe de la rebelión, prisionero, pronuncia su alegato de defensa. Fidel Castro tiene cara de hombre que todo lo da, que se da todo, sin pedir el vuelto. Los jueces lo escuchan, atónitos, sin perder palabra, pero su palabra no es para los besados por los dioses: él habla para los meados por los diablos, y por ellos, en nombre de ellos, explica lo que ha hecho.

Fidel reivindica el antiguo derecho de rebelión contra el despotismo:

—*Primero se hundirá esta isla en el mar antes de que consintamos en ser esclavos de nadie...*

Majestuoso, cabecea como un árbol. Acusa a Batista y a sus oficiales, que han cambiado el uniforme por el delantal del carnicero. Y expone el programa de la revolución. En Cuba podría haber comida y trabajo para todos, y de sobra:

—*No, eso no es inconcebible...*

(90, 392 y 422)

1953
Santiago de Cuba

El acusado se convierte en fiscal y anuncia: «La historia me absolverá»

...Lo inconcebible es que haya hombres que se acuesten con hambre mientras quede una pulgada de tierra sin sembrar; lo incon-

cebible es que haya niños que mueran sin asistencia médica; lo inconcebible es que el treinta por ciento de nuestros campesinos no sepa firmar y el noventa y nueve por ciento no sepa historia de Cuba; lo inconcebible es que la mayoría de las familias de nuestros campos esté viviendo en peores condiciones que los indios que encontró Colón al descubrir la tierra más hermosa que ojos humanos vieron...

De tanta miseria sólo es posible librarse con la muerte; y a eso sí los ayuda el Estado: a morir. El noventa por ciento de los niños del campo está devorado por parásitos que se les filtran desde la tierra por las uñas de los pies descalzos...

Más de la mitad de las mejores tierras de producción cultivadas, está en manos extranjeras. En Oriente, que es la provincia más ancha, las tierras de la United Fruit Company y de la West Indian unen la costa norte con la costa sur...

Cuba sigue siendo una factoría productora de materia prima. Se exporta azúcar para importar caramelos, se exporta cuero para importar zapatos, se exporta hierro para importar arados...

(90)

1953
Boston

La United Fruit

Trono de bananas, corona de bananas, una banana empuñada a modo de cetro: Sam Zemurray, señor de tierras y mares del reino de la banana, no creía que sus vasallos de Guatemala pudieran darle dolores de cabeza:

—*Los indios son demasiado ignorantes para el marxismo* —solía decir, y era aplaudido por los burócratas de la corte en su palacio real de Boston, Massachusetts.

Guatemala forma parte de los vastos dominios de la United Fruit Company desde hace medio siglo, por obra y gracia de sucesivos decretos de Manuel Estrada Cabrera, que gobernó rodeado de adulones y de espías, lagos de baba, bosques de orejas, y de

Jorge Ubico, que se creía Napoleón pero no era. La United Fruit tiene en Guatemala las tierras que quiere, inmensos campos baldíos, y es dueña del ferrocarril, del teléfono, del telégrafo, de los puertos, de los barcos y de muchos militares, políticos y periodistas.

Las desdichas de Sam Zemurray empezaron cuando el presidente Juan José Arévalo obligó a la empresa a respetar el sindicato y el derecho de huelga. Pero ahora es peor: el nuevo presidente, Jacobo Arbenz, pone en marcha la reforma agraria, arranca a la United Fruit las tierras no cultivadas, empieza a repartirlas entre cien mil familias y actúa como si en Guatemala mandaran los sintierra, los sinletras, los sinpan, los sin.

(50 y 288)

1953
Ciudad de Guatemala

Arbenz

El presidente Truman puso el grito en el cielo cuando los obreros empezaron a ser personas en las plantaciones bananeras de Guatemala. Y ahora el presidente Eisenhower escupe relámpagos ante la expropiación de la United Fruit.

El gobierno de los Estados Unidos considera un atropello que el gobierno de Guatemala se tome en serio los libros de contabilidad de la United Fruit. Arbenz pretende pagar, como indemnización, el valor que la propia empresa había atribuido a sus tierras para defraudar impuestos. John Foster Dulles, Secretario de Estado, exige veinticinco veces más.

Jacobo Arbenz, acusado de conspiración comunista, no se inspira en Lenin sino en Abraham Lincoln. Su reforma agraria, que se propone modernizar el capitalismo en Guatemala, es más moderada que las leyes rurales norteamericanas de hace casi un siglo.

(81 y 416)

1953
San Salvador

Dictador se busca

El general guatemalteco Miguel Ydígoras Fuentes, distinguido matador de indios, vive en el exilio desde la caída del dictador Ubico. Walter Turnbull viene a San Salvador para plantearle un negocio. Turnbull, representante de la United Fruit y de la CIA, le propone que se haga cargo de Guatemala. Se le prestará el dinero necesario para tomar el poder, si se compromete a destruir los sindicatos, restituir a la United Fruit sus tierras y privilegios y devolver hasta el último centavo de este préstamo en un plazo razonable. Ydígoras pide tiempo para pensarlo, aunque desde ya adelanta que las condiciones le parecen abusivas.

En un santiamén se riega la noticia. Unos cuantos guatemaltecos exiliados, militares y civiles, vuelan a Washington a ofrecer sus servicios, y otros corren a golpear a las puertas de las embajadas de los Estados Unidos. José Luis Arenas, presunto amigo del vicepresidente Nixon, asegura que volteará al presidente Arbenz por doscientos mil dólares. El general Federico Ponce dice que dispone de un ejército de diez mil hombres listos para asaltar el Palacio Nacional: anuncia un precio módico, aunque prefiere no hablar de cifras todavía. Sólo pide un pequeño adelanto...

Un cáncer de garganta suprime al candidato preferido de la United Fruit, Juan Córdova Cerna. En su lecho de agonía, el doctor Córdova ronca el nombre de su recomendado, el coronel Carlos Castillo Armas, formado en Fort Leavenworth, Kansas, hombre barato, obediente y burro.

(416 y 471)

1954
Washington

La Máquina de Decidir, pieza por pieza

DWIGHT EISENHOWER: Presidente de los Estados Unidos. Derribó el gobierno de Mohammed Mossadegh, en Irán, porque había nacionalizado el petróleo. Ha dado orden de derribar también el gobierno de Jacobo Arbenz, en Guatemala.

SAM ZEMURRAY: Principal accionista de la United Fruit. Todas sus inquietudes se convierten automáticamente en declaraciones del gobierno de los Estados Unidos y en rifles, morteros, ametralladoras y aviones de la CIA.

JOHN FOSTER DULLES: Secretario de Estado de los Estados Unidos. Fue abogado de la United Fruit.

ALLEN DULLES: Director de la CIA. Hermano de John Foster Dulles. Como él, ha prestado servicios jurídicos a la United Fruit. Juntos organizan la Operación Guatemala.

JOHN MOORS CABOT: Secretario de Estado para Asuntos Interamericanos. Hermano de Thomas Cabot, que fue presidente de la United Fruit.

BEDELL SMITH: Subsecretario de Estado. Sirve de enlace en la Operación Guatemala. Futuro miembro del directorio de la United Fruit.

HENRY CABOT LODGE: Senador. Representante de los Estados Unidos ante las Naciones Unidas. Accionista de la United Fruit. En varias ocasiones ha recibido dinero de esta empresa a cambio de discursos en el Senado.

ANNE WHITMAN: Secretaria personal del presidente Eisenhower. Casada con el jefe de relaciones públicas de la United Fruit.

SPRUILLE BRADEN: Fue embajador de los Estados Unidos en varios países latinoamericanos. Cobra sueldo de la United Fruit desde 1948. Exhorta a Eisenhower, con gran eco de prensa, *a suprimir por la fuerza el comunismo en Guatemala.*

ROBERT HILL: Embajador de los Estados Unidos en Costa Rica. Colabora con la Operación Guatemala. Futuro miembro del directorio de la United Fruit.

JOHN PEURIFOY: Embajador de los Estados Unidos en Guatemala. Llamado *el carnicero de Grecia* por su anterior gestión diplomática en Atenas. No habla una palabra en lengua castellana. Se formó políticamente en el Senado, en Washington, donde trabajó de ascensorista.

(416, 420 y 465)

1954
Boston

La Máquina de Mentir, pieza por pieza

EL MOTOR: Se convierte al verdugo en víctima y a la víctima en verdugo Quienes preparan la invasión de Guatemala desde Honduras, atribuyen a Guatemala la intención de invadir Honduras y toda América Central. *A la vista están los tentáculos del Kremlin,* denuncia John Moors Cabot desde la Casa Blanca. El embajador Peurifoy advierte en Guatemala: *No podemos permitir que se establezca una república soviética desde Texas hasta el Canal de Panamá.* La piedra del escándalo es un cargamento de armas embarcado desde Checoslovaquia. Los Estados Unidos han prohibido la venta de armas a Guatemala.

ENGRANAJE 1: Se bombardea a la opinión pública mundial con noticias y artículos, declaraciones, panfletos, fotografías, películas y tiras cómicas sobre las atrocidades comunistas en Guatemala. Este material pedagógico, que jamás confiesa su origen, proviene de las oficinas de la United Fruit en Boston o de las oficinas del gobierno en Washington.

ENGRANAJE 2: El arzobispo de Guatemala, Mariano Rossell Arellano, exhorta a la población a sublevarse *contra el comunismo enemigo de Dios y de la Patria.* Treinta aviones de la CIA riegan su pastoral por todo el país. El arzobispo hace llegar a la capital la imagen del popular Cristo de Esquipulas, que será nombrado Capitán General de la Cruzada Libertadora.

ENGRANAJE 3: En la Conferencia Panamericana, John Foster Dulles golpea la mesa con el puño y arranca la bendición de la OEA a la proyectada invasión. En las Naciones Unidas, Henry Cabot Lodge bloquea las demandas de auxilio de Jacobo Arbenz. La diplomacia norteamericana se moviliza en todo el mundo. Se obtiene la complicidad de Inglaterra y Francia a cambio de un compromiso de silencio de los Estados Unidos sobre los delicados asuntos del canal de Suez, Chipre e Indochina.

ENGRANAJE 4: Los dictadores de Nicaragua, Honduras, Venezuela y República Dominicana no sólo brindan campos de entrenamiento, emisoras de radio y aeropuertos a la Operación Guatemala. También aportan lo suyo a la campaña de propaganda. Somoza reúne a la prensa internacional en Managua y muestra unas cuantas pistolas que llevan grabado el sello de la hoz y el martillo. Dice que provienen de un submarino ruso y que han sido interceptadas camino de Guatemala.

(416, 420 y 447)

1954
Ciudad de Guatemala

La reconquista de Guatemala

Guatemala no tiene aviones ni batería antiaérea, de modo que los pilotos norteamericanos, en aviones norteamericanos, bombardean el país con toda comodidad.

Una poderosa emisora de la CIA, instalada en la azotea de la embajada de los Estados Unidos, difunde confusión y pánico en todo el país: la Máquina de Mentir informa al mundo que ésa es la radio rebelde, La Voz de la Liberación, transmitiendo desde la jungla de Guatemala la marcha triunfal del coronel Castillo Armas. Mientras tanto, Castillo Armas, acampado con toda su tropa en una plantación de la United Fruit en Honduras, espera órdenes de la Máquina de Decidir.

El gobierno de Arbenz asiste, paralizado, a su propio derrumbe. Los bombardeos aéreos llegan a la capital y revientan los depósitos de combustible. El gobierno se limita a enterrar a los muertos. El ejército mercenario, *Dios, Patria, Libertad,* atraviesa la frontera. No encuentra resistencia. Por dinero o por miedo, los jefes militares rinden sus tropas sin disparar un tiro. Un médico argentino de veintipocos años, Ernesto Guevara, intenta, en vano, organizar la defensa popular en la capital: no sabe cómo ni tiene con qué. Improvisadas milicias deambulan, desarmadas, por las calles. Cuando Arbenz manda, por fin, abrir los arsenales, los oficiales se niegan a obedecer. Uno de estos días sombríos y sin grandeza, Guevara sufre un ataque de asma y de indignación; y una medianoche, al cabo de dos semanas de bombardeos, el presidente Arbenz baja lentamente las escalinatas del Palacio Nacional, cruza la calle y pide asilo en la embajada de México.

(81, 416, 420 y 447)

1954
Mazatenango

Miguel a los cuarenta y nueve

Al canto de las aves, antes de la primera luz, afilan los machetes. Y al galope llegan a Mazatenango, en busca de Miguel. Los verdugos van haciendo cruces en la larga lista de los marcados para morir, mientras el ejército de Castillo Armas se apodera de Guatemala. Miguel figura en quinto lugar entre los más peligrosos, condenado por rojo y por extranjero metelíos. Desde que llegó corrido desde El Salvador, no ha parado un instante en su tarea de agitar obreros.

Le echan los perros. Quieren llevárselo colgado de un caballo y exhibirlo por los caminos con la garganta abierta de un machetazo. Pero Miguel es bicho muy vivido y sabido y se pierde en los yuyales.

Y así ocurre el décimo nacimiento de Miguel Mármol, a los cuarenta y nueve años de su edad.

(222)

1954
Ciudad de Guatemala

Noticiero

El arzobispo de Guatemala declara: *Admiro el sincero y ardiente patriotismo del presidente Castillo Armas.* En ambiente de gran algarabía, Castillo Armas recibe la bendición del nuncio papal, monseñor Genaro Verrolino.

El presidente Eisenhower felicita en la Casa Blanca a los responsables de la CIA. Les dice: *Gracias por haber eliminado una cabeza de playa soviética en nuestro hemisferio.*

El jefe de la CIA, Allen Dulles, encarga a un periodista de la revista «Time» la redacción de una nueva Constitución para Guatemala.

La revista «Time» publica un poema de la esposa del embajador de los Estados Unidos en Guatemala. Dice el poema que el señor y la señora Peurifoy están *optimistic* porque Guatemala ha dejado de ser *comunistic*.

En la primera reunión con el embajador después del triunfo, el presidente Castillo Armas expresa su preocupación por la insuficiencia de las cárceles locales, que no disponen de las celdas necesarias para encerrar a los comunistas. Según las listas enviadas desde Washington por el Departamento de Estado, los comunistas guatemaltecos suman 72.000.

Se celebra una fiesta en la embajada. Cuatrocientos guatemaltecos invitados cantan a coro el himno de los Estados Unidos de América.

(416 y 420)

1954
Río de Janeiro

Getulio

Quiere borrar la memoria de su propia dictadura, viejo tiempo policial y siniestro, y en estos últimos años gobierna al Brasil como nadie nunca lo había hecho.

Se pone del lado de los salarios, no de las ganancias. De inmediato los empresarios le declaran la guerra.

Para que el Brasil deje de ser un colador, tapona la hemorragia de riquezas. De inmediato los capitales extranjeros se lanzan al sabotaje.

Recupera el petróleo y la energía, que son la soberanía nacional tanto o más que el himno y la bandera. De inmediato los monopolios, ofendidos, le responden con una feroz ofensiva.

Defiende el precio del café sin arrojar a la hoguera, como era costumbre, la mitad de la cosecha. De inmediato los Estados Unidos reducen a la mitad sus compras.

En el Brasil, periodistas y políticos de todos los colores y comarcas suman sus voces al coro del escándalo.

Getulio Vargas ha gobernado de pie. Cuando lo obligan a agacharse, elige la dignidad de la muerte. Alza el revólver, apunta contra su propio corazón y dispara.

(427, 429 y 432)

1955
Medellín

Nostalgias

Ya va para veinte años que se incendió Carlos Gardel. La ciudad colombiana de Medellín, donde la tragedia ocurrió, se ha convertido en un centro de peregrinación y culto.

Los devotos de Gardel se reconocen por el sombrero inclinado, el pantalón rayado y el andar meneado. Se peinan a la gomina, miran de reojo y sonríen torcido. Se florean en cortes y quebradas, como en perpetuo bailongo, cuando van a dar la mano, encender un cigarrillo o echar tiza al taco de billar. Trasnochan recostados contra algún farol arrabalero, silbando o tarareando tangos que explican que las mujeres son todas putas menos mamá, santa viejecita que Dios tenga en la gloria.

Algunos devotos, locales o venidos de Buenos Aires, venden reliquias del ídolo. Hay uno que ofrece dientes. Explicando que él estaba por allí nomás cuando estalló el avión, lleva vendidos más de mil trescientos legítimos dientes de Gardel, a un promedio de doce dólares la pieza. Hace ya unos cuantos años que colocó el primer diente. Lo compró un turista de Nueva York, miembro del Gardel Fans Club. Al ver el souvenir, el cliente no pudo evitar que se le piantara un lagrimón.

(184)

1955
Asunción

Melancolías

Cuando comete la imperdonable ley de divorcio, la Iglesia le hace la cruz que le faltaba. Los militares conspiran sin disimulo, a la descarada luz del día, hasta voltearlo. La noticia se celebra en los salones y se llora en las cocinas: Perón ha caído.

Sin oponer resistencia, Perón abandona la Argentina. Se marcha al Paraguay, al exilio.

En Asunción, vive días tristes. Se siente vencido, viejo y solo. Dice que su gesto de renunciamiento ha evitado un millón de muertos, pero también dice que el pueblo no supo defender lo que él le dio y que por ingrato merece las desgracias que le ocurrirán: que el pueblo piensa con la panza, no con la cabeza ni con el corazón.

Está una mañana Perón confidenciando amarguras en casa de su anfitrión, Ricardo Gayol, cuando en eso entrecierra los ojos y dice:

—*Mi sonrisa los tenía locos. Mi sonrisa...*

Alza entonces los brazos y sonríe como si estuviera en el balcón, ante la plaza repleta de gente que lo ovaciona.

—*¿Quiere mi sonrisa?*

El anfitrión lo mira, estupefacto.

—*Téngala, se la doy* —dice Perón. Se lleva dos dedos a la boca y le pone en la palma de la mano una dentadura postiza.

(327)

1955
Ciudad de Guatemala

Un año después de la reconquista de Guatemala,

Richard Nixon visita esta tierra ocupada. El sindicato de los trabajadores de la United Fruit y otros quinientos treinta y dos sindicatos han sido prohibidos por el nuevo gobierno. Ahora el Código Penal condena a muerte a los autores de huelgas. Los partidos políticos están fuera de la ley. Se arrojan a la hoguera los libros de Dostoievski y otros soviéticos.

El reino de la banana ha sido salvado de la reforma agraria. El vice-presidente de los Estados Unidos felicita al presidente Castillo Armas. Por primera vez en la historia, dice Nixon, un gobierno comunista ha sido reemplazado por un gobierno libre.

(416 y 420)

1956
Buenos Aires

Decide el gobierno que el peronismo no existe

Mientras fusila obreros en los basurales, la dictadura militar argentina decreta la inexistencia de Perón, Evita y el peronismo. Queda prohibido mencionar sus nombres y sus fechas. Sus imágenes son delito. Se manda demoler la residencia presidencial, hasta la última piedra, como si contagiara la peste.

Pero, ¿qué hacer con el cadáver embalsamado de Evita? Ella es el símbolo más peligroso de la soberbia de la chusma, el estandarte de la soliviantada plebe que durante diez años se ha paseado por el poder como Perico por su casa. Los generales arrojan el cuerpo dentro de una caja, bajo una etiqueta de *Equipos de radio,* y lo mandan al destierro. Adónde, es secreto. Dicen que dicen que a Europa, o a una isla en medio de la mar. Evita se convierte en una muerta errante, que viaja en secreto por lejanos cementerios, expul sada del país por los generales que no saben, o no quieren saber, que ella yace en su gente.

(311 y 327)

1956
León

El hijo de Somoza

Santa Marta, Santa ˏMarta tiene tren, musiquean los musiqueros, bailotean los bailanderos, *Santa Marta tiene tren pero no tiene tranvía;* y en plena fiesta Rigoberto López Pérez, poeta, dueño de nada, voltea de cuatro balazos al dueño de todo.

Un avión norteamericano se lleva al moribundo Tacho Somoza a un hospital norteamericano, en la zona norteamericana del canal de Panamá, y en lecho norteamericano muere. Después lo entierran en Nicaragua, con honores de Príncipe de la Iglesia.

Somoza llevaba veinte años en el poder. Cada seis años levantaba por un día el estado de sitio y celebraba elecciones que lo confirmaban en el trono. Luis, el hijo mayor, el heredero, es ahora el hombre más rico y poderoso de América Central. El presidente Eisenhower lo felicita desde Washington.

Luis Somoza se inclina ante la estatua de su padre, héroe de bronce que galopa, inmóvil, en pleno centro de Managua. A la sombra de las patas del caballo, pide consejo al fundador de la dinastía, guía del buen gobierno, multiplicador de cárceles y negocios; y después cubre de flores su tumba monumental.

Burlando la vigilancia de la guardia de honor, la mano de alguien, mano de todos, ha garabateado de apuro este epitafio sobre el mármol de la tumba: *Aquí yace Somoza, algo más podrido que en vida.*

(10, 102 y 460)

1956
Santo Domingo

En el año 26 de la Era de Trujillo

su imagen se vende en los mercados, entre las estampitas de la Virgen María, san Jorge y otros milagrosos:

—*¡Santos, santos baratos!*

Nada de lo dominicano le es ajeno. Le pertenece todo: la primera noche de las vírgenes y la última voluntad de los moribundos, las gentes y las vacas, la flota de aviones y la cadena de prostíbulos, los ingenios de azúcar y los molinos de trigo, la fábrica de cerveza y la planta embotelladora de pócimas de la virilidad.

Desde hace veintiséis años, Trujillo ejerce la vice-presidencia de Dios en la República Dominicana. Cada cuatro años, la fórmula ha sido bendita por democráticas elecciones: *Dios y Trujillo,* proclaman los carteles en todos los muros y todas las puertas.

En su obra *Meditaciones morales,* que le valió el título de Primera Dama de las Letras Antillanas, doña María de Trujillo ha comparado a su marido con el Cid Campeador y con Napoleón Bonaparte. La rechoncha doña María, que durante la semana practica la usura y los domingos la mística, ha sido a su vez comparada con santa Teresa de Jesús por la crítica local.

Con espada del Cid o sombrero de Napoleón, Trujillo posa para las estatuas. Las estatuas lo multiplican en bronce o mármol, con el mentón que no tiene y sin la papada que tiene. Miles de estatuas: desde lo alto de los pedestales, Trujillo cabalga y vigila hasta el último rincón de cada ciudad o pueblito. En este país no caga una mosca sin su permiso.

(63 y 101)

1956
La Habana

Noticiero

El ejército cubano ha desbaratado una expedición armada proveniente de México. El ejército tendió un cerco en torno a los invasores y los ametralló y bombardeó por tierra y aire, en un lugar llamado Alegría de Pío, en la provincia de Oriente. Entre los numerosos muertos figuran Fidel Castro, cabecilla de la banda, y el agitador comunista argentino Ernesto Guevara.

Tras haber disfrutado de una larga temporada en la ciudad de Nueva York, han regresado a La Habana el doctor Ernesto Sarrá y su gentilísima y elegante esposa Loló, figuras del más alto rango en los círculos sociales de esta capital.

También desde Nueva York, ha llegado Bing Crosby. Sin quitarse el gabán ni el sombrero de castor, el popular cantante declaró en el aeropuerto: *He venido a Cuba a jugar al golf.*

Una joven habanera estuvo a punto de ganar el premio máximo en el certamen «Escuela de TV», pero se retiró al contestar la penúltima pregunta. La última, que quedó sin respuesta, era: *¿Cómo se llama el río que atraviesa París?*

Extraordinario programa se correrá mañana en el hipódromo de Marianao.

(98)

1956
Al pie de la Sierra Maestra

Los doce locos

Una semana pasan sin dormir, vomitando, apretados como sardinas en lata, mientras el viento norte se divierte jugando con el barquito *Granma*. Después de mucho subibaja en las aguas del golfo de México, desembarcan en lugar equivocado. A poco andar los barre la metralla o los queman vivos las bombas incendiarias.

Casi todos caen en la matanza. Los sobrevivientes caminan orientándose por el cielo, pero se confunden de estrellas. Los pantanos les tragan las mochilas y las armas. No tienen para comer más que caña de azúcar y van regando a su paso el bagazo delator. Pierden las latas de leche condensada, por llevarlas con los agujeritos para abajo. En un descuido mezclan con agua de mar la poca agua dulce que les queda. Se pierden, se buscan. Al fin un grupito descubre a otro grupito en los acantilados, por error, y así se juntan los doce salvados de la aniquilación.

Estos hombres o sombras tienen en total siete fusiles, unas pocas municiones mojadas y muchas llagas y heridas. No han cesado de meter la pata desde que empezó la invasión. Pero esta noche está el cielo blanco de estrellas y se respira un aire más fresco y limpio que nunca, así que Fidel dice, plantado ante las lomas de la Sierra Maestra:

—*Ya ganamos la guerra. ¡Se jodió Batista!*

(98 y 209)

1957
Benidorm

Los naipes marcados

Acuerdo conyugal entre conservadores y liberales. En una playa del mar Mediterráneo, los políticos colombianos firman la componenda que pone fin a diez años de exterminio mutuo. Mutua amnistía se conceden los dos grandes partidos. Desde ahora, alternarán la presidencia y repartirán los empleos. Colombia podrá votar, pero no elegir. Liberales y conservadores se turnarán en el poder, para garantizar juntos el derecho de propiedad y de herencia sobre el país que sus familias han comprado o recibido de regalo.

Este pacto del riquerío es una mala noticia para la pobrecía.

(8, 217 y 408)

1957
Majagual

El santo Huevo de Colombia

Quemando pueblos y matando indios, arrasando bosques y clavando alambradas, los señores de la tierra han ido empujando a los campesinos contra las riberas de los ríos, en la región de la costa colombiana. Muchos campesinos se han negado a servir de peones esclavos en las haciendas y se han hecho pescadores y artistas del aguante y del rebusque. De tanto comer tortuga, han aprendido de ella: la tortuga no suelta lo que atrapa con la boca y sabe sepultarse en los playones mientras dura el tiempo seco y los gavilanes amenazan. Con eso y la ayuda de Dios, se va viviendo.

Pocos frailes quedan en estas comarcas calientes. Aquí en la costa, nadie se toma la misa en serio. De la boda y del trabajo huye quien no sea paralítico y para mejor disfrutar los siete pecados capitales duerme la gente infinitas siestas en la hamaca. Aquí Dios es un amado compinche y no un jefe de policía rezongón y condenador.

Muerto está el aburrido Cristo del pueblo de Jegua, muñeco roto que no suda, ni sangra, ni hace milagros, ni tiene quien le limpie la mierda de murciélagos desde que el cura huyó llevándose toda la platería. Pero en cambio está bien vivo, sudando y sangrando y milagreando, Nuestro Señor el Negrito, el Cristo moreno del pueblo de San Benito Abad, que da consuelo a quien sepa acariciarlo con ganas. Y vivos están, y coleando, los santos parranderos que cada dos por tres aparecen por la costa colombiana y aquí se quedan.

Una noche de tormenta, los pescadores descubrieron el rostro de Dios, fulgurante a la luz de los relámpagos, en una piedra con forma de huevo. Desde entonces celebran los milagros del santo Huevo bailándole cumbias y bebiendo a su salud.

El cura párroco del pueblo de Majagual anuncia que subirá por el río, a la cabeza de un batallón de cruzados, arrojará esa sacrílega piedra al fondo de las aguas y prenderá fuego a la capillita de palma.

En la capillita, donde se ofrecen misas muy musiqueras, los pescadores montan guardia alrededor del santo Huevo. Hacha en mano, día y noche.

(159)

1957
Sucre

Santo Lucío

Mientras el cura de Majagual declara la guerra al santo Huevo, el cura de Sucre expulsa del templo a santa Lucía, porque santa con pene nunca se vio.

Al principio pareció un ganglio, un bultito en el cuello, y después fue bajando, bajando, y creciendo, creciendo, bajo la sagrada túnica cada día más corta. Todo el mundo se hacía el distraído, hasta que por fin un niño gritó la terrible evidencia:

—*¡Santa Lucía tiene picha!*

Condenado al exilio, santo Lucío encuentra refugio en un rancho, no lejos de donde se alza el templito del santo Huevo. Al tiempo, los pescadores le elevan un altar, porque santo Lucío es fiestero y confianzudo, comparte las juergas de sus fieles, les escucha los secretos y se alegra cuando es verano y vienen subiendo los peces.

Él, que supo ser ella, no figura en el santoral del almanaque Brístol. Tampoco el santo Huevo ha sido canonizado por el Papa de Roma. Ni la santa Tabla, desprendida de la caja de jabones donde una lavandera encontró a la Virgen María, ni san Riñón, humilde riñón de vaca donde un matarife vio la corona de espinas de Cristo. Ni santo Domingo Vidal.

(159)

1957
A orillas del río Sinú

Santo Domingo Vidal

Era enano y paralítico. El pueblo lo nombró santo, santo Domingo Vidal, porque su palabra sentipensante adivinaba a qué lugar de esta costa colombiana había ido a parar el caballo perdido y qué gallito ganaría la próxima riña. Nunca quiso cobrar nada por enseñar a los pobres a leer y a defenderse de las langostas y de los terratenientes tragones.

Hijo de Lucifer, lo llamó la Iglesia. Un cura lo arrancó de su tumba, dentro de la capilla del pueblo de Chimá, y a golpes de hacha y martillo le rompió los huesos. Sus rotos restos fueron a parar a un rincón de la plaza, y otro cura quiso tirarlos a la basura. El primer cura murió retorciéndose, con sus manos convertidas en garras, y el otro acabó sin aire, revolcándose en su propia mierda.

Como el santo Huevo, o santo Lucío, o tantos otros colegas lugareños, santo Domingo Vidal continuó alegremente vivo en el fervor de todos los que aquí aman y en el bullanguero remolino de las gentes del común, que comparten la feroz lucha por la tierra y la fiesta de sus frutos.

Santo Domingo Vidal ampara la antigua costumbre de los caseríos del río Sinú, que se visitan ofreciéndose homenajes de comida. Los vecinos de un pueblo llevan en andas, hasta la plaza de otro pueblo, largas mesas cargadas de flores y delicias del río y sus orillas, sancocho de dorada o sábalo, postas de bagre, huevos de iguana, arroz de coco, mote de queso, dulce de mongomongo; y mientras el pueblo regalado come, los regaladores cantan y bailan a su alrededor.

(160)

1957
Pino del Agua

Crucito

Batista ofrece trescientos pesos y una vaca parida a quien le traiga a Fidel Castro vivo o muerto.

Por las crestas de la sierra Maestra, andan y crecen los guerrilleros. Rápidamente aprenden las reglas de la guerra en la manigua. Aprenden a desconfiar y a caminar de noche y a jamás dormir dos veces en el mismo sitio, y sobre todo aprenden a entenderse con la gente del lugar.

Cuando los doce destartalados sobrevivientes llegaron a esta sierra, no conocían ni a un solo campesino; y del río Yara sabían por la canción que lo menciona. Pocos meses después, hay unos cuantos campesinos en las filas rebeldes, hombres de esos que durante la zafra cortan caña un tiempito y después son arrojados al hambre en tierra ajena; y los guerrilleros conocen y reconocen estas comarcas como si en ellas hubieran nacido. Saben los nombres de los lugares; y si no, los bautizan a su manera. Al arroyo de la Muerte lo han llamado así porque en ese arroyo desertó un guerrillero que a gritos había jurado que pelearía hasta la muerte.

Otros mueren peleando, sin haber jurado nada.

Mientras fumaba su pipa en los descansos, José de la Cruz, Crucito, trovador de la sierra, había compuesto en décimas guajiras toda la historia de la revolución cubana. A falta de papel, guardaba las décimas en la memoria. Se las llevó la bala que acaba de matarlo en el farallón de Pino del Agua, durante la emboscada a los camiones del ejército.

(209)

1957
El Uvero

Almeida

Juan Almeida dice que tiene adentro una alegría que todo el tiempo le hace cosquillas y lo obliga a reír y a saltar, muy porfiada alegría si se tiene en cuenta que Almeida nació pobre y negro en esta isla de playas privadas cerradas a los pobres por pobres y a los negros porque tiñen el agua, y que para más maldición decidió hacerse peón de albañil y poeta, y que por si fueran pocas las complicaciones echó a rodar la vida en este juego de dados de la revolución cubana y fue conquistador del Moncada y fue condenado a prisión y a destierro y fue navegante del *Granma* antes de ser el guerrillero que está siendo y que acaba de recibir dos balazos, no mortales pero jodidos, uno en la pierna izquierda y otro en el hombro, durante el combate de tres horas contra el cuartel del Uvero, a orillas de la mar.

(209)

1957
Santiago de Cuba

Retrato de un embajador imperial

Earl Smith, embajador de los Estados Unidos, recibe las llaves de la ciudad de Santiago de Cuba. Mientras ocurre la ceremonia y se derraman, caudalosos, los discursos, un clamor viene creciendo al otro lado de las cortinas. El embajador se asoma discretamente al ventanal y alcanza a ver una cantidad de mujeres vestidas de negro, que avanzan cantando el himno nacional y gritando *libertad*. Los policías las derriban a garrotazos.

Al día siguiente, el embajador visita la base militar norteamericana de Guantánamo. Después recorre las minas de hierro y níquel de la Freeport Sulphur Company, que gracias a sus empeñosas gestiones acaban de ser exoneradas de impuestos.

El embajador hace público su disgusto por los garrotazos de la policía, aunque reconoce que el gobierno tiene derecho a defenderse de la agresión comunista. Los asesores han explicado al embajador que Fidel es anormal desde la infancia, por haberse caído de una motocicleta en marcha.

El embajador, que fue campeón de box en sus tiempos de estudiante, considera que hay que sostener a cualquier precio al general Batista. Batista jamás negará protección a ninguna cosa o persona que sea de los Estados Unidos. Con Batista en el poder, los turistas pueden elegir por foto, desde el avión, su linda mulata para el fin de semana. La Habana es una ciudad norteamericana llena de máquinas traganíqueles de Nevada y mafiosos de Chicago y con muchos teléfonos para pedir que le traigan a uno la cena caliente en el próximo vuelo desde Miami.

(431)

1957
El Hombrito

El Che

En el valle del Hombrito, los rebeldes mandan. Aquí han instalado un horno de pan, una imprenta, que consiste en un viejo mimeógrafo, y un consultorio médico que funciona en un bohío de una sola pieza. El médico es Ernesto Guevara, llamado el Che, que de argentino tiene, además del sobrenombre, ciertas costumbres como el mate y la ironía. Peregrino de América, se incorporó a las fuerzas de Fidel en México. Allí había ido a parar después de la caída de Guatemala y se ganaba la vida como fotógrafo, a peso la foto, y vendiendo estampitas de la Virgen de Guadalupe.

En el consultorio del Hombrito, el Che atiende a una caravana de niños barrigudos, casi enanos, y muchachas viejas, gastadas en pocos años de mucho parir y poco comer, y hombres que son como pellejos secos y vacíos, porque la miseria va convirtiendo a cada cual en su propia momia.

El año pasado, cuando la metralla arrasó a los guerrilleros a poco de llegar, el Che tuvo que elegir entre una caja de balas y una caja de remedios. No podía cargar con las dos, y prefirió la caja de balas. Ahora acaricia su viejo fusil Thompson, que es el único instrumento de cirugía en el que de veras cree.

(209)

Chana la Vieja, campesina de la Sierra Maestra, lo recordará así:

Pobrecito el Che. Yo siempre lo veía con aquella carga de su asma y decía: «Ay, Virgen». Para el asma él se quedaba tranquilito, respirando bajo. Hay persona que con el asma se pone histérica, tose y abre los ojos y abre la boca. Pero el Che trataba de amansar el asma. Se tiraba en un rincón para que el asma descanse.

A él no le gustaba la lástima. Si una le decía: «Pobrecito», él le echaba a una una miradita rápida que no quería decir nada y quería decir mucho.

Yo le preparaba algo *calientico*, que *le* pasara por el pecho y
lo aliviara. Él, muy zalamero, me decía: «Ah, la novia mía». Pero
de canalla que era.

(338)

1958
Estocolmo

Pelé

Resplandece el fútbol brasileño, que baila y hace bailar. En el Campeonato Mundial de Suecia, se consagran Pelé y Garrincha, para
desmentir a quienes dicen que los negros no sirven para jugar en
clima frío.

Pelé, flaquito, casi niño, hincha el pecho, para impresionar, y
alza el mentón. Él juega al fútbol como jugaría Dios, si Dios deci-
diera dedicarse seriamente al asunto. Pelé cita a la pelota donde
sea y cuando sea y como sea, y ella nunca le falla. A los altos aires
la envía: ella describe una amplia curva y vuelve al pie, obediente,
agradecida, o quizás atada por un elástico invisible. Pelé la levanta,
encoge el pecho, la deja rodar suavemente por el cuerpo: sin que
toque el suelo la va cambiando de pierna mientras se lanza, corre
que te corre, camino del gol. No hay quien pueda atraparlo, a lazo
ni a balazo, hasta que deja la pelota clavada, blanca, fulgurante, en
el fondo de la red.

Dentro y fuera de la cancha, se cuida. Jamás pierde un minuto
de su tiempo, ni se le cae nunca una moneda del bolsillo. Hasta
hace poco, lustraba zapatos en los muelles del puerto. Pelé ha nacido
para subir; y lo sabe.

(279)

1958
Estocolmo

Garrincha

Amaga Garrincha tumbando rivales. Media vuelta, vuelta completa. Hace como que va, pero viene. Hace como que viene, pero va. Los rivales caen despatarrados al suelo, uno tras otro, culo en tierra, piernas al aire, como si Garrincha desparramara cáscaras de banana. Cuando ha eludido a todos, incluyendo al arquero, se sienta sobre la pelota, en la línea de gol. Entonces, retrocede y vuelve a empezar. Los hinchas se divierten con sus diabluras, pero los dirigentes se arrancan los pelos: Garrincha juega por reír, no por ganar, alegre pájaro de patas chuecas, y se olvida del resultado. Él todavía cree que el fútbol es una fiesta, no un empleo ni un negocio. Le gusta jugar a cambio de nada o por unas cervezas, en playas y campitos.

Tiene muchos hijos, propios y arrimados. Bebe y come como si fuera la última vez. Manoabierta, todo lo da, todo lo pierde. Garrincha ha nacido para derrumbarse; y no lo sabe.

(22)

1958
Sierra Maestra

La revolución es un imparable ciempiés

En plena guerra, bajo las balas, Fidel hace la reforma agraria en la Sierra Maestra. Los campesinos reciben su primera tierra y al mismo tiempo su primer médico, su primer maestro y hasta su primer juez, que dicen que es menos peligroso que el machete para dirimir un pleito.

Más de diez mil soldados del ejército de Batista vienen sufriendo derrota tras derrota. El ejército rebelde es infinitamente menor y está todavía mal armado, pero lleva pueblo abajo, encima, adentro, adelante y atrás.

El futuro es ahora. Fidel lanza la ofensiva final, la invasión
de punta a punta. En dos columnas, una al mando del Che Guevara,
la otra al mando de Camilo Cienfuegos, ciento sesenta guerrilleros
salen de las montañas a la conquista del llano.

(98 y 209)

1958
Yaguajay

Camilo

Atravesando como por magia bombardeos y emboscadas, las columnas invasoras llegan al centro de la isla. Queda Cuba cortada
en dos cuando Camilo Cienfuegos se hace dueño del cuartel de Yaguajay, tras once días de combate, y el Che Guevara entra en la
ciudad de Santa Clara. La fulminante ofensiva arrebata a Batista la
mitad del país.

Camilo Cienfuegos es corajudo y glotón. Pelea tan de cerca que
cuando mata pesca en el aire, sin que toque el suelo, el fusil del
enemigo. Varias veces ha estado a punto de morir de bala y una
vez casi murió de cabrito, por engullir un cabrito entero después
de mucho tiempo de andar comiendo un día no y otro tampoco.

Camilo tiene barba y melena de profeta bíblico, pero no es hombre de ceño fruncido sino de risa abierta de oreja a oreja. La gesta
épica que más lo enorgullece es aquella ocasión en que engañó a
una avioneta militar, en la sierra, echándose encima un botellón de
yodo y acostándose, quietito, con los brazos en cruz.

(210 y 179)

1959
La Habana

Cuba amanece sin Batista

en el primer día del año. Mientras el dictador aterriza en Santo Domingo y pide refugio a su colega Trujillo, en La Habana los verdugos huyen, sálvese quien pueda, en estampida.

Earl Smith, embajador norteamericano, comprueba, horrorizado, que las calles han sido invadidas por la chusma y por unos cuantos guerrilleros sucios, peludos, descalzos, igualitos a la pandilla de Dillinger, que bailan guaguancó marcando a tiros el compás.

(98 y 431)

La rumba

El guaguancó es un modo de la rumba y todo cubano que se respete es rumbero de fundamento: rumbero en la paz, en la guerra y en todo lo de entremedio. Hasta para fajarse arma rumba el cubano, y entra al baile de los balazos como arrolla la multitud tras los tambores que la llaman:

—*Yo gozo. Y si me tumban, mala suerte. Pero gozo.*

En cualquier calle o tierral se suelta la música y no hay quien la pare. Suena la rumba en tambores o cajones, y si no hay tambores ni cajones suena en los cuerpos, suena en el aire; y hasta las orejas bailan.

(86, 198 y 324)

1959
La Habana

Retrato de un Casanova del Caribe

También Porfirio Rubirosa, embajador dominicano, asiste con pavor al espeluznante espectáculo. No desayuna más que café. Las novedades le han quitado el hambre. Mientras un ejército de sirvientes clava cajones y cierra baúles y valijas, Rubirosa enciende nerviosamente un cigarrillo y pone a girar en el tocadiscos su canción preferida, que se llama *Sabor a mí.*

En su cama, es fama, jamás se pone el sol. El hombre de Trujillo en Cuba es un célebre encantador de princesas, herederas y estrellas de cine. Rubirosa las cubre de piropos y les toca el ukelele antes de darles el amor o la paliza.

Hay quien dice que su tremenda energía viene de la infancia, de cuando le daban a beber leche de teta de sirena. Los patriotas aseguran que el secreto está en el *pega-palo,* planta silvestre dominicana, un elixir de la virilidad que Trujillo elabora y exporta a los Estados Unidos.

Rubirosa comenzó su carrera cuando Trujillo lo hizo yerno. La continuó como embajador en París, vendiendo visas a los judíos perseguidos por Hitler. La perfeccionó casándose con las multimillonarias Doris Duke y Bárbara Hutton. Es el olor del dinero el que excita al Casanova del Trópico, como a los tiburones el olor de la sangre.

(100)

1959
La Habana

«Sólo nos hemos ganado el derecho a comenzar»,

dice Fidel, que llega en lo alto de un tanque desde la sierra Maestra. Ante el gentío que hierve, explica que es no más que un principio todo esto que parece un final. Mientras habla, las palomas descansan en sus hombros.

Está sin cultivar la mitad de la tierra. Dicen las estadísticas que el año pasado ha sido el más próspero de la historia de Cuba; pero los campesinos, que no saben leer estadísticas ni ninguna otra cosa, no lo han notado para nada. Desde ahora, otro gallo cantará: para que cante, la reforma agraria y la alfabetización son, como en la sierra, las tareas más urgentes. Y antes, la liquidación de este ejército de carniceros. Los más feroces van al paredón. El torturador llamado Rompehuesos se desmaya cada vez que el pelotón apunta. Lo tienen que amarrar a un poste.

(91)

1960
Brasilia

Una ciudad o delirio en medio de la nada

El Brasil estrena nueva capital. Nace Brasilia, súbita, en el centro de una cruz trazada sobre el polvo rojo del desierto, muy lejos de la costa, muy lejos de todo.

A ritmo alucinante ha sido construida. Durante tres años éste fue un hormiguero donde los obreros y los técnicos trabajaron hombro con hombro noche y día, compartiendo la tarea y el plato y el techo. Pero cuando Brasilia queda terminada, termina la fugaz ilusión de la fraternidad. Se cierran de golpe las puertas: la ciudad no sirve a los sirvientes. Brasilia deja afuera a quienes la alzaron con sus manos. Ellos vivirán amontonados en los rancheríos que brotan a la buena de Dios en las afueras.

Ésta es la ciudad del gobierno, la casa del poder, sin pueblo en las plazas ni veredas para caminar. Brasilia está en la luna: blanca, luminosa, flota allá lejos, allá arriba, por encima del Brasil y a salvo de sus mugres y sus locuras.

No la había soñado así Oscar Niemeyer, el arquitecto de sus palacios. Cuando se celebra la gran fiesta inaugural, Niemeyer no aparece en el palco.

(69 y 315)

1960
Río de Janeiro

Niemeyer

Odia el ángulo recto y el capitalismo. Contra el capitalismo no es mucho lo que puede hacer; pero contra el ángulo recto, opresor del espacio, triunfa su arquitectura libre y sensual y leve como las nubes.

Niemeyer concibe la morada humana en forma de cuerpo de mujer, costa sinuosa o fruta del trópico. También en forma de montaña, si la montaña se recorta en bellas curvas contra el cielo, como es el caso de las montañas de Río de Janeiro, diseñadas por Dios el día aquel en que Dios se creyó Niemeyer.

(315)

1960
Río de Janeiro

Guimaraes Rosa

También osado y ondulante es el lenguaje de Guimaraes Rosa, que construye casas de palabras.

Crea obras calientes de pasión este señor formal, cumplidor de horarios, incapaz de cruzar la calle con luz roja. Sopla feroz la tragedia en los cuentos y las novelas de este sonriente diplomático de carrera. Escribiendo viola todas las normas este burgués conservador que sueña con ingresar a la Academia.

1960
Artemisa

Miles y miles de machetes

se agitan en el aire, se afilan rozándose unos con otros, frotándose, entrechocando, temple y filo, y ese chás-chás de los machetes es la guerrera música de fondo para la canción o discurso que Fidel está pronunciando desde la tribuna. Al oriente de la isla, ante los obreros del azúcar, Fidel explica por qué su gobierno ha expropiado la empresa petrolera Texaco.

Ante cada golpe, Cuba responde ni cayendo ni callando. El Departamento de Estado no acepta la reforma agraria: Cuba entrega a los campesinos los latifundios norteamericanos. Eisenhower envía aviones a incendiar cañaverales y amenaza con no comprar azúcar cubano: Cuba rompe el monopolio comercial cambiando azúcar por petróleo a la Unión Soviética. Las empresas petroleras norteamericanas se niegan a refinar petróleo soviético: Cuba las nacionaliza.

Cada discurso es un curso. Durante horas y horas Fidel razona, pregunta, aprende y enseña, defiende y acusa, mientras Cuba se abre paso, a tientas todavía; y cada paso busca camino.

(91)

1961
Santo Domingo

En el año 31 de la Era de Trujillo

El pisapapeles es un guante de béisbol de porcelana, entre dorados cupidos y danzarinas. Rodeado de bustos de Trujillo y fotos de Trujillo, Trujillo repasa las últimas listas de conspiradores, enviadas por sus espías. Con mano desdeñosa tacha algunos nombres, hombres y mujeres que no amanecerán, mientras los torturadores arrancan nuevos nombres a los presos que aúllan en la fortaleza de Ozama.

Las listas inspiran a Trujillo tristes reflexiones. A la cabeza de los conspiradores figuran el embajador de los Estados Unidos y el arzobispo primado de las Indias, que hasta ayer nomás compartían su gobierno. El Imperio y la Iglesia reniegan ahora del hijo tan fiel, que se ha vuelto impresentable a los ojos del mundo, y escupen su mano pródiga. Mucho duele tamaña ingratitud al autor del desarrollo capitalista de la República Dominicana. Y sin embargo, entre todas las condecoraciones que le cuelgan del pecho y la barriga y las paredes, Trujillo sigue prefiriendo la Gran Cruz de la Orden de San Gregorio Magno, que le otorgó el Vaticano, y la medallita que hace muchos años recompensó sus servicios a la Infantería de Marina de los Estados Unidos.

Hasta la muerte será Centinela de Occidente, a pesar de todos los pesares, el hombre que ha sido oficialmente llamado Benefactor de la Patria, Salvador de la Patria, Padre de la Patria, Restaurador de la Independencia Financiera, Campeón de la Paz Mundial, Protector de la Cultura, Primer Anticomunista de las Américas, Líder Egregio, Ilustrísimo y Generalísimo.

(60, 63 y 101)

1961
Santo Domingo

El difuntísimo

deja en herencia todo un país, además de nueve mil seiscientas corbatas, dos mil trajes, trescientos cincuenta uniformes y seiscientos pares de zapatos en sus armarios de Santo Domingo y quinientos treinta millones de dólares en sus cuentas privadas de Suiza.

Rafael Leónidas Trujillo ha caído en emboscada, acribillado en su automóvil. Su hijo, Ramfis, vuela desde París para hacerse cargo del legado, el entierro y la venganza.

Ramfis Trujillo, colega y amigo de Porfirio Rubirosa, ha adquirido cierta notoriedad desde su reciente misión cultural en Hollywood. Allí obsequió automóviles Mercedes Benz y abrigos de visón y de chinchilla a Kim Novak y Zsa Zsa Gabor, en nombre del hambriento pero generoso pueblo dominicano.

(60, 63 y 101)

1961
Bahía de Cochinos

A contraviento,

a contramuerte, siempre de ida, nunca de vuelta, la revolución cubana continúa escandalosamente viva a no más de ocho minutos de vuelo de Miami.

Para acabar con la insolencia, la CIA lanza una invasión desde Estados Unidos, Guatemala y Nicaragua. Somoza II despide en el muelle a los expedicionarios. El Ejército Cubano de Liberación, que la CIA ha fabricado y puesto en funcionamiento, está formado por militares y policías de la dictadura de Batista y por los desalojados herederos de las plantaciones de azúcar, los bancos, los diarios, los garitos, los burdeles y los partidos políticos.

—*¡Tráiganme un par de pelos de la barba de Castro!* —les encarga Somoza.

Aviones de los Estados Unidos entran en el cielo de Cuba. Están camuflados. Llevan pintada la estrella de la Fuerza Aérea Cubana. Los aviones ametrallan, volando bajo, al pueblo que los saluda, y descargan bombas sobre las ciudades. Tras el bombardeo, que prepara el terreno, los invasores desembarcan en los pantanos de la Bahía de Cochinos. Mientras tanto, el presidente Kennedy juega al golf en Virginia.

Kennedy ha dado la orden, pero había sido Eisenhower quien había puesto en marcha el plan de invasión. Eisenhower había dado su visto bueno a la invasión de Cuba en el mismo escritorio donde antes había aprobado la invasión de Guatemala. El jefe de la CIA, Allen Dulles, le aseguró que acabaría con Fidel Castro como había acabado con Arbenz. Sería cosa de un par de semanas, día más, día menos, y el mismo equipo de la CIA se haría cargo del asunto: los mismos hombres, desde las mismas bases. El desembarco de los libertadores desencadenaría la insurrección popular en la isla sometida a la tiranía roja. Los espías norteamericanos sabían que el pueblo de Cuba, harto de hacer colas, no esperaba más que la señal de alzarse.

(415 y 469)

1961
Playa Girón

La segunda derrota militar de los Estados Unidos en América Latina

En tres días acaba Cuba con los invasores. Entre los muertos, hay cuatro pilotos norteamericanos. Los siete buques, escoltados por la Marina de Guerra de los Estados Unidos, huyen o se hunden en la bahía de los Cochinos.

El presidente Kennedy asume la total responsabilidad por este fiasco de la CIA.

La CIA creyó, como siempre, en los informes de sus pícaros espías locales, que cobran por decir lo que gusta escuchar; y, como siempre, confundió la geografía con un mapa militar ajeno a la gente y a la historia. Las ciénagas que la CIA eligió para el desembarco habían sido el lugar más miserable de toda Cuba, un reino de cocodrilos y mosquitos, hasta que la revolución llegó. Entonces el entusiasmo humano transformó estos lodazales, fundando en ellos escuelas, hospitales y caminos. La gente de aquí fue la primera en poner el pecho a las balas, contra los invasores que venían a salvarla.

(88, 435 y 469)

1961
La Habana

Retrato del pasado

Los invasores, parásitos y verdugos, jóvenes millonarios, veteranos de mil crímenes, responden a las preguntas de los periodistas. Nadie asume la responsabilidad de Playa Girón ni de nada; todos eran cocineros de la expedición.

Ramón Calviño, célebre torturador de los tiempos de Batista, sufre amnesia total ante las mujeres por él golpeadas y pateadas y violadas, que lo reconocen y lo increpan. El padre Ismael de Lugo, capellán de la brigada de asalto, busca amparo bajo el manto de la Virgen. Él había peleado del lado de Franco en la guerra española, por consejo de la Virgen, y ahora ha invadido Cuba para que la Virgen no sufra más contemplando tanto comunismo. El padre Lugo invoca una Virgen empresaria, dueña de algún banco o plantación nacionalizada, que piensa y siente como los otros mil doscientos prisioneros: el derecho es el derecho de propiedad y de herencia; la libertad, libertad de empresa. La sociedad modelo, una sociedad anónima. La democracia ejemplar, una asamblea de accionistas.

Todos los invasores han sido educados en la ética de la impunidad. Nadie reconoce haber matado a nadie. Y al fin y al cabo, tampoco la miseria firma sus crímenes. Algunos periodistas les preguntan sobre las injusticias sociales, pero ellos se lavan las manos, el sistema se lava las manos: los niños que en Cuba y en toda América Latina mueren a poco de nacer, mueren de gastroenteritis, no de capitalismo.

(397)

1961
Washington

¿Quién invadió Cuba? Un diálogo en el Senado de los Estados Unidos

Senador Capehart — *¿Cuántos aviones teníamos?*
Allen Dulles (director de la CIA) — *¿Cuántos tenían los cubanos?*
Senador Sparkman — *No, los americanos. ¿Cuántos?*

Dulles — *Bueno, se trata de cubanos.*
Sparkman — *Los rebeldes.*
Dulles — *Nosotros no los llamamos rebeldes.*
Capehart — *Quiero decir: las fuerzas revolucionarias.*
Sparkman — *Cuando él preguntó cuántos aviones teníamos, se refería a eso, a las fuerzas anti-Castro.*
Richard M. Bissell (sub-director de la CIA) — *Empezamos, señor, con dieciséis B-26...*

(108)

1961
La Habana

María de la Cruz

Poco después de la invasión, se reúne el pueblo en la plaza. Fidel anuncia que los prisioneros serán canjeados por medicinas para niños. Después entrega diplomas a cuarenta mil campesinos alfabetizados.

Una vieja insiste en subir a la tribuna, y tanto insiste que por fin la suben. En vano manotea el aire, buscando el altísimo micrófono, hasta que Fidel se lo acomoda:

—*Yo quería conocerlo, Fidel. Quería decirle...*

—*Mire que me voy a poner colorado.*

Pero la vieja, mil arrugas, cuatro huesitos, le descerraja elogios y gratitudes. Ella ha aprendido a leer y a escribir a los ciento seis años de edad. Y se presenta. Se llama de nombre María de la Cruz, por ser nacida el mismo día de la invención de la Santa Cruz, y de apellido Semanat, porque Semanat se llamaba la plantación de caña donde ella nació esclava, hija de esclavos, nieta de esclavos. En aquel tiempo los amos mandaban al cepo a los negros que querían letras, explica María de la Cruz, porque los negros eran las máquinas que funcionaban al toque de la campana y al ritmo de los azotes, y por eso ella ha demorado tanto en aprender.

María de la Cruz se apodera de la tribuna. Después de hablar, canta. Después de cantar, baila. Hace más de un siglo que se ha echado a bailar María de la Cruz. Bailando salió del vientre de la madre y bailando atravesó el dolor y el horror hasta llegar aquí, que era donde debía llegar, de modo que ahora no hay quien la pare.

(298)

1961
Punta del Este

La letrinocracia

Después del fracaso del desembarco de los soldados en Cuba, los Estados Unidos anuncian un gran desembarco de dólares en América Latina.

Para aislar a los barbudos, el presidente Kennedy ofrece a los latinoamericanos torrentes de donaciones, préstamos, inversiones:

—*Cuba es la gallina de los huevos de oro* —comprueba el Che Guevara, en la conferencia panamericana de Punta del Este.

El Che denuncia este proyecto de soborno como una tomadura de pelo. Para que nada cambie, se desencadena la retórica del cambio. Suman medio millón las páginas de los informes oficiales de la conferencia, y no hay página que no hable de revolución, reforma agraria y desarrollo. Mientras los Estados Unidos tumban los precios de los productos de América Latina, prometen letrinas a los pobres, a los indios, a los negros: no maquinarias, ni equipos, sino letrinas:

—*Para los señores técnicos* —acusa el Che—, *planificar es planificar la letrina. Si les hiciéramos caso, Cuba podría ser... ¡un paraíso de la letrina!*

(213)

1961
Escuinapa

El cuentero

Una vez ensilló y montó un tigre, creyendo que era burro, y otra vez se ató el pantalón con una serpiente viva —y vio que no era cinturón porque le faltaba la hebilla. Todos le creen cuando explica que ningún avión aterriza si no le echan unos granos de maíz en la pista o cuando cuenta la terrible matazón que hizo el ferrocarril el día que se enloqueció y en lugar de avanzar de frente se echó a correr a lo ancho.

—*Jamasito miento* —miente el Güilo Mentiras.

El Güilo, pescador de camarones en los estuarios de Escuinapa, es lenguaraz del rumbo. Pertenece a la espléndida estirpe latinoamericana de los cuenteros, magos de la charla de mostrador o fogón, siempre por hablado, jamás por escrito.

A los setenta años, le bailotean los ojos. Se ríe de la muerte, que una noche vino a buscarlo:

—*Toc toc toc* —golpeó la muerte.

—*Adelante* —invitó el Güilo, zalamero, desde la cama—. *Te estaba esperando.*

Pero cuando quiso bajarle los calzones, la muerte huyó despavorida.

(309)

1961
San Salvador de Bahía

Amado

Y mientras el Güilo Mentiras espanta a la muerte en México, en Brasil el novelista Jorge Amado inventa un capitán que espanta a la soledad. El capitán, cuenta Amado, desafía huracanes y fuegos fatuos y atraviesa maremotos y negros abismos mientras convida a los vecinos del barrio con tragos preparados según las recetas de un viejo lobo de mar de Hong Kong.

Cuando el capitán naufraga en las costas del Perú, los vecinos naufragan. A los vecinos, tímidos funcionarios, jubilados enfermos de aburrimiento y reuma, se les estruja el corazón cuando se ven venir una montaña de hielo que avanza contra el navío, a babor, en el brumoso mar del Norte, o cuando el monzón sopla furiosamente en el mar de Bengala. Todos tiritan de placer cada vez que el capitán evoca a la bailarina árabe que mordía uvas jugosas mientras danzaba en la arena de Alejandría, sin más ropa que una blanca flor en la ingle.

El capitán nunca ha salido del Brasil. Jamás ha pisado un barco, ni un bote siquiera, porque la mar lo marea, pero se sienta en la sala de su casa y su casa se echa a navegar y llega más lejos que Marco Polo o Colón o los astronautas.

(19)

**1962
Cosalá**

Una más uno es uno

Atados al mismo palenque, muy cargados de leña seca, se miran. Él, querendón; ella, casquivana. Mientras el burro y la burra se miran y se remiran, las beatas atraviesan la plaza, atareadas en oración, rumbo a la iglesia. Por ser hoy Viernes Santo, andan las beatas miseando y luteando por Nuestro Señor Jesucristo, todas de negro, mantillas negras, medias negras, guantes negros. Tremenda espantada pegan las beatas cuando el burro y la burra rompen amarras y retozando se dan a gozarse en plena plaza, de cara a la iglesia y de espaldas a la alcaldía.

Por todo México retumban los chillidos. El alcalde de Cosalá, José Antonio Ochoa, sale al balcón, pega un grito y se tapa los ojos. En seguida manda que sean pasados por las armas los revoltosos burritos enganchados de amor. Que sin desprenderse caen, fusilados.

(308 y 329)

1962
Villa de Jesús María

Una más uno es todos

En otro pueblo de la sierra, no lejos del pueblo donde fusilan a los burros, los indios coras se enmascaran y pintan sus cuerpos desnudos. Como todos los Viernes Santos, las cosas reciben nuevos nombres mientras se desata la fiesta, pasión de Cristo o cacería mágica del Venado o asesinato del dios Sol, crimen que funda la vida humana en la tierra:

—*Que muera, que mate, que engendre.*

Al pie de la cruz los bailarines amantes se ofrecen, se abrazan, se entran, mientras los bailarines payasos los imitan haciendo cabriolas. Amando juegan todos, caricias, cosquillas, bufonerías, y todos juegan comiendo, porque las frutas se vuelven proyectiles y los huevos bombas, y a golpes de tortillas y chorros de miel acaba en guerra el gran banquete. Como locos se divierten los indios coras, danzando, amando, comiendo, en homenaje a Jesucristo moribundo y a la orilla de su agonía. Él, desde la cruz, sonríe, agradecido.

(46)

1963
Bayamo

El ciclón Flora

aporrea a Cuba con alma y vida durante más de una semana. El ciclón más largo de la historia nacional ataca y huye y regresa como si se hubiera olvidado de romper alguna cosa: todo gira, torbellino furioso, alrededor de esta gigantesca serpiente de viento que se retuerce y acomete por donde menos la esperan.

De nada sirve clavetear puertas y ventanas. El ciclón arranca todo de cuajo y juega con las casas y los árboles arrojándolos por los aires. Se vacía el cielo, por susto de las aves, y la mar inunda todo el oriente de la isla. Desde la base de Bayamo, salen las brigadas en lanchas y en helicópteros. Los voluntarios van y vienen rescatando gentes y bichos, vacunando a todo el que encuentran vivo y enterrando o quemando a los muchos muertos.

(18)

1963
La Habana

Todo el mundo es sieteoficios

En esta isla devastada por el ciclón y bloqueada y acosada por los Estados Unidos, es una hazaña el día a día. Las vidrieras lucen carteles de solidaridad con Vietnam en lugar de zapatos o camisas, y cualquier comprita exige horas de cola; los escasos automóviles andan con bujes de cuernos de buey y en las escuelas de arte se ralla grafito de lápiz para improvisar pintura. En las fábricas hay telarañas sobre algunas máquinas nuevas, porque cierta pieza de repuesto no ha terminado de recorrer sus diez mil kilómetros de camino. Desde lejanos puertos del Báltico viene el petróleo y todo lo demás y una carta enviada desde Cuba a Venezuela da la vuelta al mundo entero antes de llegar a su cercano destino.

Y no sólo faltan cosas. Mucha gente que todo lo sabía se ha marchado a Miami tras las huellas de quienes todo lo tenían.

¿Y ahora?

—*Ahora, hay que inventar.*

A los dieciocho años, Ricardo Gutiérrez desfiló en La Habana con un fusil en alto, en medio de la marea de fusiles y machetes y sombreros de yarey que celebró el fin de la dictadura de Batista. Al día siguiente tuvo que hacerse cargo de varias empresas abandonadas por sus dueños. Le tocó, entre otras, una fábrica de prendas íntimas femeninas. En seguida empezaron los problemas de materia prima. No había espuma de látex para el relleno de sostenes. Los obreros discutieron el asunto en asamblea y decidieron destripar almohadas. Fue un desastre. El relleno de almohadas no se podía lavar porque no se secaba nunca.

Ricardo tenía veinte años cuando le metieron dos pesos en el bolsillo y lo mandaron de administrador a un ingenio de azúcar. Nunca en su vida había visto un ingenio, ni de lejos; allí descubrió que el guarapo tiene color oscuro. El administrador anterior, fiel servidor con medio siglo de experiencia, se había perdido en el horizonte llevándose bajo el brazo el retrato al óleo del patrón, Julio Lobo, señor de aquellos cañaverales que la revolución había expropiado.

Ahora lo manda llamar el ministro de Relaciones Exteriores. Raúl Roa se sienta en el suelo, ante un gran mapa de España, desplegado sobre la alfombra, y se pone a dibujar crucecitas. Así Ricardo se entera, a los veintidós años, de que lo han hecho cónsul.

—*Pero si yo escribo a máquina con dos dedos* —balbucea, se defiende.

—*Yo escribo con uno y soy ministro* —sentencia Roa.

**1963
La Habana**

Retrato del burócrata

Tiempo negro que engendra al tiempo rojo que hará posible el tiempo verde: la solidaridad va ocupando el lugar de la codicia y el miedo. Por ser capaz de inventar, capaz de creación y de locura, la revolución cubana va. Pero enemigos, le sobran. Entre sus enemigos más temibles está el burócrata, devastador como el ciclón, asfixiante como el imperialismo: no hay revolución que no lo lleve adentro.

El burócrata es el hombre de madera, nacido por equivocación de los dioses, que lo hicieron sin sangre, sin aliento ni desaliento, y sin ninguna palabra que decir. Tiene eco, pero no tiene voz. Sabe transmitir órdenes, no ideas. Considera cualquier duda una herejía; cualquier contradicción, una traición. Confunde la unidad con la unanimidad y cree que al pueblo, eterno menor de edad, hay que llevarlo de la oreja.

Es bastante improbable que el burócrata se juegue la vida. Es absolutamente imposible que se juegue el empleo.

1963
La Habana

Bola de Nieve

—*Esto es el yoruba-marxismo-leninismo* —dice Bola de Nieve, cantor de Guanabacoa, hijo del cocinero Domingo y de la Mama Inés, y lo dice como murmurando, con su enorme poca voz, ronquita, carnosa. *Yoruba-marxismo-leninismo* es el nombre que Bola de Nieve pone al furor y al júbilo de este pueblo que baila la Internacional meneando las caderas, revolución cubana nacida del feroz abrazo de Europa y África en las arenas de América. En este espacio se cruzan los dioses que los hombres hacen con los hombres hechos por los dioses, unos bajando a la tierra, otros lanzados a la conquista del cielo, y celebrándolo canta Bola de Nieve, de muy salada manera.

1963
Río Coco

En los hombros lleva el abrazo de Sandino,

que el tiempo no ha borrado. Treinta años después, el coronel Santos López vuelve a la guerra, en la selva del norte, para que Nicaragua sea.

Hace un par de años nació el Frente Sandinista. Lo nacieron, junto a Santos López, Carlos Fonseca Amador y Tomás Borge y otros muchachos que no conocieron a Sandino pero quieren continuarlo. La tarea costará sangre, y ellos lo saben:

—*Tanta inmundicia no puede ser lavada con agua, por muy bendita que esté* —dice Carlos Fonseca.

Perdidos, sin armas, ensopados por la lluvia eterna, sin comer pero comidos, jodidos, rejodidos, deambulan por la selva los guerrilleros. No hay peor momento que la caída del sol. El día es día y la noche, noche, pero el atardecer es hora de agonía y espantosa soledad; y los sandinistas no son nada todavía, o casi nada.

(58 y 267)

1963
San Salvador

Miguel a los cincuenta y ocho

Anda Miguel como de costumbre, a salto de mata, cometiendo sindicatos campesinos y otras diabluras, cuando los policías lo atrapan en algún pueblito y lo traen, atado de pies y manos, a la ciudad de San Salvador.

Aquí recibe larga paliza. Ocho días lo golpean colgado, ocho noches le pegan en el suelo. Mucho le crujen los huesos y le grita la carne, pero él no dice ni mú mientras le exigen que revele secretos. En cambio, cuando el capitán torturador le putea a su gente querida, el viejo respondón se levanta desde sus restos sangrantes, el desplumado gallito alza la cresta y cacarea, Miguel ordena al capitán que cierre esa cochina boca. Y entonces el capitán le hunde en el cuello el caño de la pistola y Miguel lo desafía a que aviente bala nomás. Y quedan cara a cara los dos, fieros, jadeantes, como soplando brasas: el soldado con el dedo en el gatillo, la pistola clavada en el pescuezo de Miguel y los ojos clavados en sus ojos, y Miguel sin parpadear, comprobando el paso de los segundos y los siglos y escuchando el retumbe del corazón que se le ha subido a la cabeza. Y ya se da Miguel por muerto de muerte total, cuando de pronto una sombra asoma en el fulgor de furia de los ojos del capitán, un cansancio o no sé qué lo invade y le toma los ojos por asalto, y al rato el capitán parpadea, sorprendido de estar donde está, y lentamente deja caer el arma y la mirada.

Y así ocurre el undécimo nacimiento de Miguel Mármol, a los cincuenta y ocho años de su edad.

(222)

1963
Dallas

Decide el gobierno que la verdad no existe

Un mediodía, en una calle de Dallas, el presidente de los Estados Unidos cae asesinado. Apenas muere, se difunde la versión oficial.

La versión oficial, que será definitiva, afirma que Lee Harvey Oswald ha asesinado a Kennedy.

El arma no coincide con la bala, ni la bala con los agujeros. El culpable no coincide con la culpa: Oswald es hombre de pésima puntería y físico mediocre, pero según la versión oficial actuó como un campeón olímpico de tiro al blanco y carreras de velocidad. Ha disparado un viejo rifle a un ritmo imposible y su bala mágica ha dado acrobáticas vueltas para atravesar a Kennedy y al gobernador de Texas, Connally, quedando milagrosamente intacta.

Oswald niega, a gritos. Pero nadie sabe, nadie sabrá nunca, qué es lo que declara. Y a los dos días se desploma ante las cámaras de la televisión: el mundo entero asiste al espectáculo. Le cierra la boca Jack Ruby, un hampón consagrado al tráfico de mujeres y de drogas. Dice Ruby que ha vengado a Kennedy por patriotismo y por la lástima que le da la pobre viuda.

(232)

1963
Santo Domingo

Crónica de costumbres de América Latina

Desde las arenas de Sosúa, nadaba mar adentro. Delante, en barco, iba la banda de música, espantando tiburones.

Ahora el general Toni Imbert está panzón y remolón y raras veces se echa al agua; pero suele volver a la playa de su infancia. Le gusta sentarse en el malecón, hacer puntería, fusilar tiburones. En Sosúa, los tiburones disputan con los pobres las sobras del matadero. El general Imbert tiene simpatía por los pobres. Sentado en el malecón, les arroja billetes de diez dólares.

El general Imbert se parece mucho a su amigo del alma, el general Wessin y Wessin. Aunque estén resfriados, ambos son capaces de reconocer de lejos el olor de un comunista; y ambos han ganado numerosas medallas por levantarse temprano y matar gente atada. Cuando dicen *el presidente,* ambos se refieren siempre al presidente de los Estados Unidos.

Los generales Imbert y Wessin y Wessin, hijos dominicanos de la Escuela de las Américas de Panamá, engordaron, los dos, al amparo de Trujillo. Después, los dos lo traicionaron. Tras la muerte de Trujillo hubo elecciones y el pueblo votó en masa por Juan Bosch. Ellos no podían permanecer de brazos cruzados. Bosch se negó a comprar aviones de guerra, anunció la reforma agraria y la ley de divorcio y aumentó los salarios obreros. Siete meses duró el muy rojo. Los generales Imbert y Wessin y Wessin y otros generales de la nación han recuperado el poder, panal de rica miel, mediante un fácil cuartelazo en la madrugada.

Los Estados Unidos no demoran en reconocer al nuevo gobierno.

(61 y 281)

1964
Panamá

Veintitrés muchachos caen acribillados

cuando intentan izar la bandera de Panamá en suelo de Panamá.

—*Sólo se usaron balas de cazar patos* —se disculpa el comandante de las tropas norteamericanas de ocupación.

Otra bandera flamea a lo largo del tajo que corta a Panamá de mar a mar. Otra ley rige, otra policía vigila, otro idioma se habla. Los panameños no pueden entrar sin permiso en la zona del canal, ni para recoger la fruta caída de un árbol de mango, y si allí trabajan reciben salarios de segunda, como los negros y las mujeres.

El canal, colonia norteamericana, es un negocio y una base militar. Con el peaje que los buques pagan, se financian los cursos de la Escuela de las Américas. En los cuarteles de la zona del canal, los oficiales del Pentágono enseñan cirugía anticomunista a los militares latinoamericanos que pronto ejercerán, en sus países, presidencias, ministerios, comandancias o embajadas.

—*Son los líderes del futuro* —explica Robert McNamara, ministro de Defensa de los Estados Unidos.

Vigilantes ante el cáncer que acecha, estos militares cortarán las manos de quien ose cometer reforma agraria o nacionalización y arrancarán la lengua de respondones y preguntones.

(248)

1964

Río de Janeiro

«Hay nubes sombrías»,

dice Lincoln Gordon:

—*Nubes sombrías se ciernen sobre nuestros intereses económicos en Brasil...*

El presidente João Goulart acaba de anunciar la reforma agraria, la nacionalización de las refinerías de petróleo y el fin de la evasión de capitales; y el embajador de los Estados Unidos, indignado, lo ataca a viva voz. Desde la embajada, paladas de dinero caen sobre los envenenadores de la opinión pública y los militares que preparan el cuartelazo. Se difunde por todos los medios un manifiesto que pide a gritos el golpe de Estado. Hasta el Club de Leones estampa su firma al pie.

Diez años después del suicidio de Vargas, resuenan, multiplicados, los mismos clamores. Políticos y periodistas llaman al uniformado mesías capaz de poner orden en este caos. La televisión difunde películas que muestran muros de Berlín cortando en dos las ciudades brasileñas. Diarios y radios exaltan las virtudes del capital privado, que convierte los desiertos en oasis, y los méritos de las fuerzas armadas, que evitan que los comunistas se roben el agua. La Marcha de la Familia con Dios por la Libertad pide piedad al Cielo, desde las avenidas de las principales ciudades.

El embajador Lincoln Gordon denuncia la conspiración comunista: el estanciero Goulart está traicionando a su clase a la hora de elegir entre los devoradores y los devorados, entre los opinadores y los opinados, entre la libertad del dinero y la libertad de la gente.

(115 y 141)

1964
Juiz de Fora

La reconquista del Brasil

Hace casi treinta años, el capitán Olympio Mourão Filho fabricó una conspiración comunista, el Plan Cohen, por orden del presidente Vargas. Ahora el general Mourão Filho compra la conspiración fabricada por el embajador Gordon. El general confiesa que en materia política él es una vaca de uniforme, pero de conspiraciones comunistas sí que entiende.

En el cuartel de Juiz de Fora, alza la espada:

—_¡Arrancaré al Brasil del abismo!_ —proclama.

Mourão Filho está despierto desde antes del amanecer. Se afeita mientras lee en voz alta el salmo de David que anuncia que todo verdor perecerá. Después desayuna y felicita a su mujer, por ser esposa de un héroe; y a la cabeza de sus tropas emprende la marcha hacia Río de Janeiro.

Los demás generales se le van adhiriendo, uno tras otro. Mientras tanto, avanzan rumbo al Brasil, desde los Estados Unidos, un portaaviones, numerosos aviones, varias naves de guerra y cuatro buques petroleros: es la Operación Brother Sam, para ayudar al alzamiento.

João Goulart, perplejo, deja hacer. Su colega Lyndon Johnson envía desde Washington el más cálido reconocimiento a los autores del cuartelazo, aunque Goulart todavía ocupa la presidencia, y el Departamento de Estado anuncia generosos préstamos para el nuevo gobierno. Desde el sur, Leonel Brizola intenta, sin eco, la resistencia. Finalmente, Goulart se marcha al exilio.

Alguna mano del pueblo escribe, en una pared de Río de Janeiro:

—_¡Basta de intermediarios! ¡Lincoln Gordon presidente!_

Pero los triunfantes militares eligen al mariscal Castelo Branco, un solemne hombre de armas que ·carece de sentido del humor y de pescuezo.

_(115, 141 y 307)_

1964
La Paz

Sin pena ni gloria,

como el presidente del Brasil, también el presidente de Bolivia, Víctor Paz Estenssoro, sube al avión que lo lleva al exilio.

El aviador René Barrientos, dictador parlanchín, domina Bolivia. Ahora el embajador de los Estados Unidos participa en las reuniones de gabinéte, sentado entre los ministros, y el gerente de la Gulf Oil redacta los decretos de economía.

Paz Estenssoro había quedado solo de toda soledad. Con él ha caído, al cabo de doce años de poder, la revolución nacionalista. Poquito a poco la revolución se había dado vuelta hasta quedar de espaldas a los obreros, para mejor amamantar a los nuevos ricos y a los burócratas que la exprimieron hasta dejarla seca; y ahora ha bastado un empujoncito para derrumbarla.

Mientras tanto los trabajadores, divididos, se pelean entre ellos. Actúan como si todos fueran laimes y jucumanis.

(16, 17, 26 y 473)

1964
Al norte de Potosí

A toda furia

pelean los indios laimes contra los indios jucumanis. Los más pobres de la pobre Bolivia, parias entre los parias, se dedican a matarse entre ellos, en la helada estepa al norte de Potosí. Quinientos han caído, de ambos bandos, en los últimos diez años, y son incontables los ranchos incendiados. Las batallas duran semanas, sin tregua ni perdón. Se despedazan los indios por vengar agravios o disputando pedacitos de tierra estéril, en estas altas soledades adonde fueron expulsados en tiempos antiguos.

Laimes y jucumanis comen papa y cebada, que es lo que la

estepa, a duras penas, les ofrece. Duermen echados sobre cueros de oveja, acompañados por los piojos que agradecen el calor del cuerpo.

Para las ceremonias del mutuo exterminio, se cubren las cabezas con monteras de cuero crudo, que tienen la exacta forma del casco del conquistador.

(180)

Los sombreros

de ahora llegaron a Bolivia desde Europa, traídos por los conquistadores y los mercaderes; pero se han hecho muy de esta tierra y de esta gente. Nacieron como marcas de ganado, obligatorios disfraces venidos de España para que cada señor reconociera a los indios de su propiedad. Con el paso del tiempo, las comunidades les fueron poniendo sus propios sellos de orgullo, sus señales de alegría: estrellas y lunitas de plata, plumas de colores, cuentas de vidrio, flores de papel, coronas de maíz... Después los ingleses inundaron Bolivia con bombines y sobreros de copa, galera negra de las indias de Potosí, galera blanca de las indias de Cochabamba; y por error llegó el sombrero borsalino, desde Italia, y se quedó a vivir en las cabezas de las indias de La Paz.

Podrá andar descalzo el indio boliviano, hombre o mujer, niño o niña; pero sin sombrero, no. El sombrero prolonga la cabeza que protege; y cuando el alma se cae, el sombrero la recoge del suelo.

(161)

1965
San Juan de Puerto Rico

Bosch

La gente se lanza a las calles de Santo Domingo, armada con lo que tenga, con lo que venga, y embiste contra los tanques. Que se vayan los usurpadores, quiere la gente. Que vuelva Juan Bosch, el presidente legal.

Los Estados Unidos tienen preso a Bosch en Puerto Rico y le impiden volver a su país en llamas. Hombre fibroso, puro tendón, todo tensión, Bosch se muerde los puños, a solas en el rabiadero, y sus ojos azules perforan las paredes. Algún periodista le pregunta, por teléfono, si él es enemigo de los Estados Unidos. No; él es enemigo del imperialismo de los Estados Unidos:

—*Nadie que haya leído a Mark Twain* —dice, comprueba Bosch— *puede ser enemigo de los Estados Unidos.*

(62 y 269)

1965
Santo Domingo

Caamaño

A la tremolina acuden estudiantes y soldados y mujeres con ruleros. Barricadas de toneles y camiones volcados impiden el paso de los tanques. Vuelan piedras y botellas. De las alas de los aviones, que bajan en picada, llueve metralla sobre el puente del río Ozama y las calles repletas de multitud. Sube la marea popular, y subiendo hace el aparte entre los militares que habían servido a Trujillo: a un lado deja a los que están baleando pueblo, dirigidos por Imbert y Wessin y Wessin, y al otro a los dirigidos por Francisco Caamaño, que abren los arsenales y reparten fusiles.

El coronel Caamaño, que en la mañana desencadenó el alzamiento por el regreso del presidente Juan Bosch, había creído que sería cosa de minutos. Al mediodía comprendió que iba para largo, y supo que tendría que enfrentar a sus compañeros de armas. Vio que corría la sangre y presintió, espantado, una tragedia nacional. Al anochecer, pidió asilo en la embajada de El Salvador.

Tumbado en un sillón de la embajada, Caamaño quiere dormir. Toma sedantes, las píldoras de costumbre y más, pero no hay caso. El insomnio, la crujidera de dientes y el hambre de uñas le vienen de los tiempos de Trujillo, cuando él era oficial del ejército de la dictadura y cumplía o veía cumplir tareas sombrías, a veces atroces.

Pero esta noche está peor que nunca. En la duermevela, no bien consigue pegar los ojos, sueña. Cuando sueña, es sincero: despierta temblando, llorando, rabiando por la vergüenza de su pavor.

Acaba la noche y acaba el exilio, que una sola noche ha durado. El coronel Caamaño se moja la cara y sale de la embajada. Camina mirando al suelo. Atraviesa el humo de los incendios, humo espeso, que hace sombra, y se mete en el aire alegre del día y vuelve a su puesto al frente de la rebelión.

(223)

1965
Santo Domingo

La invasión

Ni por aire, ni por tierra, ni por mar. Ni los aviones del general Wessin y Wessin, ni los tanques del general Imbert son capaces de apagar la bronca de la ciudad que arde. Tampoco los barcos: disparan cañonazos contra el Palacio de Gobierno, ocupado por Caamaño, pero matan amas de casa.

La Embajada de los Estados Unidos, que llama a los rebeldes *escoria comunista* y *pandilla de hampones*, informa que no hay modo de parar el alboroto y pide ayuda urgente a Washington. Desembarcan, entonces, los *marines*.

Al día siguiente muere el primer invasor. Es un muchacho de las montañas del norte de Nueva York. Cae tiroteado desde alguna azotea, en una callecita de esta ciudad que nunca en su vida había oído nombrar. La primera víctima dominicana es un niño de cinco años. Muere de granada, en un balcón. Los invasores lo confunden con un francotirador.

El presidente Lyndon Johnson advierte que no tolerará otra Cuba en el Caribe. Y más soldados desembarcan. Y más. Veinte mil, treinta y cinco mil, cuarenta y dos mil. Mientras los soldados norteamericanos destripan dominicanos, los voluntarios norteamericanos los remiendan en los hospitales. Johnson exhorta a sus aliados a que acompañen esta Cruzada de Occidente. La dictadura militar del

Brasil, la dictadura militar del Paraguay, la dictadura militar de Honduras y la dictadura militar de Nicaragua envían tropas a la República Dominicana para salvar la Democracia amenazada por el pueblo.

Acorralado entre el río y la mar, en el barrio viejo de Santo Domingo, el pueblo resiste.

José Mora Otero, Secretario General de la OEA, se reúne, a solas, con el coronel Caamaño. Le ofrece seis millones de dólares si abandona el país. Es enviado a la mierda.

(62, 269 y 421)

1965
Santo Domingo

132 noches

ha durado esta guerra de palos y cuchillos y carabinas contra morteros y ametralladoras. La ciudad huele a pólvora y a basura y a muerto.

Incapaces de arrancar la rendición, los invasores, los del todo poder, no tienen más remedio que aceptar un acuerdo. Los ningunos, los ninguneados, no se han dejado atropellar. No han aceptado traición ni consuelo. Pelearon de noche, cada noche, toda la noche, feroces batallas casa por casa, cuerpo a cuerpo, metro a metro, hasta que desde el fondo de la mar alzaba el sol sus flameantes banderas y entonces se agazapaban hasta la noche siguiente. Y al cabo de tanta noche de horror y de gloria, las tropas invasoras no consiguen instalar en el poder al general Imbert, ni al general Wessin y Wessin, ni a ningún otro general.

(269 y 421)

1965
La Habana

El multiplicador de revoluciones,

el espartano guerrillero, se marcha a otras tierras. Fidel revela la carta de despedida del Che Guevara: *Ya nada legal me ata a Cuba,* dice el Che, *sólo los lazos que no se pueden romper.*
El Che también escribe a sus padres y a sus hijos. A sus hijos les pide que sean capaces de sentir en lo más hondo cualquier injusticia cometida contra cualquiera en cualquier parte del mundo.
Aquí, en Cuba, con asma y todo, el Che ha sido siempre el primero en llegar y el último en irse, en la guerra y en la paz, sin aflojar ni un poquito.
De él se han enamorado las mujeres, los hombres, los niños, los perros y las plantas.

(213)

El Che Guevara dice adiós a sus padres

Otra vez siento bajo mis talones el costillar de Rocinante; vuelvo al camino con mi adarga al brazo...
Muchos me dirán aventurero, y lo soy; sólo que de un tipo diferente y de los que ponen el pellejo para demostrar sus verdades. Puede ser que ésta sea la definitiva. No lo busco pero está dentro del cálculo lógico de probabilidades. Si es así, va un último abrazo.
Los he querido mucho, sólo que no he sabido expresar mi cariño; soy extremadamente rígido en mis acciones y creo que a veces no me entendieron. No era fácil entenderme, por otra parte, creánme, solamente, hoy.
Ahora, una voluntad que he pulido con delectación de artista, sostendrá unas piernas fláccidas y unos pulmones cansados. Lo haré. Acuérdense de vez en cuando de este pequeño condotiero del siglo XX...

(213)

1966
Patiocemento

«Sabemos que el hambre es mortal»

decía el cura Camilo Torres. *Y si lo sabemos, decía, ¿tiene sentido perder el tiempo discutiendo si es inmortal el alma?* Camilo creía en el cristianismo como práctica del amor al prójimo y quería que ese amor fuera eficaz. Tenía la obsesión del amor eficaz. Esa obsesión lo alzó en armas y por ella ha caído, en un desconocido rincón de Colombia, peleando en las guerrillas.

(448)

1967
Llallagua

La fiesta de San Juan

Los mineros bolivianos son hijos de la Virgen y sobrinos del Diablo, pero nadie los salva de morir temprano. Metidos en las tripas de la tierra, los aniquila la implacable lluvia del polvo del socavón: en un rato nomás, unos añitos, los pulmones se vuelven de piedra y quedan cerrados los caminos del aire. Y antes de que los pulmones se olviden de respirar, la nariz olvida los olores y la lengua los sabores, las piernas pesan como plomo y la boca no dice más que rencores y venganzas.

Al salir del socavón, los mineros buscan la fiesta. Mientras dure la breve vida y quieran las piernas moverse, es preciso comer guiso picante y beber trago fuerte y cantar y bailar a la luz de las fogatas que calientan el páramo.

En esta noche de San Juan, mientras ocurre la mejor de las fiestas, el ejército se agazapa en las montañas. Casi nada se sabe aquí de los guerrilleros del lejano río Ñancahuazú, aunque dicen que dicen que pelean por una revolución bella y jamás vista, como la mar; pero el general Barrientos cree que en cada minero anida un taimado terrorista.

Antes del amanecer, al fin de la fiesta de San Juan, un huracán de balas arrasa el pueblo de Llallagua.

(16, 17 y 458)

1967
Catavi

El día siguiente

Parece fulgor de huesos la luz del nuevo día. Después el sol se esconde tras las nubes, mientras los parias de la tierra cuentan sus muertos y en carretillas los llevan. Los mineros marchan por un callejón de barro de Llallagua. La procesión atraviesa el río, cauce de sucia saliva entre piedras de cenizas, y por la vasta pampa llega al camposanto de Catavi.

No tiene sol el cielo, inmenso techo de estaño, ni tiene la tierra fogatas que la calienten. Jamás estuvo esta estepa tan helada y tan sola.

Hay que cavar muchos pozos. Cuerpos de todos los tamaños yacen en hilera, tendidos, esperando.

Desde lo alto del muro del cementerio, una mujer grita.

(458)

1967
Catavi

Domitila

grita contra los asesinos, desde lo alto del muro.

Ella vive en dos piezas sin letrina ni agua, con su marido minero y siete hijos. El octavo hijo anda queriendo salir de la barriga.

Cada día Domitila cocina, lava, barre, teje, cose, enseña lo que sabe y cura lo que puede y además prepara cien empanadas y recorre las calles buscando quien compre.

Por insultar al ejército boliviano se la llevan presa.

Un militar le escupe la cara.

(458)

El interrogatorio de Domitila

Me escupió la cara. Después me dio una patada. Yo no aguanté y le di un sopapo. Él me volvió a dar un puñete. Yo le arañé la cara. Y él pegándome, pegándome... Me puso su rodilla aquí sobre mi vientre. Me apretó mi cuello y estaba por ahorcarme. Parecía que quería hacer reventar mi vientre. Más y más me apretaba... Entonces, con mis dos manos, con toda mi fuerza le bajé sus manos. Y no me acuerdo cómo, pero del puño lo había agarrado y lo había estado mordiendo, mordiendo... Tuve un asco terrible al sentir en mi boca su sangre... Entonces, con toda mi rabia, tchá, en toda su cara le escupí su sangre. Un alarido terrible empezó. Me agarraba a patadas, gritaba... Llamó a los soldados y me hizo agarrar por unos cuatro...

Cuando me desperté como de un sueño, había estado tragándome un pedazo de mi diente. Lo sentí aquí en la garganta. Entonces noté que el tipo me había roto seis dientes. La sangre estaba chorreándome y ni los ojos ni la nariz podía yo abrir...

Y como si la fatalidad del destino hiciera, comenzó el trabajo de parto. Empecé a sentir dolores, dolores y dolores y a ratos ya me vencía la criatura para nacer... Ya no pude aguantar. Y me fui a hincar en una esquina. Me apoyé y me cubrí la cara, porque no podía hacer ni un poquito de fuerza. La cara me dolía como para reventarme. Y en uno de esos momentos, me venció. Noté que la cabeza de la huahua ya estaba saliendo... y allí mismo me desvanecí.

No sé después de cuánto tiempo:

—¿Dónde estoy? ¿Dónde estoy?

Estaba toda mojada. Tanto la sangre como el líquido que una bota durante el parto, me habían mojado toda. Entonces hice un esfuerzo y resulta que encontré el cordón de la huahua. Y a través del cordón, estirando el cordón, encontré a mi huahuita, totalmente fría, helada, allí sobre el piso.

(458)

1967
Catavi

Piedra habitada

Después del vendaval de balas, un vendaval de viento barre el pueblo minero de Llallagua y le vuela los techos. En la vecina parroquia de Catavi, la ventolera voltea y rompe a la Virgen. La piedra del pedestal, en cambio, queda intacta. Acude el cura a recoger del suelo los pedazos de la Inmaculada.

—*Vea, padre* —le dicen los obreros, y le muestran cómo la piedra se ha sacado de encima, de un sacudón, a la Virgen intrusa.

Dentro de esa piedra, los dioses vencidos duermen, sueñan, respiran, atienden a los pedidores y pagadores de promesas y anuncian a los obreros de las minas que el gran día llegará:

—*El día nuestro, pues, el que esperamos.*

El cura había condenado a la piedra milagrera desde el día en que fue encontrada y celebrada por los obreros. El cura la había encerrado en jaula del cemento, para que los obreros no la sacaran en procesión, y le había instalado a la Virgen encima. El albañil que por orden del cura encarceló a la piedra a golpes de pico y martillo, tirita de fiebre y bizquea sin parar desde aquel aciago día.

(268)

1967
A orillas del río Ñancahuazú

Diecisiete hombres caminan hacia la aniquilación

El cardenal Maurer llega a Bolivia desde Roma. Trae las bendiciones del Papa y la noticia de que Dios apoya decididamente al general Barrientos contra las guerrillas.

Mientras tanto, acosados por el hambre, abrumados por la geografía, los guerrilleros dan vueltas por los matorrales del río Ñancahuazú. Pocos campesinos hay en estas inmensas soledades; y ni uno, ni uno solo, se ha incorporado a la pequeña tropa del Che Guevara. Sus fuerzas van disminuyendo de emboscada en emboscada.

El Che no flaquea, no se deja flaquear, aunque siente que su propio cuerpo es una piedra entre las piedras, pesada piedra que él arrastra avanzando a la cabeza de todos; y tampoco se deja tentar por la idea de salvar al grupo abandonando a los heridos. Por orden del Che, caminan todos al ritmo de los que menos pueden: juntos serán todos salvados o perdidos.

Perdidos. Mil ochocientos soldados, dirigidos por los *rangers* norteamericanos, les pisan la sombra. El cerco se estrecha más y más. Por fin delatan la ubicación exacta un par de campesinos soplones y los radares electrónicos de la Nacional Security Agency, de los Estados Unidos.

(212 y 455)

1967
Quebrada del Yuro

La caída del Che

La metralla le rompe las piernas. Sentado, sigue peleando, hasta que le vuelan el fusil de las manos.

Los soldados disputan a manotazos el reloj, la cantimplora, el cinturón, la pipa. Varios oficiales lo interrogan, uno tras otro. El

Che calla y mana sangre. El contralmirante Ugarteche, osado lobo
de tierra, jefe de la Marina de un país sin mar, lo insulta y lo amenaza. El Che le escupe la cara.

Desde La Paz, llega la orden de liquidar al prisionero. Una ráfaga lo acribilla. El Che muere de bala, muere a traición, poco antes
de cumplir cuarenta años, exactamente a la misma edad a la que
murieron, también de bala, también a traición, Zapata y Sandino.

En el pueblito de Higueras, el general Barrientos exhibe su
trofeo a los periodistas. El Che yace sobre una pileta de lavar ropa.
Después de las balas, lo acribillan los flashes. Esta última cara tiene
ojos que acusan y una sonrisa melancólica.

(212 y 455)

1967
Higueras

Campanadas por él

¿Ha muerto en 1967, en Bolivia, porque se equivocó de hora y de
lugar, de ritmo y de manera? ¿O ha muerto nunca, en ninguna
parte, porque no se equivocó en lo que de veras vale para todas las
horas y lugares y ritmos y maneras?

Creía que hay que defenderse de las trampas de la codicia, sin
bajar jamás la guardia. Cuando era presidente del Banco Nacional
de Cuba, firmaba *Che* los billetes, para burlarse del dinero. Por amor
a la gente, despreciaba las cosas. Enfermo está el mundo, creía, donde tener y ser significan lo mismo. No guardó nunca nada para sí,
ni pidió nada nunca.

Vivir es darse, creía; y se dio.

1967
La Paz

Retrato de un supermacho

En hombros del Nene, su gigante guardaespaldas, el general René Barrientos atraviesa la ciudad de La Paz. Desde arriba del Nene, va saludando a quienes lo aplauden. Entra en el palacio de gobierno. Sentado en su escritorio, con el Nene detrás, firma decretos que venden a precio de remate el cielo, el suelo y el subsuelo de Bolivia.

Hace diez años, Barrientos estaba pasando una temporada en un manicomio de Washington, D. C., cuando le vino a la cabeza la idea de ser presidente de Bolivia. Hizo carrera por la vía del atletismo. Disfrazado de aviador norteamericano, asaltó el poder; y lo ejerce ametrallando obreros y arrasando bibliotecas y salarios.

El matador del Che es gallo cacareador, hombre de tres huevos, cien mujeres y mil hijos. Ningún boliviano ha volado tanto, discurseado tanto ni robado tanto.

En Miami, los exiliados cubanos lo eligen Hombre del Año.

(16, 17, 337 y 474)

1967
Estoril

Crónica social

Prendidos al pelo de la dueña de casa, relampaguean algunos de los diamantes mayores del mundo. La nieta ostenta, en la cruz del collar, una de las esmeraldas mayores del mundo. Los Patiño, herederos de una de las fortunas mayores del mundo, ofrecen una de las fiestas mayores del mundo.

Para dar alegría a mil gentes durante ocho noches con sus días, los Patiño compran *todas* las flores elegantes y las bebidas finas que existen en Portugal. Con mucha anticipación se han distribuido las invitaciones, de modo que los modistos y los cronistas sociales han

tenido tiempo de trabajar como es debido. Varias veces al día las
damas mudan sus modelos, todos exclusivos, y cuando en alguno de
los salones se cruzan dos vestidos iguales, alguien masculla que freirá
en aceite a Yves Saint-Laurent. Las orquestas vienen fletadas desde
Nueva York. Los invitados llegan en yates o en aviones privados.
    Asiste, en pleno, la nobleza europea. El difunto Simón Patiño,
boliviano antropófago, devorador de mineros, había comprado bodas
de buena calidad. Había casado a sus hijas con un conde y un marqués y a su hijo varón con una prima de rey.

(34)

1967
Houston

Alí

Lo llamaron Cassius Clay: se llama Muhammad Alí, por nombre
elegido.
    Lo hicieron cristiano: se hace musulmán, por elegida fe.
    Lo obligaron a defenderse: pega como nadie, feroz y veloz, tan-
que liviano, demoledora pluma, indestructible dueño de la corona
mundial.
    Le dijeron que un buen boxeador deja la bronca en el ring: él
dice que el verdadero ring es el otro, donde un negro triunfante
pelea por los negros vencidos, por los que comen sobras en la cocina.
    Le aconsejaron discreción: desde entonces grita.
    Le intervinieron el teléfono: desde entonces grita también por
teléfono.
    Le pusieron uniforme para enviarlo a la guerra de Vietnam: se
saca el uniforme y grita que no va, porque no tiene nada contra los
vietnamitas, que nada malo le han hecho a él ni a ningún otro negro
norteamericano.
    Le quitaron el título mundial, le prohibieron boxear, lo conde-
naron a cárcel y multa: gritando agradece estos elogios a su dignidad
humana.

(14 y 149)

1968
Memphis

Retrato de un peligroso

El pastor Martin Luther King predica contra la guerra de Vietnam. Denuncia que allá los negros mueren más, el doble que los blancos, sirviendo de carne de cañón a una aventura imperial comparable a los crímenes nazis. El envenenamiento del agua y de la tierra y la aniquilación de gentes y cosechas forman parte de un plan de exterminio. Del millón de vietnamitas muertos, revela el predicador, los niños son la mayoría. Los Estados Unidos, dice, sufren una infección del alma; y cualquier autopsia revelaría que esa infección se llama Vietnam.

Hace seis años, el FBI clasificó a este hombre en la sección A del Índice Reservado, entre las personas peligrosas que hay que vigilar y encarcelar en caso de emergencia. Desde entonces la policía le muerde los talones, lo espía día y noche, lo amenaza, lo provoca.

Martin Luther King se desploma en el balcón de un hotel de Memphis. Una bala en pleno rostro acaba con tanta molestia.

(254)

1968
San José de California

Los chicanos

El juez Gerald Chargin dicta sentencia contra un muchacho acusado de incesto, y de paso le aconseja que se suicide y le dice que *ustedes los chicanos son peores que los animales, pueblo podrido, miserable, piojoso...*

Desde México vienen los chicanos, a través del río de la frontera, para cosechar a bajo precio el algodón, las naranjas, los tomates y las papas. Casi todos se quedan a vivir en el sur de los Estados Unidos, que hace poco más de un siglo era el norte de México. En estas tierras, ya no suyas, los usan y los desprecian.

De cada diez norteamericanos muertos en Vietnam, seis son negros o chicanos. A los chicanos, les dicen:

—*Ustedes, tan machos y fuertes, se van al frente los primeritos.*

(182, 282, 369 y 403)

1968
San Juan de Puerto Rico

Albizu

También los puertorriqueños son buenos para morir en Vietnam, en nombre de quienes les han usurpado la patria.

La isla de Puerto Rico, colonia norteamericana, consume lo que no produce y produce lo que no consume. En sus tierras, abandonadas, ni siquiera se cultiva el arroz y las habichuelas del plato nacional. La metrópoli enseña a la colonia a respirar aire acondicionado, a comer comida enlatada, a moverse en autos fanfarronamente grandes, a endeudarse hasta el pescuezo y a borrarse el alma mirando televisión.

Pedro Albizu Campos murió hace un tiempo. Había pasado preso casi veinte años, en cárceles de los Estados Unidos, por su tarea de agitador incesante. Para recuperar la patria, creía, hay que amarla con alma y vida, como si fuera mujer; para devolverle el aliento, hay que rescatarla a balazos.

Él usaba corbata negra por la patria perdida. Estaba cada vez más solo.

(87, 116, 199 y 275)

1968
Ciudad de México

Los estudiantes

invaden las calles. Manifestaciones así, en México jamás se han visto, tan inmensas y alegres, todos atados brazo con brazo, cantando y riendo. Los estudiantes claman contra el presidente Díaz Ordaz y sus ministros, momias con vendas y todo, y contra los demás usurpadores de aquella revolución de Zapata y Pancho Villa.

En Tlatelolco, plaza que ya fue moridero de indios y conquistadores, ocurre la encerrona. El ejército bloquea todas las salidas con tanques y ametralladoras. En el corral, prontos para el sacrificio, se apretujan los estudiantes. Cierra la trampa un muro continuo de fusiles con bayoneta calada.

Las luces de bengala, una verde, otra roja, dan la señal.

Horas después, busca su cría una mujer. Los zapatos dejan huellas de sangre en el suelo.

(299 y 347)

«Había mucha, mucha sangre», relata la madre de un estudiante,

a tal grado que yo sentía en las manos lo viscoso de la sangre. También había sangre en las paredes. Creo que los muros de Tlatelolco tienen los poros llenos de sangre; Tlatelolco entero respira sangre... Yacían los cadáveres en el piso de concreto esperando a que se los llevaran. Conté muchos desde la ventana, cerca de sesenta y ocho. Los iban amontonando bajo la lluvia. Yo recordaba que Carlitos, mi hijo, llevaba una chamarra de pana verde y en cada cadáver yo creía reconocerla...

(347)

1968
Ciudad de México

Revueltas

Tiene medio siglo largo, pero cada día comete el delito de ser joven. Está siempre en el centro del alboroto, disparando discursos y manifiestos. José Revueltas denuncia a los dueños del poder en México, que por irremediable odio a todo lo que palpita, crece y cambia, acaban de asesinar trescientos estudiantes en Tlatelolco:
—*Los señores del gobierno están muertos. Por eso nos matan.*

En México, el poder asimila o aniquila, fulmina de un abrazo o de un balazo: a los respondones que no se dejan meter en el presupuesto, los mete en la tumba o en la cárcel. El incorregible Revueltas vive preso. Rara vez no duerme en celda y entonces pasa las noches tendido en algún banco de la alameda o escritorio de la universidad. Los policías lo odian por revolucionario y los dogmáticos por libre; los beatos de izquierda no le perdonan su tendencia a las cantinas. Hace un tiempo, sus camaradas le pusieron un ángel de la guardia, para que salvara a Revueltas de toda tentación, pero el ángel terminó empeñando las alas para pagar las juergas que se corrían juntos.

(373)

1968
A orillas del río Yaqui

La revolución mexicana ya no es

Los indios yaquis, guerreros de muchos siglos, llaman a Lázaro Cárdenas. Lo citan en una pradera luminosa del norte de México, cerca del río de sus tradiciones.

Parados a la sombra del frondoso árbol del pan, los jefes de las ocho tribus yaquis le dan la bienvenida. En las cabezas lucen los plumajes reservados a las grandes ocasiones.

—¿*Te acuerdas, Tata?*

Han pasado treinta años y ésta es una gran ocasión. Habla el Principal:

—*Tata Lázaro, ¿te acuerdas? Tú nos devolviste las tierras. Nos diste hospitales y escuelas.*

Al fin de cada frase, los jefes golpean el suelo con sus bastones de mando y retumba en la pradera el eco seco.

—¿*Te acuerdas? Queremos que sepas. Los ricos nos quitaron las tierras. Los hospitales se han convertido en cuarteles. Las escuelas son cantinas.*

Cárdenas escucha y calla.

(45)

1968
Ciudad de México

Rulfo

En el silencio, late otro México. Juan Rulfo, narrador de desventuras de los vivos y los muertos, guarda silencio. Hace quince años dijo lo que tenía que decir, en una novela corta y unos pocos relatos, y desde entonces calla. O sea: hizo el amor de hondísima manera y después se quedó dormido.

1969
Lima

Arguedas

se parte el cráneo de un balazo. Su historia es la historia del Perú; y enfermo de Perú se mata.

Hijo de blancos, José María Arguedas había sido criado por los indios. Habló quechua durante toda su infancia. A los diecisiete años fue arrancado de la sierra y arrojado a la costa; salió de los pueblitos comuneros para entrar en las ciudades propietarias.

Aprendió la lengua de los vencedores y en ella habló y escribió. Nunca escribió *sobre* los vencidos, sino *desde* ellos. Supo decirlos; pero su hazaña fue su maldición. Sentía que todo lo suyo era traición o fracaso, desgarramiento inútil. No podía ser indio, no quería ser blanco, no soportaba ser a la vez el desprecio y el despreciado.

Caminó el solitario caminante al borde de ese abismo, entre los dos mundos enemigos que le dividían el alma. Muchas avalanchas de angustia le cayeron encima, peores que cualquier alud de lodo y piedras; hasta que fue derribado.

(30 y 256)

1969
Mar de la Tranquilidad

El descubrimiento de la Tierra

La nave espacial llega desde Houston, Texas, y posa en la luna sus largas patas de araña. Los astronautas Armstrong y Aldrin ven la Tierra como nadie la había visto hasta ahora, y la Tierra no es la generosa teta que nos da de mamar leche y veneno sino una bella piedra helada que rueda en la soledad del universo. Parece sin hijos la Tierra, habitada por nadie, o quizás indiferente, como si no sintiera ni siquiera cosquillas por las pasiones humanas que hormiguean en su suelo.

Los astronautas nos transmiten por televisión y radio las palabras previamente programadas acerca del gran paso que la humanidad está dando, mientras clavan el estandarte de los Estados Unidos de América en el pedregoso Mar de la Tranquilidad.

1969
Bogotá

Los gamines

Tienen la calle por casa. Son gatos en el salto y en el manotazo, gorriones en el vuelo, gallitos en la pelea. Vagan en bandadas, en galladas; duermen en racimos, pegados por la helada del amanecer. Comen lo que roban o las sobras que mendigan o la basura que encuentran; apagan el hambre y el miedo aspirando gasolina o pegamento. Tienen dientes grises y caras quemadas por el frío.

Arturo Dueñas, de la gallada de la calle Veintidós, se va de su banda. Está harto de dar el culo y recibir palizas por ser el más pequeño, el chinche, el chichigua; y decide que más vale largarse solo.

Una noche de éstas, noche como cualquier otra noche, Arturo se desliza bajo una mesa de restorán, manotea una pata de pollo y alzándola como estandarte huye por las callejuelas. Cuando encuentra algún oscuro recoveco, se sienta a cenar. Un perrito lo mira y se relame. Varias veces Arturo lo echa y el perrito vuelve. Se miran: son igualitos los dos, hijos de nadie, apaleados, puro hueso y mugre. Arturo se resigna y convida.

Desde entonces andan juntos, patialegres, compartiendo el peligro y el botín y las pulgas. Arturo, que nunca habló con nadie, cuenta sus cosas. El perrito duerme acurrucado a sus pies.

Y una maldita tarde los policías atrapan a Arturo robando buñuelos, lo arrastran a la Estación Quinta y allí le pegan tremenda pateadura. Al tiempo Arturo vuelve a la calle, todo maltrecho. El perrito no aparece. Arturo corre y recorre, busca y rebusca, y no aparece. Mucho pregunta y nada. Mucho lo llama y nada. Nadie en el mundo está tan solo como este niño de siete años que está solo en las calles de la ciudad de Bogotá, ronco de tanto gritar. ·

(68 y 342)

Alguien

En una esquina, ante el semáforo rojo, alguien traga fuego, alguien
lava parabrisas, alguien vende toallitas de papel, chicles, banderitas
y muñecas que hacen pipí. Alguien escucha el horóscopo por radio,
agradecido de que los astros se ocupen de él. Caminando entre los
altos edificios, alguien quisiera comprar silencio o aire, pero no le
alcanzan las monedas. En un cochino suburbio, entre los enjambres
de moscas de arriba y los ejércitos de ratas de abajo, alguien alquila
una mujer por tres minutos: en un cuartucho de burdel es violador
el violado, mejor que si lo hiciera con una burra en el río. Alguien
habla solo ante el teléfono, después de colgar el tubo. Alguien habla solo ante el televisor. Alguien habla solo ante la máquina traga-
monedas. Alguien riega una maceta de flores de plástico. Alguien
sube a un ómnibus vacío, en la madrugada, y el ómnibus sigue estando vacío.

1969
Río de Janeiro

La expulsión de las favelas

Se niegan a irse. Han sido los más pobres del campo y son ahora
los más pobres de la ciudad, siempre los últimos de la fila, gentes
de brazos baratos y piernas bailanderas; y al menos aquí viven
cerca de los lugares donde se ganan el pan. Se han puesto tozudos
los pobladores de Praia do Pinto y las demás favelas que cubren
las montañas de Río de Janeiro. Pero los jefes militares han echado
el ojo a estos terrenos tan vendibles y revendibles y especulables,
de modo que se resuelve el asunto mediante oportunos incendios.
Los bomberos jamás acuden. El amanecer es la hora de las lágrimas
y las cenizas. Después que el fuego arrasa las casas hechas de basura, como a basura barren a la gente y en camiones de basura la
arrojan lejos.

(340)

1969
Baixo Grande

Un castillo de basura

El viejo Gabriel dos Santos hace lo que sus sueños le mandan hacer. Él sueña en Brasil los mismos sueños locos que Antoni Gaudí soñaba hace un siglo en Cataluña, en la lejana Barcelona, aunque el viejo Gabriel nunca ha oído hablar de Gaudí ni ha visto ninguna de sus obras.

. No bien se despierta, el viejo Gabriel empieza a modelar con sus manos las maravillas que en sueños ve, antes de que se le escapen. Así ha levantado la Casa de la Flor. En ella vive, sobre la ladera de una colina batida por el viento marinero. De sueño en sueño va creciendo, a lo largo de los años, la morada del viejo Gabriel, este castillo o bicho raro de alegres colores y sinuosas formas, todo hecho de basura.

El viejo Gabriel, obrero de las salinas, nunca fue a la escuela, nunca vio televisión, nunca tuvo dinero. No conoce normas ni modelos. Él disparatea a su libre modo y manera, con las sobras que arroja fuera la cercana ciudad de Cabo Frío: guardabarros, faroles, astillas de ventanas y botellas, platos rotos, fierros viejos, patas de silla, ruedas

(171)

1969
Quebrada de Arque

La última cabriola del aviador Barrientos

El cardenal Maurer dice que el presidente Barrientos es como san Pablo, porque recorre los campos de Bolivia repartiendo verdades, pero Barrientos también reparte dinero y pelotas de fútbol. Por todas partes va y viene, regando billetes, en helicóptero. La Gulf Oil ha regalado el helicóptero a Barrientos, a cambio de dos mil

millones de dólares en gas y mil millones de dólares en petróleo
que Barrientos ha regalado a la Gulf Oil.

En este helicóptero, Barrientos paseó por los cielos de Bolivia
el cuerpo del Che Guevara, atado a los patines. En este helicóptero
Barrientos llega a la quebrada de Arque, en una de sus jiras incesantes, y como de costumbre arroja dinero sobre los campesinos;
pero al irse choca con un alambre, se estrella contra las rocas y se
quema vivo. Después de haber incendiado tantos cuadros y libros,
el fogoso Barrientos muere achicharrado en este helicóptero repleto
hasta el tope de billetes que arden con él.

(16, 17 y 474)

1969
San Salvador y Tegucigalpa

Dos turbulentos partidos

de fútbol disputan Honduras y El Salvador. Las ambulancias se
llevan muertos y heridos de las tribunas, mientras los hinchas continúan en la calle las grescas del estadio.

En seguida rompen relaciones los dos países. En Tegucigalpa,
los parabrisas de los autos lucen calcomanías que aconsejan: *Hon-
dureño: toma un leño, mata un salvadoreño.* En San Salvador, los
diarios exhortan al ejército a invadir Honduras *para propinar una
lección a esos bárbaros.* Honduras expulsa a los campesinos salvadoreños, aunque muchos de ellos ni siquiera saben que son extranjeros y jamás han visto un documento de identidad. El gobierno de
Honduras llama Reforma Agraria al desalojo de los salvadoreños,
obligados a emigrar con lo puesto, y al incendio de sus ranchos.
El gobierno de El Salvador considera espías a todos los hondureños
que viven allí.

La guerra no demora en estallar. El ejército de El Salvador pe-
netra en Honduras y avanza ametrallando las aldeas fronterizas.

(84, 125 y 396)

1969
San Salvador y Tegucigalpa

La llamada «guerra del fútbol»

tiene por enemigos a dos pedazos de América Central, jirones de la que fue, hace un siglo y medio, patria única.

Honduras, pequeño país agrario, está dominado por los latifundistas.

El Salvador, pequeño país agrario, está dominado por los latifundistas.

El pueblo campesino de Honduras no tiene tierra ni trabajo.

El pueblo campesino de El Salvador no tiene tierra ni trabajo.

En Honduras hay una dictadura militar nacida de un golpe de Estado.

En El Salvador hay una dictadura militar nacida de un golpe de Estado.

El general que gobierna Honduras ha sido formado en la Escuela de las Américas, en Panamá.

El general que gobierna El Salvador ha sido formado en la Escuela de las Américas, en Panamá.

De los Estados Unidos provienen las armas y los asesores del dictador de Honduras.

De los Estados Unidos provienen las armas y los asesores del dictador de El Salvador.

El dictador de Honduras acusa al dictador de El Salvador de ser un comunista a sueldo de Fidel Castro.

El dictador de El Salvador acusa al dictador de Honduras de ser un comunista a sueldo de Fidel Castro.

La guerra dura una semana. Mientras dura la guerra, el pueblo de Honduras cree que su enemigo es el pueblo de El Salvador y el pueblo de El Salvador cree que su enemigo es el pueblo de Honduras. Ambos pueblos dejan cuatro mil muertos en los campos de batalla.

(84 y 125)

1969
Port-au-Prince

Una ley condena a muerte a quien diga o escriba palabras rojas en Haití

Artículo I — Se declaran crímenes contra la seguridad del Estado las actividades comunistas bajo la forma que sea: toda profesión de fe comunista, verbal o escrita, pública o privada, toda propagación de doctrinas comunistas o anarquistas a través de conferencias, discursos, conversaciones, lecturas, reuniones públicas o privadas, por la vía de folletos, carteles, periódicos, revistas, diarios, libros e imágenes; toda correspondencia oral o escrita con asociaciones locales o extranjeras o con personas dedicadas a la difusión de ideas comunistas o anarquistas; y también el hecho de recibir, recoger o proporcionar fondos destinados directa o indirectamente a la propagación de dichas ideas.
Artículo II — Serán condenados a muerte los autores y los cómplices de estos crímenes. Sus bienes muebles e inmuebles serán confiscados y vendidos en beneficio del Estado.

Dr. *François Duvalier*
Presidente Vitalicio
de la República de Haití

(351)

1970
Montevideo

Retrato de un maestro de torturadores

Los guerrilleros tupamaros liquidan a Dan Anthony Mitrione, uno de los instructores norteamericanos de la policía del Uruguay.

El finado impartía sus cursos para oficiales en un sótano a prueba de sonidos. Para las lecciones prácticas utilizaba pordioseros y prostitutas cazados en la calle. Así mostraba a sus alumnos el efecto de los diversos voltajes de electricidad en las zonas más sensibles del cuerpo humano, y les enseñaba cómo aplicar eficazmente vomitivos y otras sustancias químicas. En los últimos meses, tres hombres y una mujer murieron durante estas clases de Técnica del Interrogatorio.

Mitrione detestaba el desorden y la mugre. Una cámara de torturas debía tener la asepsia de un quirófano. Y detestaba el lenguaje incorrecto:

—*Huevos no, comisario. Testículos.*

También detestaba el gasto inútil, el movimiento no necesario, el daño que se puede evitar:

—*Es un arte, más que una técnica* —decía: *el dolor preciso, en el lugar preciso, en la medida precisa.*

(225)

1970
Managua

Rugama

El altivo poeta, el chaparrito de sotana que comulgaba de pie, dispara hasta el último tiro y cae peleando contra todo un batallón de la dictadura de Somoza.

Leonel Rugama tenía veinte años.

De los amigos, prefería a los jugadores de ajedrez.

De los jugadores de ajedrez, a los que pierden por culpa de la muchacha que pasa.

De las que pasan, a la que queda.

De las que quedan, a la que todavía no llegó.

De los héroes, prefería a los que no dicen que mueren por la patria.

De las patrias, a la nacida de su muerte.

(399)

1970
Santiago de Chile

Paisaje después de las elecciones

En un acto de imperdonable mala conducta, el pueblo chileno elige presidente a Salvador Allende. Otro presidente, el presidente de la empresa ITT, International Telephone and Telegraph Corporation, ofrece un millón de dólares a quien acabe con tanta desgracia. Y el presidente de los Estados Unidos dedica al asunto diez millones: Richard Nixon encarga a la CIA que impida que Allende se siente en el sillón presidencial, o que lo tumbe si se sienta.

El general René Schneider, cabeza del ejército, se niega al golpe de Estado y cae fulminado en emboscada:

—*Esas balas eran para mí* —dice Allende.

Quedan suspendidos los préstamos del Banco Mundial y de toda la banquería oficial y privada, salvo los préstamos para gastos militares. Se desploma el precio internacional del cobre.

Desde Washington, el canciller Henry Kissinger explica:

—*No veo por qué tendríamos que quedarnos de brazos cruzados, contemplando cómo un país se hace comunista debido a la irresponsabilidad de su pueblo.*

(138, 181 y 278)

1971
Santiago de Chile

El Pato Donald

y sus sobrinos difunden las virtudes de la civilización del consumo entre los salvajes, en algún subdesarrollado país con paisajes de tarjeta postal. Los sobrinos de Donald ofrecen pompas de jabón a los estúpidos nativos, a cambio de piedras de oro puro, mientras el tío Donald combate contra los forajidos revolucionarios que alteran el orden.

Desde Chile, las historietas de Walt Disney se difunden por América del Sur y entran al alma de millones de niños. El pato Donald no se pronuncia contra Allende y sus rojos amigos, pero ni falta que hace. El mundo de Disney es el simpático zoológico del capitalismo: patos, ratones, perros, lobos y cerditos se ocupan de negocios, compran, venden, obedecen a la publicidad, reciben créditos, pagan cuotas, cobran dividendos, sueñan con herencias y compiten entre sí por tener más y ganar más.

(139 y 287)

1971
Santiago de Chile

«Disparen sobre Fidel»

ha ordenado la CIA a dos de sus agentes. Sólo sirven para ocultar pistolas automáticas esas cámaras de televisión que hacen como que filman, muy atareadas, la visita de Fidel Castro a Santiago de Chile. Los agentes enfocan a Fidel, lo tienen en el centro de la mira, pero ninguno dispara.

Hace ya muchos años que los especialistas de la División de Servicios Técnicos de la CIA vienen imaginando atentados contra Fidel. Han gastado fortunas. Han probado con cápsulas de cianuro en el batido de chocolate y con ciertas infalibles pildoritas que se disuelven en la cerveza o el ron y fulminan sin que la autopsia las delate. También lo han intentado con bazukas y fusiles de mira telescópica y con una bomba de plástico, de treinta kilos, que un agente debía ubicar en la alcantarilla, bajo la tribuna. Y han usado cigarros envenenados. Prepararon para Fidel un habano especial, que mata apenas toca los labios. Como no funcionó, probaron con otro habano que provoca mareos y aflauta la voz. Ya que no conseguían matarlo, trataron de matarle, por lo menos, el prestigio: intentaron rociarle el micrófono con un polvo que en pleno discurso provoca una irresistible tendencia al disparate y hasta le prepararon una pócima depilatoria, para que se le cayera la barba y quedara desnudo ante la multitud.

(109, 137 y 350)

1972
Managua

Nicaragua, S. A.

El turista llega al país en avión o barco de Somoza y se aloja en uno de los hoteles que Somoza tiene en la capital. El turista está cansado, y se echa a dormir sobre cama y colchón fabricados por Somoza. Al despertar, desayuna un café Presto, propiedad de Somoza, con leche de vacas de Somoza y azúcar cosechada en una de sus fincas y refinada en uno de sus ingenios. Enciende un fósforo de la empresa Momotombo, de Somoza, y prueba un cigarrillo de la Tabacalera Nicaragüense, que Somoza posee en sociedad con la British-American Tobacco Company.

El turista sale a la calle, cambia dinero en un banco de Somoza y en la esquina compra el diario somocista «Novedades». Leer «Novedades» es una imposible proeza, de modo que arroja el diario a la basura que mañana, al amanecer, será recogida por un camión Mercedes importado por Somoza.

El turista sube a un autobús de la empresa Cóndor, de Somoza, que lo llevará hasta la boca del volcán Masaya. Yendo hacia el penacho de fuego va viendo, por la ventanilla, los barrios de latas y charcas donde malvive la baratísima mano de obra que Somoza usa.

El turista regresa al anochecer. Bebe un ron destilado por Somoza, con hielo de su compañía Polar, y después come carne de una de sus terneras, pasada a cuchillo en uno de sus mataderos, con arroz de una de sus arroceras y ensalada que aderezá con aceite Corona, que es de Somoza y de la United Brands.

Media hora después de medianoche, revienta el terremoto. Quizás el turista sea uno de los doce mil muertos. Si no va a parar a alguna fosa común, descansará en paz dentro de un ataúd de la empresa funeraria de Somoza, envuelto en un sudario de la textil El Porvenir, que también pertenece a Somoza.

(10 y 102)

1972
Managua

El otro hijo de Somoza

El reloj de la catedral queda clavado, para siempre, a la hora en que el terremoto alza en vilo a la ciudad. El terremoto sacude a Managua y la destroza.

Ante la catástrofe, Tachito Somoza prueba sus virtudes de estadista y empresario. Decreta que los albañiles trabajarán sesenta horas semanales sin ganar ni un centavo más y declara:

—*Ésta es la revolución de las oportunidades.*

Tachito, hijo de Tacho Somoza, ha desplazado a su hermano Luis del trono de Nicaragua. Graduado en West Point, tiene mejores uñas. A la cabeza de una voraz bandada de primos segundos y tíos terceros, se lanza sobre las ruinas: él no ha fabricado el terremoto, pero lo cobra.

La tragedia de medio millón de personas sin casa es un espléndido regalo de Navidad. Somoza trafica desaforadamente con escombros y terrenos; y por si fuera poco, vende en Estados Unidos la sangre donada a las víctimas por la Cruz Roja Internacional. Después profundiza este filón, descubierto gracias a las aciagas circunstancias. Demostrando más iniciativa y espíritu de empresa que el conde Drácula, Tachito Somoza funda una sociedad anónima para comprar sangre barata en Nicaragua y venderla cara en el mercado norteamericano.

(10 y 102)

El pensamiento vivo de Tachito Somoza

No ostento mi dinero como símbolo de poder, sino como símbolo de fuente de trabajo para los nicaragüenses.

(434)

1972
Santiago de Chile

Chile queriendo nacer

Un millón de personas desfilan por las calles de Santiago, en apoyo a Salvador Allende y contra los momios burgueses que fingen que están vivos y fingen que son chilenos.

Pueblo en fuego, pueblo rompiendo la costumbre de sufrir: en busca de sí, Chile recupera el cobre, el hierro, el salitre, los bancos, el comercio exterior y los monopolios industriales. También se anuncia la próxima nacionalización de los teléfonos de la ITT. Se pagará por ellos lo poco que la ITT dice que valen, en sus declaraciones de impuestos.

(278 y 449)

1972
Santiago de Chile

Retrato de una empresa multinacional

La ITT ha inventado una máquina de rayos infrarrojos para detectar guerrilleros en la oscuridad, pero no la necesita para descubrirlos en el gobierno de Chile. Mucho dinero está gastando la empresa contra el presidente Allende. La experiencia reciente enseña que vale la pena: los generales que ahora mandan en Brasil han devuelto a la ITT, varias veces multiplicados, los dólares invertidos para voltear al presidente Goulart.

La ITT gana mucho más que Chile. Cuatrocientos mil obreros y funcionarios trabajan para la empresa en setenta países. En su mesa de directorio se sientan hombres que antes fueron directores de la CIA y del Banco Mundial. La ITT se ocupa de múltiples negocios en todos los continentes: produce equipos electrónicos y armas sofisticadas, organiza sistemas nacionales e internacionales de comunicación, participa en los vuelos espaciales, presta dinero, contrata seguros, explota bosques, brinda al turismo autos y hoteles y fabrica teléfonos y dictadores.

(138 y 407)

1973
Santiago de Chile

La trampa

Por valija diplomática llegan los verdes billetes que financian huelgas y sabotajes y cataratas de mentiras. Los empresarios paralizan a Chile y le niegan alimentos. No hay más mercado que el mercado negro. Largas colas hace la gente en busca de un paquete de cigarrillos o un kiló de azúcar; conseguir carne o aceite requiere un milagro de la Virgen María Santísima. La Democracia Cristiana y el diario «El Mercurio» dicen pestes del gobierno y exigen a gritos el cuartelazo redentor, que ya es hora de acabar con esta tiranía roja; les hacen eco otros diarios y revistas y radios y canales de televisión. Al gobierno le cuesta moverse: jueces y parlamentarios le ponen palos en las ruedas, mientras conspiran en los cuarteles los jefes militares que Allende cree leales.

En estos tiempos difíciles, los trabajadores están descubriendo los secretos de la economía. Están aprendiendo que no es imposible producir sin patrones, ni abastecerse sin mercaderes. Pero la multitud obrera marcha sin armas, vacías las manos, por este camino de su libertad.

Desde el horizonte vienen unos cuantos buques de guerra de los Estados Unidos, y se exhiben ante las costas chilenas. Y el golpe militar, tan anunciado, ocurre.

(181, 278 y 449)

1973
Santiago de Chile

Allende

Le gusta la buena vida. Varias veces ha dicho que no tiene pasta de apóstol ni condiciones para mártir. Pero también ha dicho que vale la pena morir por todo aquello sin lo cual no vale la pena vivir.

Los generales alzados le exigen la renuncia. Le ofrecen un avión para que se vaya de Chile. Le advierten que el palacio presidencial será bombardeado por tierra y aire.

Junto a un puñado de hombres, Salvador Allende escucha las noticias. Los militares se han apoderado de todo el país. Allende se pone un casco y prepara su fusil. Resuena el estruendo de las primeras bombas. El presidente habla por radio, por última vez:
— *Yo no voy a renunciar...*

(449 y 466)

1973
Santiago de Chile

«Se abrirán las grandes alamedas», anuncia Salvador Allende en su mensaje final

Yo no voy a renunciar. Colocado en un trance histórico, pagaré con mi vida la lealtad del pueblo. Y les digo que tengo la certeza de que la semilla que entregáramos a la conciencia digna de miles y miles de chilenos no podrá ser segada definitivamente. Tienen la fuerza. Podrán avasallarnos, pero no se detienen los procesos sociales con el crimen ni con la fuerza. La historia es nuestra y la hacen los pueblos...

Trabajadores de mi patria: Tengo fe en Chile y en su destino. Superarán otros hombres este momento gris y amargo donde la traición pretende imponerse. Sigan ustedes sabiendo que, mucho más temprano que tarde, de nuevo se abrirán las grandes alamedas por donde pase el hombre libre para construir una sociedad mejor. ¡Viva Chile, viva el pueblo, vivan los trabajadores! Éstas son mis últimas palabras. Tengo la certeza de que mi sacrificio no será en vano.

La reconquista de Chile

Una gran nube negra se eleva desde el palacio en llamas. El presidente Allende muere en su sitio. Los militares matan de a miles por todo Chile. El Registro Civil no anota las defunciones, porque no caben en los libros, pero el general Tomás Opazo Santander afirma que las víctimas no suman más que el 0,01 por 100 de la población, lo que no es un alto costo social, y el director de la CIA, William Colby, explica en Washington que gracias a los fusilamientos Chile está evitando una guerra civil. La señora Pinochet declara que el llanto de las madres redimirá al país.

Ocupa el poder, todo el poder, una Junta Militar de cuatro miembros, formados en la Escuela de las Américas en Panamá. Los encabeza el general Augusto Pinochet, profesor de Geopolítica. Suena música marcial sobre un fondo de explosiones y metralla: las radios emiten bandos y proclamas que prometen más sangre, mientras el precio del cobre se multiplica por tres, súbitamente, en el mercado mundial.

El poeta Pablo Neruda, moribundo, pide noticias del terror. De a ratos consigue dormir y dormido delira. La vigilia y el sueño son una única pesadilla. Desde que escuchó por radio las palabras de Salvador Allende, su digno adiós, el poeta ha entrado en agonía.

(278, 442 y 449)

La casa de Allende

Antes que el palacio presidencial, han bombardeado la casa de Allende.

Tras las bombas, los militares entraron aniquilando lo que quedaba: a bayonetazos embistieron contra los cuadros de Matta, Gua-

yasamín y Portocarrero, y a golpes de hacha reventaron los muebles.
Ha pasado una semana. La casa es un basural. Brazos y piernas
de lata, de las armaduras que adornaban la escalera, yacen desparra-
mados por ahí. En el dormitorio, un soldado ronca, durmiendo la
mona a pata suelta, rodeado de botellas vacías.

En el living, se escuchan quejidos y jadeos. Allí todavía está de
pie, todo descuajaringado pero de pie, un gran sillón amarillo. Sobre
el sillón, la perra de los Allende está pariendo. Los cachorritos,
ciegos todavía, le buscan el calor y la leche. Ella los lame.

(345)

1973
Santiago de Chile

La casa de Neruda

En medio de la devastación, en su casa también despedazada a golpes de hacha, yace Neruda, muerto de cáncer, muerto de pena. Su
muerte no alcanzaba, por ser Neruda hombre de mucho sobrevivir,
y los militares le han asesinado las cosas: han hecho astillas su
cama feliz y su mesa feliz, han destripado su colchón y han quemado sus libros, han reventado sus lámparas y sus botellas de colores, sus vasijas, sus cuadros, sus caracoles. Al reloj de pared le
han arrancado el péndulo y las agujas; y al retrato de su mujer le
han clavado la bayoneta en un ojo.

De su casa arrasada, inundada de agua y barro, el poeta parte
hacia el cementerio. Lo escolta un cortejo de amigos íntimos, que
encabeza Matilde Urrutia. (Él le había dicho: *Fue tan bello vivir
cuando vivías.)*

Cuadra tras cuadra, el cortejo crece. Desde todas las esquinas
se suma gente, que se echa a caminar a pesar de los camiones militares erizados de ametralladoras y de los carabineros y soldados que
van y vienen, en motocicletas y carros blindados, metiendo ruido,
metiendo miedo. Detrás de alguna ventana, una mano saluda. En
lo alto de algún balcón, ondula un pañuelo. Hoy hace doce días del
cuartelazo, doce días de callar y morir, y por primera vez se escucha

la Internacional en Chile, la Internacional musitada, gemida, sollozada más que cantada hasta que el cortejo se hace procesión y la procesión se hace manifestación y el pueblo, que camina contra el miedo, rompe a cantar por las calles de Santiago a pleno pulmón, con voz entera, para acompañar como es debido a Neruda, el poeta, su poeta, en el viaje final.

(314 y 442)

1973
Miami

El santo Consumismo contra el dragón del Comunismo

El baño de sangre de Chile provoca bronca y asco en el mundo entero, pero en Miami no: una jubilosa manifestación de cubanos exiliados celebra el asesinato de Allende y de todos los demás.

Miami se ha convertido en la ciudad cubana más populosa después de La Habana. La calle Ocho es la Cuba que fue. En Miami ya se han apagado la ilusiones de derribar a Fidel, pero circulando por la calle Ocho cualquiera regresa a los buenos tiempos perdidos.

Allí mandan banqueros y mafiosos, todo el que piensa es loco o peligroso comunista y los negros no se han salido de su lugar. Hasta el silencio es estridente. Se fabrican almas de plástico y automóviles de carne y hueso. En los supermercados, las cosas compran a la gente.

(207)

1973
Recife

Elogio de la humillación

En la capital del nordeste brasileño, Gilberto Freyre asiste a la inauguración de un restorán que se llama, como su famoso libro, *Casa grande e senzala*. Aquí celebra el escritor los cuarenta años de la primera edición de la obra.

Están disfrazados de esclavos los camareros que sirven las mesas. Decoran el ambiente unos cuantos látigos, cepos, picotas, cadenas y argollas de hierro que cuelgan de las paredes. Los invitados sienten que han vuelto a los buenos tiempos en que el negro servía al blanco sin chistar, como el hijo servía al padre, la mujer al marido, el civil al militar y la colonia a la metrópoli. La dictadura del Brasil está haciendo lo posible para que así sea. Gilberto Freyre la aplaude.

(170 y 306)

1974
Brasilia

Diez años después de la reconquista del Brasil

A la economía le va muy bien. A la gente, muy mal. Dicen las estadísticas oficiales que la dictadura militar ha convertido al Brasil en una potencia económica, con un alto índice de crecimiento del producto bruto interno. También dicen las estadísticas que la cantidad de brasileños desnutridos ha pasado de veintisiete millones a setenta y dos millones, de los cuales trece millones están tan vencidos por el hambre, que ya no pueden ni echarse a correr.

(371, 377 y 378)

1974
Río de Janeiro

Chico

Esta dictadura lastima a la gente y ofende a la música. Chico Buarque, hecho de música y gente, canta contra el poder.

De cada tres canciones, la censura le prohíbe o le mutila dos. Un día sí y otro también, la policía política lo somete a largos interrogatorios. A la entrada, le revisan la ropa. A la salida, Chico se revisa los adentros, para ver si los policías no le han metido un censor en el alma o si no le han incautado la alegría en un momento de distracción.

1974
Ciudad de Guatemala

Veinte años después de la reconquista de Guatemala

En pueblos y ciudades se ven puertas marcadas por cruces de alquitrán y al borde de los caminos hay cabezas clavadas en lo alto de las picas. Para escarmiento y advertencia, se convierte al crimen en espectáculo público. Las víctimas son despojadas de nombre y de historia: se las arroja a la boca de un volcán o al fondo de la mar o se las entierra en fosas comunes bajo la inscripción *NN,* que significa *Non Nato,* que significa *No Nacido.* Las más de las veces, el terrorismo de Estado opera sin uniforme. Se llama, entonces, La Mano, La Sombra, El Rayo, Ejército Secreto Anticomunista, Orden de la Muerte, Escuadrón de la Muerte.

El general Kjell Laugerud, recién llegado a la presidencia por falsificación de elecciones, se compromete a seguir aplicando en Guatemala las técnicas que el Pentágono había ensayado en Vietnam. Guatemala es el primer laboratorio latinoamericano de la guerra sucia.

(450)

1974
Selvas de Guatemala

El quetzal

siempre fue la alegría del aire en Guatemala. La más resplandeciente de las aves sigue sirviendo de símbolo a este país, aunque ya se lo ve poco o nada en las altas selvas donde antes abundaba.

El quetzal se está extinguiendo y mientras tanto, se multiplica el zopilote. El zopilote, que tiene buena nariz para oler la muerte de lejos, completa la tarea del ejército: persigue a los verdugos de aldea en aldea, volando en círculos ansiosos.

El zopilote, vergüenza del cielo, ¿sustituirá al quetzal en los billetes, en el himno, en la bandera?

1974
Ixcán

Una clase de educación política en Guatemala

Llenos de lombrices y de incertidumbres, los guerrilleros atraviesan la selva. Estas sombras famélicas llevan muchos días caminando a oscuras, bajo un techo de árboles cerrado al sol. A modo de reloj, usan las voces de la espesura: anunciando el amanecer canta el atajacaminos desde el río; al atardecer estalla el escándalo de los loros y los guacamayos; cuando cae la noche, chillan los pizotes y tosen los micoleones. Esta vez, por primera vez en meses, los guerrilleros escuchan cantar un gallo. Una aldea se acerca.

En esta aldea y en esta sierra manda un terrateniente llamado el Tigre de Ixcán. Como a todos los dueños de la tierra, la ley lo exime de responsabilidad criminal. En sus fincas hay horca, azotes y cepos. Cuando la mano de obra local no alcanza, el ejército le envía indios en helicóptero, para desmontar selva o recoger gratis el café.

Pocos han visto al Tigre de Ixcán. Todos le temen. A muchos ha matado, a muchos ha mandado matar.

Los guerrilleros reúnen a los indios y lo muestran: el Tigre, muerto, parece un disfraz abandonado.

(336)

1974
Yoro

Lluvia

En Chile ha visto mucha muerte. Sus más queridos compañeros han caído fusilados o reventados a culatazos y patadas. Juan Bustos, uno de los asesores del presidente Allende, se ha salvado por un pelito.

Exiliado en Honduras, Juan arrastra sus días de mala manera. De los que en Chile murieron, ¿cuántos murieron en lugar de él? ¿A quiénes usurpa el aire que está respirando? Lleva meses así, de pena en pena, avergonzado de sobrevivir, cuando una tarde las piernas lo traen a un pueblo llamado Yoro, en el centro y en lo hondo de Honduras.

Llega a Yoro porque sí, porque no, y en Yoro pasa la noche bajo cualquier techo. Muy de mañanita se levanta y se echa a andar por las calles de tierra, desganado, temando tristezas, mirando sin ver.

Y de pronto, la lluvia lo golpea. Es una lluvia violenta y Juan se protege la cabeza. Pero en seguida advierte que no es de agua ni de granizo esta lluvia prodigiosa. Locas luces de plata rebotan en la tierra y saltan por los aires:

—*¡Llueven peces!* —grita Juan, manoteando los peces vivos que caen en picada desde las nubes y brincan y centellean a su alrededor para que a Juan nunca más se le ocurra maldecir el milagro de estar vivo y para que nunca más olvide que él ha tenido la suerte de nacer en América:

—*Y sí* —le dice un vecino, tranquilamente, como si nada—. *Aquí, en Yoro, llueven peces.*

1975
San Salvador

Miguel a los setenta

Cada día de la vida es el irrepetible acorde de una música que se ríe de la muerte. El peligroso Miguel se ha pasado de vivo y los dueños de El Salvador deciden comprar un asesino para que la vida se vaya con la música a otra parte.

El asesino trae un puñal escondido bajo la camisa. Miguel está sentado, hablando a los estudiantes en la Universidad. Les está diciendo que los jóvenes tienen que ocupar el lugar de los tatitas, y que es preciso que actúen, que se jueguen, que hagan cosas, sin cacarear como las gallinas cada vez que ponen un huevo. El asesino se abre paso lentamente entre el público y se va corriendo hasta ubicarse a espaldas de Miguel. Pero en el instante en que alza el filo, una mujer pega un tremendo alarido y Miguel se tira al suelo y evita la puñalada.

Y así ocurre el duodécimo nacimiento de Miguel Mármol, a los setenta años de su edad.

(222)

1975
San Salvador

Roque

Roque Dalton, alumno de Miguel Mármol en las artes de la resurrección, se salvó dos veces de morir fusilado. Una vez se salvó porque cayó el gobierno y otra vez se salvó porque cayó la pared, gracias a un oportuno terremoto. También se salvó de los torturadores, que lo dejaron maltrecho pero vivo, y de los policías que lo corrieron a balazos. Y se salvó de los hinchas de fútbol que lo corrieron a·pedradas, y se salvó de las furias de una chancha recién parida y de numerosos maridos sedientos de venganza.

Poeta hondo y jodón, Roque prefería tomarse el pelo a tomarse en serio, y así se salvó de la grandilocuencia y de la solemnidad y de otras enfermedades que gravemente aquejan a la poesía política latinoamericana.

No se salva de sus compañeros. Son sus propios compañeros quienes condenan a Roque por delito de discrepancia. De al lado tenía que venir esta bala, la única bala capaz de encontrarlo.

(127)

1975
Río Amazonas

Paisaje tropical

Por las aguas del Amazonas avanza lentamente el barco, en viaje de nunca acabar desde Belém hacia Manaos. Rara vez aparece alguna choza, en la selva enmascarada por marañas de lianas, y algún niño desnudo saluda a los navegantes con la mano. En la cubierta, repleta, alguien lee la Biblia en voz alta, sonoras alabanzas a Dios, pero el gentío prefiere reír y cantar mientras botellas y cigarrillos pasan de boca en boca. Una cobra amaestrada se enrosca en los barrotes, rozando las pieles de difuntas colegas que se secan al aire. El dueño de la cobra, sentado en el suelo, desafía a los demás pasajeros a duelo de naipes.

Un periodista suizo viaja en este barco. Lleva horas observando a un viejo pobretón y huesudo, que pasa todo el tiempo abrazado a una gran caja de cartón y no la suelta ni para dormir. Picado por la curiosidad, el suizo ofrece cigarrillos, galletitas y conversación, pero el viejo es hombre sin vicio, de poco comer y prosa ninguna.

A mitad de camino, en medio de la selva, el viejo desembarca. El suizo lo ayuda a bajar la gran caja de cartón y entonces, entreabriendo la tapa, espía: dentro de la caja, envuelta en celofán, hay una palmera de plástico.

(264)

1975
Río Amazonas

Éste es el río padre de mil ríos,

el río más caudaloso del mundo, y la selva brotada de su aliento es el último pulmón del planeta. A la Amazonia han acudido aventureros y codiciosos desde los antiguos tiempos en que los primeros

europeos que por aquí anduvieron descubrieron indios con los pies
al revés, que en vez de caminar descaminaban sobre estas tierras
prometedoras de prodigiosa fortuna.

Desde aquel entonces, en la Amazonia cualquier negocio se abre
con una matanza de indios. En un escritorio con aire acondicionado,
en San Pablo, Nueva York o donde sea, un ejecutivo de empresa
firma un cheque y da la orden de exterminio. La tarea comienza
limpiando la selva de indios y otras fieras.

A los indios les regalan azúcar o sal mezclados con venenos para
ratas, o los bombardean desde el aire, o los desangran colgados de
los pies, sin tomarse el trabajo de desollarlos porque nadie compra-
ría la piel.

Completan la faena los desfoliantes de la Dow Chemical, que
arrasaron los bosques de Vietnam y ahora arrasan los del Brasil.
Las tortugas, ciegas, deambulan por donde hubo árboles.

(55, 65, 67 y 375)

1975
Ribeirão Bonito

Un día de justicia

Grandes como países son las tierras de las empresas ganaderas lan-
zadas a la conquista de la Amazonia. Los generales brasileños les
perdonan impuestos, les abren carreteras y les dan créditos y permiso para matar.

Las empresas usan a los campesinos harapientos que los ríos y
la miseria traen desde el nordeste: los campesinos matan indios,
y son matados; usurpan la tierra de los indios, y son usurpados. Los
desalojan las vacas cuya carne jamás probarán.

Cuando la carretera llega al pueblo de Ribeirão Bonito, los policías empiezan la expulsión. A los campesinos que se niegan, los con-
vencen en la cárcel, moliéndolos a palos o clavándoles agujas bajo
las uñas. El padre João Bosco Burnier llega al pueblo, entra en la
cárcel, pregunta por los torturados. Un policía le responde volándole
la cabeza de un balazo.

Al día siguiente, las mujeres encabezan la furia. Carmesinha, Naide, Margarida, enarbolan una cruz inmensa. Tras ellas, seiscientos campesinos empuñan hachas, picos, palos, lo que sea. El pueblo entero embiste, cantando a coro, grandiosa voz de voces; y donde estaba la cárcel queda una basurita.

(65 y 375)

1975
Huayanay

Otro día de justicia

La comunidad de Huayanay, de los Andes del Perú, llevaba unos cuantos años pasando la pena negra por causa de Matías Escobar. Mucho daño había hecho este malandrín, ladrón de cabras y de mujeres, incendiador y asesino, cuando la comunidad lo atrapó, lo juzgó, lo sentenció y lo ejecutó. Murió Matías de doscientos treinta golpes, en la Plaza de Armas del pueblo: cada miembro de la comunidad pegó su golpe, y después hubo doscientas treinta huellas digitales firmando la confesión.

Nadie ha hecho el menor caso del decreto del general Velasco Alvarado que daba al quechua categoría de idioma oficial. El quechua no se enseña en las escuelas ni se acepta en los juzgados. En incomprensible lengua castellana, un juez interroga a varios indios de Huayanay, presos en Lima. Les pregunta quién mató a Matías Escobar, como si no se supiera.

(203)

1975
Cuzco

Condori mide el tiempo en panes

Trabaja de mula. Al canto del gallo ya le echan a la espalda la primera carga, en el mercado o la estación, y hasta la noche anda por las calles del Cuzco acarreando lo que venga, a cambio de las monedas que quieran tirarle. Aplastado bajo el peso de los bultos y los años, ropa en hilachas, hombre en hilachas, Gregorio Condori trabaja y recuerda mientras la espalda y la memoria aguanten su jodida carga.

Desde que tuvo los huesos duros, fue pastor y peregrino, labrador y soldado. En Urcos estuvo preso nueve meses, por aceptar convite de un caldito de vaca robada. En Sicuani vio un tren por primera vez, culebra negra que echaba fuego por la cabeza, y años después cayó de rodillas cuando un avión atravesó el cielo como cóndor anunciando a gritos roncos el fin del mundo.

Condori recuerda en panes la historia del Perú:

—*Cuando cinco grandes panes de puro trigo costaban un real, y tres panes medio real, Odría le quitó la presidencia a Bustamante.*

Y vino otro que le arrebató el poder a Odría, y otro al otro, y otro, y por fin Velasco echó a Belaúnde. Y ahora, ¿quién echará a Velasco? Condori ha oído que Velasco está en favor de los pobres.

(111)

1975
Lima

Velasco

Desafina un gallo. Los pájaros hambrientos picotean granos secos. Revolotean las aves negras sobre nidos ajenos. No echado, pero se va: enfermo, mutilado, desalentado, el general Juan Velasco Alvarado abandona la presidencia del Perú.

El Perú que deja es menos injusto que el que había encontrado. Él se batió contra los monopolios imperiales y los señores feudales, y quiso que los indios dejaran de ser desterrados en su tierra. Los indios, aguantadores como la paja brava, continúan esperando que llegue su día. Por decreto de Velasco, la lengua quechua tiene ahora los mismos derechos que la lengua española, y es tan oficial como ella; pero ningún funcionario. reconoce ese decreto, ni lo aplica ningún juez, ni policía, ni maestro. La Academia de la Lengua Quechua recibe un subsidio del Estado. Ese subsidio equivale a seis dólares con setenta y cinco centavos *por año*.

1975
Lima

Los retablos de Huamanga

En Lima se indignan los artistas de caballete, los académicos y también los de vanguardia. Se ha otorgado el Premio Nacional de Arte a Joaquín López Antay, retablista de Huamanga, y eso es un escándalo. La artesanía no está mal, dicen los artistas peruanos, pero siempre y cuando no se salga de su sitio.

Los retablos de Huamanga, que empezaron siendo altares portátiles, han ido cambiando de personajes con el paso del tiempo. Los santos y los apóstoles han cedido su lugar a la oveja que da de mamar al cordero y al cóndor que vigila el mundo, al labrador y al pastor, al patrón castigador, al sombrerero en su taller y al cantador que acaricia, triste, su charango.

López Antay, el intruso en los selectos cielos del Arte, aprendió de su abuela india el oficio de retablos. Ella le enseñó a modelar santos, hace más de medio siglo; y ahora lo mira hacer, sentada, tranquila, desde la muerte.

(31 y 258)

Las molas de San Blas

Las indias cunas hacen las molas, en las islas de San Blas, en Panamá, para lucirlas pegadas a la espalda o al pecho. Con hilo y aguja, talento y paciencia, van combinando retazos de telas de colores en diseños que jamás se repiten. A veces imitan la realidad; a veces la inventan. Y a veces ocurre que queriendo copiar, nomás copiar, algún pájaro que han visto, se ponen a recortar y a coser, puntada tras puntada, y terminan descubriendo algo más colorido y cantor y volandero que cualquiera de los pájaros que en el cielo son.

Los amates del río Balsas

Antes de las lluvias, en el tiempo de la luna tierna, se arranca la corteza al árbol de amate. El árbol, desnudado, muere. Sobre su piel los indios mexicanos del río Balsas pintan flores y delirios, radiantes aves del monte y monstruos en acecho, y pintan los trabajos y los días de las comunidades que en devota procesión saludan a la Virgen y en secreta ceremonia llaman a la lluvia.

Antes de la conquista europea, otros indios habían pintado, en cortezas de amate, los códices que contaban la vida de las gentes y de las estrellas. Cuando los conquistadores impusieron su papel y sus imágenes, los amates desaparecieron. Durante más de cuatro siglos, nadie pintó nada en estos prohibidos papeles de la tierra mexicana. No hace mucho, a mediados del siglo nuestro, los amates volvieron:

—*Todo el pueblo es pintor. Todo, todos.*

La vida remota respira en los amates, que vienen de lejos, de muy lejos; pero no llegan cansados.

(57)

Las arpilleras de Santiago

Los niños, que duermen de a tres por cama, tienden sus brazos hacia una vaca voladora. Papá Noel trae una bolsa de pan, no de juguetes. Al pie de un árbol, mendiga una mujer. Bajo el sol rojo, un esqueleto conduce un carro de basura. Por los caminos sin fin, andan hombres sin rostro. Un ojo inmenso vigila. En el centro del silencio y del miedo, humea la olla popular.

Chile es este mundo de trapos de colores sobre fondo de bolsas de harina. Con sobras de lana y viejos harapos bordan arpilleras las mujeres de los suburbios miserables de Santiago. Las arpilleras se venden en las iglesias. Que haya quien las compre, es cosa de no creer. Ellas se asombran:

—*Nosotras bordamos nuestros problemas, y nuestros problemas son feos.*

Primero fueron las mujeres de los presos. Después, muchas otras se pusieron a bordar. Por el dinero, que ayuda a remediar; pero no sólo por el dinero. Bordando arpilleras las mujeres se juntan, interrumpen la soledad y la tristeza y por unas horas rompen la rutina de la obediencia al marido, al padre, al hijo macho y al general Pinochet.

Los diablitos de Ocumicho

Como las arpilleras chilenas, nacen de mano de mujer los diablitos de barro del pueblo mexicano de Ocumicho. Los diablitos hacen el amor, de a dos o de a muchos, y asisten a la escuela, conducen motos y aviones, se cuelan en el arca de Noé, se esconden entre los rayos del sol amante de la luna y se meten, disfrazándose de recién nacidos, en los pesebres de Navidad. Acechan los diablitos bajo la mesa de la Última Cena, mientras Jesucristo, clavado a la cruz, come pescados del lago de Pátzcuaro junto a sus apóstoles indios. Comiendo, Jesucristo ríe de oreja a oreja, como si hubiera descubierto que este mundo puede ser redimido por el placer más que por el dolor.

En casas sombrías, sin ventanas, las alfareras de Ocumicho modelan estas figuras luminosas. Hacen un arte libre las mujeres atadas a los hijos incesantes, prisioneras de maridos que se emborrachan y las golpean. Condenadas a la sumisión, destinadas a la tristeza, ellas crean cada día una nueva rebelión, una alegría nueva.

Sobre la propiedad privada del derecho de creación

Quieren los compradores que las alfareras de Ocumicho firmen sus trabajos. Ellas usan sello para grabar el nombre al pie de sus diablitos. Pero muchas veces se olvidan de firmar, o aplican el sello de la vecina si no encuentran el propio sello a mano, de modo que María resulta autora de una obra de Nicolasa, o al revés.

Ellas no entienden este asunto de la gloria solitaria. Dentro de su comunidad de indios tarascos, una es todas. Fuera de la comunidad, una es ninguna, como le ocurre al diente que se desprende de la boca.

(183)

1975
Cabimas

Vargas

Por las orillas del lago de Maracaibo pasó el petróleo y se llevó los colores. En este basurero, sórdidas calles, aire sucio, aguas aceitosas, vive y pinta Rafael Vargas.

No crece la hierba en Cabimas, ciudad muerta, tierra vaciada, ni quedan peces en sus aguas, ni pájaros en su aire, ni gallos que alegren sus madrugadas, pero en los cuadros de Vargas el mundo está de fiesta, respira la tierra a pleno pulmón, estallan de frutas y flores los verdísimos árboles, y prodigiosos peces y pájaros y gallos se codean de igual a igual con la gente.

Vargas casi no sabe leer ni escribir. Bien sabe, sí, ganarse la vida, como carpintero, y como pintor ganarse la limpia luz de sus días: venganza y profecía de quien no pinta la realidad que conoce sino la realidad que necesita.

1975
Salta

Los alegres colores del cambio

Como en un cuadro del venezolano Vargas, en la provincia argentina de Salta los autos patrulleros de la policía fueron pintados de amarillo y naranja. En vez de sirena llevaban música y en vez de presos llevaban niños: los patrulleros andaban llenos de niños que iban y venían desde los ranchos lejanos a las escuelas de la ciudad. Las celdas de castigo y las cámaras de tortura fueron demolidas. Desapareció la policía de los partidos de fútbol y de las manifestaciones obreras. Salieron en libertad los torturados y marcharon presos los torturadores, oficiales especializados en romper huesos a martillazos. Los perros policiales, que habían sido el terror de la población, pasaron a dar funciones de acrobacia para divertir a los barrios pobres.

Esto ocurrió hace un par de años, cuando Rubén Fortuny fue jefe de policía de Salta. Poco duró Fortuny. Mientras él hacía lo que hacía, otros hombres como él estaban cometiendo locuras parecidas en toda la Argentina y el país entero andaba eufórico y abrazador.

Triste epílogo del gobierno peronista: ha muerto Perón, que había recuperado el poder, y tras su muerte los verdugos vuelven a gozar de libertad y empleo.

A Fortuny lo matan de un balazo a la altura del corazón. Después secuestran al gobernador que lo había designado, Miguel Ragone. De Ragone no dejan más que una mancha de sangre y un zapato.

1975
Buenos Aires

Contra los hijos de Evita y Marx

Pero pueblo adentro sopla, sigue soplando, el peligroso viento del cambio. Los militares ven que por todas partes asoma la amenaza de la revolución social, y se disponen a salvar a la nación. Hace casi medio siglo que vienen salvando a la nación; y en los cursos de Panamá la Doctrina de la Seguridad Nacional les ha confirmado que el enemigo no está afuera sino adentro y abajo. Se pone a punto el próximo golpe de Estado. El programa de purificación nacional será aplicado _por todos los medios:_ ésta es una guerra, la guerra contra los hijos de Evita y Marx, y en la guerra lo único inmoral es la ineficacia.

_(106, 107 y 134)_

1976
Madrid

Onetti

No espera ningún mensaje metido en ninguna botella jamás lanzada a mar ninguno. Pero el desesperado Juan Carlos Onetti no está solo. Estaría solo, si no fuera por los vecinos del pueblo de Santa María, tristes como él, por él inventados para que lo acompañen.

Onetti vive en Madrid desde que salió de la cárcel. Los militares que mandan en el Uruguay lo habían metido preso, porque no les gustó un cuento que él había premiado en un concurso.

Con las manos en la nuca, el desterrado contempla las manchas de humedad del techo de su cuarto de Santa María o Madrid o Montevideo o quién sabe. A veces se levanta y escribe alaridos que parecen susurros.

1976
San José

Un país despalabrado

El presidente Aparicio Méndez declara que _el Partido Demócrata de los Estados Unidos y la familia Kennedy son los mejores socios de la sedición en el Uruguay._ Un periodista graba esta sensacional revelación, en presencia del obispo de la ciudad de San José y con otros testigos.

Aparicio Méndez es presidente por elecciones en las que votaron, en total, veintidós ciudadanos: catorce generales, cinco brigadieres y tres almirantes. Los militares habían prohibido al presidente por ellos electo que hablara con los periodistas o con nadie que no fuera su mujer. Por lo tanto, castigan al diario que publica las declaraciones, suspendiéndolo por dos días; y el periodista queda despedido.

Antes de prohibir la palabra al presidente, los militares se la habían prohibido a los demás uruguayos. Toda palabra que no mienta es subversiva. No se puede mencionar a ninguno de los miles de políticos, sindicalistas, artistas y científicos puestos fuera de la ley. El término *guerrillero* está oficialmente prohibido, y en su lugar debe decirse *malviviente, reo, delincuente o malhechor.* Las murgas de carnaval, de tradición respondona, siempre burlonas del poder, no pueden cantar las palabras *reforma agraria, soberanía, hambre, clandestino, paloma, verde, verano* ni *contracanto.* Tampoco pueden cantar la palabra *pueblo,* aunque usen *pueblo* en el sentido de ciudad pequeña.

En el reino del silencio, la principal cárcel de presos políticos se llama Libertad. Los presos aislados inventan códigos. Hablan sin voz, golpeteando la pared con los nudillos de los dedos, de celda a celda, haciendo letras, haciendo palabras, para seguir queriéndose y puteándose.

(124 y 235)

Un preso político uruguayo, Mauricio Rosencof, da testimonio

...Es la lucha del hombre que se resiste a ser convertido en vaca. Porque a nosotros nos metieron en una vaquificadora, nos exigían que en lugar de hablar, mugiéramos. Y ése es el tema: cómo un preso es capaz de resistir, en una situación así, a su animalización. Es un combate por la dignidad... Hubo un compañero que consiguió un pedacito de caña, trabajó a uña un orificio y creó una flauta. Y ese sonido torpe y elemental es un balbuceo de música...

(394)

1976
Libertad

Pájaros prohibidos

Los presos políticos uruguayos no pueden hablar sin permiso, silbar, sonreir, cantar, caminar rápido ni saludar a otro preso. Tampoco pueden dibujar ni recibir dibujos de mujeres embarazadas, parejas, mariposas, estrellas ni pájaros.

Didaskó Pérez, maestro de escuela, torturado y preso *por tener ideas ideológicas,* recibe un domingo la visita de su hija Milay, de cinco años. La hija le trae un dibujo de pájaros. Los censores se lo rompen a la entrada de la cárcel.

Al domingo siguiente, Milay le trae un dibujo de árboles. Los árboles no están prohibidos, y el dibujo pasa. Didaskó le elogia la obra y le pregunta por los circulitos de colores que aparecen en las copas de los árboles, muchos pequeños círculos entre las ramas:

—*¿Son naranjas? ¿Qué frutas son?*

La niña lo hace callar:

—Ssshhhh.

Y en secreto le explica:

—*Bobo. ¿No ves que son ojos? Los ojos de los pájaros que te traje a escondidas.*

(204 y 459)

1976
Montevideo

Setenta y cinco métodos de tortura,

algunos copiados, otros inventados por los creativos militares uruguayos, castigan la solidaridad. A la cárcel, la fosa o el exilio va a parar quien dude del derecho de propiedad y del deber de obediencia. El peligrosímetro clasifica a los ciudadanos en tres categorías, A, B y C, según sean peligrosos, potencialmente peligrosos o no peligrosos. Se convierten los sindicatos en comisarías y se reducen los salarios a la mitad. Quien piense o haya pensado, pierde el empleo. En las escuelas, en los liceos, en la universidad, se prohíbe hablar de la reforma agraria de José Artigas, que fue la primera de América, y de todo cuanto contradiga el orden de los sordomudos. Nuevos textos obligatorios imponen a los estudiantes la pedagogía militar.

(235)

1976
Montevideo

«Hay que obedecer», enseñan a los estudiantes uruguayos los nuevos textos oficiales

La existencia de partidos políticos no es esencial para una Democracia. Tenemos el claro ejemplo del Vaticano, donde no existen partidos políticos y sin embargo hay una real Democracia...

La igualdad de la mujer, mal interpretada, significa estimular su sexo y su intelectualidad y posponer su misión de madre y esposa. Si bien desde el punto de vista jurídico el hombre y la mujer son evidentemente iguales, no es así desde el punto de vista biológico. La mujer como tal está supeditada a su marido y le debe por tanto obediencia. Es necesario que en toda sociedad haya un jefe que sirva de guía y la familia es una sociedad...

Es necesario que unos obedezcan para que otros puedan ejercer el mando. Si nadie obedeciese, sería imposible mandar...

(76)

1976
Montevideo

Los reducidores de cabezas

Dedicados a la prohibición de la realidad y a la quemazón de la memoria, los militares uruguayos han batido el récord mundial de clausuras de periódicos.

El semanario «Marcha», de larga vida, ya no existe. A uno de sus redactores, Julio Castro, lo han matado en la tortura. Después, muerto sin cadáver, lo desaparecieron. Los demás redactores han sido condenados a la cárcel, el destierro o el silencio.

Hugo Alfaro, crítico de cine condenado al silencio, ve una noche una película que lo entusiasma. No bien termina corre a su casa y teclea unas cuantas cuartillas, muy apurado porque se ha hecho tarde y mañana bien tempranito el taller de «Marcha» cierra las páginas de espectáculos. Al poner el punto final, Alfaro advierte, de pronto, que «Marcha» no existe desde hace dos años. Avergonzado, deja caer la crónica en un cajón de su escritorio.

Esta crónica escrita para nadie comenta una película de Joseph Losey sobre los tiempos de la ocupación nazi en Francia, que muestra cómo la máquina de la represión tritura a los perseguidos y también a los que se creen a salvo, a los enterados y también a los que prefieren no saber.

Mientras tanto, en la otra orilla del río de la Plata, los militares argentinos dan su golpe de Estado. Uno de los jefes de la nueva dictadura, el general Ibérico Saint-Jean, anuncia:

—*Primero mataremos a todos los subversivos. Luego mataremos a los colaboradores. Luego, a los simpatizantes. Luego, a los indecisos. Y por último, mataremos a los indiferentes.*

(13 y 106)

1976
La Perla

La tercera guerra mundial

Desde lo alto de una loma, montado en su alazán, un gaucho argentino mira. José Julián Solanille ve venir una larga caravana militar. Reconoce al general Menéndez, que baja de un Ford Falcon. De los camiones salen, empujados a culatazos, muchos hombres y mujeres. Están encapuchados y tienen las manos atadas a la espalda. El gaucho ve que uno de los encapuchados se echa a correr. Escucha los balazos. El fugitivo cae y se levanta y varias veces se levanta antes de caer del todo. Cuando empieza la fusilación general, y hombres y mujeres se desploman como muñequitos, el gaucho espolea el caballo y se va. A sus espaldas crece una humareda negra.

Este valle, entre las primeras ondulaciones de la sierra de Córdoba, es uno de los muchos vertederos de cadáveres. Cuando llueve se alza humo desde los pozos, por la cal viva que echan sobre los cuerpos.

En esta guerra santa, las víctimas *desaparecen*. A quien no se lo traga la tierra, lo devoran los peces en el fondo del río o de la mar. Muchos no han cometido más delito que figurar en una agenda de teléfonos. Marchan hacia la nada, hacia la bruma, hacia la muerte, previo suplicio en los cuarteles. *No hay inocentes,* dice monseñor Plaza, obispo de La Plata, y el general Camps opina que es justo liquidar a cien sospechosos aunque sólo cinco de los cien resulten culpables. Culpables de terrorismo: *Terroristas,* explica el general Videla, *no son sólo quienes ponen bombas, sino también quienes activan con ideas contrarias a nuestra civilización occidental y cristiana.* Ésta es la venganza de la derrota de Occidente en Vietnam:

—*Estamos ganando la tercera guerra mundial* —celebra el general Menéndez.

(106, 107 y 134)

1976
Buenos Aires

La piara

A una prisionera, embarazada, le dan a elegir entre la violación y la picana eléctrica. Ella elige la picana, pero al cabo de una hora ya no aguanta el dolor. Entonces, la violan todos. Mientras la violan, entonan la Marcha Nupcial.

—*Y bueno, es la guerra* —dice monseñor Gracelli.

Llevan escapulario y comulgan cada domingo los hombres que en los cuarteles queman senos con soplete.

—*Por encima de todo, está Dios* —dice el general Videla.

Monseñor Tortolo, presidente del Episcopado, compara al general Videla con Jesucristo y a la dictadura militar con la Pascua de Resurrección. En nombre del Santo Padre, el nuncio Pío Laghi visita los campos de exterminio, exalta el amor de los militares a Dios, la Patria y la Familia y justifica el terrorismo de Estado porque la Civilización tiene el derecho de defenderse.

(106, 107 y 134)

1976
La Plata

Hincada sobre sus ruinas, una mujer busca

alguna cosa que no haya sido destruida. Las fuerzas del orden han arrasado la casa de María Isabel de Mariani y ella hurga los restos en vano. Lo que no han robado, lo han pulverizado. Solamente un disco, el *Requiem* de Verdi, está intacto.

María Isabel quisiera encontrar en el revoltijo algún recuerdo de sus hijos y de su nieta, alguna foto o juguete, libro o cenicero o lo que sea. Sus hijos, sospechosos de tener una imprenta clandestina, han sido asesinados a cañonazos. Su nieta de tres meses, botín de guerra, ha sido regalada o vendida por los oficiales.

Es verano, y el olor de la pólvora se mezcla con el aroma de los tilos que florecen. (El aroma de los tilos será por siempre jamás insoportable.) María Isabel no tiene quien la acompañe. Ella es madre de subversivos. Los amigos cruzan la vereda o desvían la mirada. El teléfono está mudo. Nadie le dice nada, ni siquiera mentiras. Sin ayuda de nadie, va metiendo en cajas los añicos de su casa aniquilada. Bien entrada la noche, saca las cajas a la vereda. De mañana, muy tempranito, los basureros recogen las cajas, una por una, suavemente, sin golpearlas. Los basureros tratan las cajas con mucho cuidado, como sabiendo que están llenas de pedacitos de vida rota. Oculta detrás de una ventana, en silencio, María Isabel les agradece esta caricia, que es la única que ha recibido desde que empezó el dolor.

(317)

1976
Selva de Zinica

Carlos

Criticaba de frente, elogiaba por la espalda.

Miraba como gallo enojado, por miope y por fanático, bruscos ojos azules del que veía más allá de los otros, hombre de todo o nada; pero las alegrías lo hacían brincar como a niño chico y cuando dictaba órdenes parecía que estaba pidiendo favores.

Carlos Fonseca Amador, jefe de la revolución de Nicaragua, ha caído peleando en la selva.

Un coronel trae la noticia a la celda donde Tomás Borge yace reventado por la tortura.

Juntos habían andado mucho camino, Carlos y Tomás, desde los tiempos en que Carlos vendía diarios y caramelos en Matagalpa; y juntos habían fundado, en Tegucigalpa, el Frente Sandinista.

—*Murió* —dice el coronel.

—*Se equivoca, coronel* —dice Tomás.

(58)

1977
Managua

Tomás

Atado a una argolla, tiritando, todo enchastrado de mierda y sangre y vómito, Tomás Borge es un montoncito de huesos rotos y de nervios desnudos, una piltrafa que yace en el suelo esperando el próximo turno de suplicio.

Pero ese resto de él todavía puede navegar por secretos ríos que lo viajan más allá del dolor y la locura. Dejándose ir llega a otra Nicaragua; y la ve.

A través de la çapucha que le estruja la cara hinchada por los golpes, la ve: cuenta las camas de cada hospital, las ventanas de cada escuela, los árboles de cada parque, y ve a los dormidos parpadeando, encandilados, los muertos de hambre y los muertos de todo que están siendo despertados por los soles recién nacidos de su vuelo.

(58)

1977
Archipiélago de Solentiname

Cardenal

Las garzas, que están mirándose al espejo, alzan los picos: ya vuelven las barcas de los pescadores, y tras ellas las tortugas que vienen a parir a la playa.

En un barracón de madera, Jesús come sentado a la mesa de los pescadores. Come huevos de tortuga y carne de guapotes recién pescados, y come yuca. La selva, buscándolo, mete sus brazos por las ventanas.

A la gloria de este Jesús escribe Ernesto Cardenal, el monje poeta de Solentiname. A su gloria canta el zanate clarinero, pájaro sin adornos, siempre volando entre pobres, que en las aguas del lago se resfreca las alas. Y a su gloria pintan los pescadores. Pintan

cuadros fulgurantes que anuncian el Paraíso, todos hermanos, nadie
patrón, nadie peón; hasta que una noche los pescadores que pintan
el Paraíso deciden empezar a hacerlo y atraviesan el lago y se lanzan al asalto del cuartel de San Carlos.

—¡*Jo-dío! ¡Jo-dío!*

A muchos mata la dictadura mientras los buscadores del Paraíso caminan por las montañas y los valles y las islas de Nicaragua. *La masa se levanta, el gran pan se eleva...*

(6 y 77)

Omar Cabezas relata el duelo de la montaña
por la muerte de un guerrillero en Nicaragua

*Yo nunca le perdoné a Tello que lo hayan matado de un balazo,
así nomás... Sentí un gran miedo, y como que se metió en miedo
también la montaña. Se calmó el viento de la montaña y los árboles
dejaron de mecerse, no se movía una hoja, los pájaros dejaron de
cantar. Todo se volvió tétrico esperando el momento de que llega-
ran y nos mataran a toditos.*

*Y empezamos a caminar. Cuando nosotros empezamos a cami-
nar en son de combate quebrada arriba, fue como que sacudimos
a la montaña, como que la agarramos y le dijimos: bueno, cabrona,
qué te pasa.*

*Tello vivía con la montaña. Estoy seguro de que tuvo relacio-
nes con ella, ella le parió hijos a Tello; y cuando Tello muere la
montaña siente que ya no tiene ningún compromiso, que lo demás
es babosada... Pero cuando ve la disposición de combate del grupo
de hombres marchando ahí, sobre ella, en el corazón de ella, se da
cuenta de que ha metido las patas, que no se debió de haber quedado callada aquella tarde en que Tello murió, siente que Tello no
es el fin del mundo, ni su comienzo, que Tello ha sido su hijo. Que
Tello ha sido su hijo, aunque haya sido su vida, aunque haya sido
su amante secreto, aunque Tello haya sido su hermano, su animal, su
piedra, aunque Tello haya sido su río... y que después de él venía-
mos todos nosotros que le podíamos prender fuego en el corazón.*

(73)

1977
Brasilia

Tijeras

Más de mil intelectuales brasileños firman un manifiesto contra la censura.

En julio del año pasado, la dictadura militar impidió que el semanario «Movimento» publicara la Declaración de Independencia de los Estados Unidos, de 1776, porque en ella se dice que el pueblo tiene el derecho y el deber de abolir los gobiernos despóticos. Desde entonces, la censura ha prohibido, entre muchas otras cosas, el ballet Bolshoi, por ruso, los grabados eróticos de Pablo Picasso, por eróticos, y el libro *Historia del surrealismo,* porque uno de sus capítulos luce en el título la palabra Revolución *(Revolución en la poesía).*

(371)

1977
Buenos Aires

Walsh

Despacha una carta y varias copias. La carta original, a la Junta militar que gobierna la Argentina. Las copias, a las agencias extranjeras de prensa. Al cumplirse un año del golpe de Estado, está enviando algo así como un memorial de agravios, constancia de las infamias cometidas por un régimen que *sólo puede balbucear el discurso de la muerte.* Al pie, estampa su firma y documento (Rodolfo Walsh, C. I. 2845022). Sale de la oficina del Correo y a poco andar lo derriban a balazos y se lo llevan herido, sin regreso.

Su desnuda palabra era escandalosa donde el miedo manda. Su desnudadora palabra era peligrosa donde se baila el gran baile de disfraces.

(461)

1977
Río Cuarto

Se dan de baja los libros quemados de Walsh y otros autores

VISTO, la medida dispuesta por la ex-Intervención Militar de esta Universidad Nacional en cumplimiento de expresas directivas superiores, con referencia a retirar del Área Biblioteca toda la bibliografía de carácter disociador y que su contenido trasuntaba ideologías extrañas al Ser Nacional Argentino, constituyéndose en fuente de alto adoctrinamiento marxista y subversivo, y
CONSIDERANDO: Que al haber sido oportunamente incinerada dicha literatura, es procedente darla de baja del patrimonio de esta Casa de Altos Estudios,
el Rector de la Universidad Nacional de Río Cuarto
RESUELVE: Dar de baja del patrimonio de la Universidad Nacional de Río Cuarto (Área Biblioteca) toda la bibliografía cuyo detalle se agrega. (Sigue larga lista de libros de Rodolfo Walsh, Bertrand Russell, Wilhelm Dilthey, Maurice Dobb, Karl Marx, Paulo Freire y otros.)

(452)

1977
Buenos Aires

Las madres de Plaza de Mayo,

mujeres paridas por sus hijos, son el coro griego de esta tragedia. Enarbolando las fotos de sus desaparecidos, dan vueltas y vueltas a la pirámide, ante la rosada casa de gobierno, con la misma obstinación con que peregrinan por cuarteles y comisarías y sacristías, secas de tanto llorar, desesperadas de tanto esperar a los que estaban y ya no están, o quizás siguen estando, o quién sabe:
—Me despierto y siento que está vivo —dice una, dicen to-

das—. Me voy desinflando mientras pasa la mañana. Se me muere al mediodía. Resucita en la tarde. Entonces vuelvo a creer que llegará y pongo un plato para él en la mesa, pero se vuelve a morir y a la noche me caigo dormida sin esperanza. Me despierto y siento que está vivo...
Las llaman *locas*. Normalmente no se habla de ellas. Normalizada la situación, el dólar está barato y cierta gente también. Los poetas locos van al muere y los poetas normales besan la espada y cometen elogios y silencios. Con toda normalidad el ministro de Economía caza leones y jirafas en la selva africana y los generales cazan obreros en los suburbios de Buenos Aires. Nuevas normas de lenguaje obligan a llamar Proceso de Reorganización Nacional a la dictadura militar.

(106 y 107)

1977
Buenos Aires

Alicia Moreau

A veces se le va la mano en la fe, y anuncia la revolución social de no muy realista manera, o se dispara públicamente en furias contra el poder militar y el Papa de Roma. Pero, ¿qué sería de las madres de Plaza de Mayo sin el entusiasmo de esta muchacha? Ella no deja que las madres se vengan abajo, cuando ya parecen vencidas por tanto silencio y burla:
—*Siempre se puede hacer algo* —les dice—. *Unidas. Cada una por su lado, no. Vamos a... Tenemos que...*
Y recoge el bastón y es la primera en moverse.
Alicia Moreau ya va para cien años. Está en la lucha desde los tiempos en que los socialistas no bebían más que agua ni cantaban otra cosa que la Internacional. Desde entonces han ocurrido maravillas y traiciones en cantidad, muchos naceres, muchos morires, y a pesar de todos los pesares ella sigue creyendo que creer vale la pena. Alicia Moreau está airosa y briosa como a principios de siglo, cuando discurseaba en los barrios obreros de Buenos Aires, parada

sobre un cajón, entre banderas rojas, y atravesaba la cordillera de
los Andes a lomo de mula, apurando el paso para no llegar tarde
al congreso feminista.

(221)

1977
Buenos Aires

Retrato de un artista del dinero

El ministro de Economía de la dictadura argentina, José Alfredo
Martínez de Hoz, es un devoto de la empresa privada. En ella piensa
los domingos, cuando se arrodilla en misa, y también los días de
semana, cuando dicta cursos en la Escuela Militar. Sin embargo, el
ministro se desprende de la empresa privada que dirige. Generosa-
mente se la cede al Estado, que paga por ella diez veces más de
lo que vale.

Los generales convierten el país en un cuartel. El ministro lo
convierte en un casino. Cae sobre la Argentina un diluvio de dólares y cosas. Es la hora de los verdugos, pero también de los tahúres
y los malabaristas: los generales mandan callar y obedecer mientras
el ministro ordena especular y consumir. El que trabaja es un gil;
el que protesta, un cadáver. Para reducir los salarios a la mitad y
reducir a la nada a los obreros rebeldes, el ministro soborna con
plata dulce a la clase media, que viaja a Miami y vuelve cargada
de montañas de aparatos y aparatitos y chirimbolos y chirimbolitos.
Ante la cotidiana matanza, los tilingos mediopelos se encogen de
hombros:

—*Algo habrán hecho. Por algo será*
O silban mirando para otro lado:
—*No te metás.*

(143)

1977
Caracas

El éxodo de los intrusos

Habló el profeta en un café de la Calle Real de Sabana Grande, en Caracas: un extraterrestre de ojos llameantes se dejó ver por un momento y anunció que cierto domingo de agosto la mar en furia partiría las montañas y aniquilaría la ciudad.

Los obispos, los brujos, los astrónomos y los astrólogos dijeron y repitieron que no había de qué preocuparse, pero no pudieron evitar que el pánico creciera como bola de nieve rodando por los barrios de Caracas.

Ayer fue el domingo señalado. El presidente de la república ordenó que la policía se hiciera cargo de la ciudad. Más de un millón de caraqueños huyó en estampida, con sus trastos a cuestas. Quedaron en Caracas más automóviles que gentes.

Y hoy, lunes, empiezan a regresar los fugitivos. La mar está donde estaba, las montañas también. En el valle, Caracas sigue siendo. La capital del petróleo recupera a sus despavoridos habitantes. Ellos entran como pidiendo disculpas, porque saben que sobran. Éste es un mundo de ruedas, no de piernas. Caracas pertenece a los prepotentes automóviles, y no a las personitas que a veces se atreven a cruzar las calles molestando a las máquinas. ¿Qué sería de esas personitas, condenadas a vivir en ciudad ajena, si María Lionza no las protegiera ni las curara José Gregorio?

(135)

María Lionza

Sus tetas se alzan en pleno centro de Caracas y reinan, desnudas, sobre el vértigo. En Caracas, y en toda Venezuela, es diosa María Lionza.

Su palacio, invisible, está lejos de la capital, en una montaña de la serranía de Sorte. Las rocas de esa montaña han sido amantes de María Lionza, hombres que han pagado una noche de abrazos convirtiéndose en piedras que respiran.

Simón Bolívar y Jesús de Nazaret trabajan para ella en su santuario. También la ayudan tres secretarios: uno negro, uno indio y uno blanco. Ellos atienden a los fieles, que llegan cargados de ofrendas de frutas, flores, perfumes y ropa íntima.

María Lionza, bravía mujer, temida y deseada por Dios y por el Diablo, tiene los poderes del cielo y del infierno: puede provocar la dicha o la desdicha; salva si quiere, y si quiere fulmina.

(190 y 346)

José Gregorio

Es casto de toda castidad el secretario blanco de María Lionza.. El doctor José Gregorio Hernández no ha cedido jamás a las tentaciones de la carne. Todas las mujeres que se le arrimaron en actitud insinuante, fueron a parar al convento, arrepentidas, bañadas en lágrimas. Invicto acabó sus días, en 1919, el virtuoso Médico de los Pobres, el Apóstol de la Medicina, cuando su nunca mancillado cuerpo fue aplastado sin clemencia por uno de los dos o tres automóviles que en aquellos tiempos felices recorrían Caracas a paso de tortuga. Después de la muerte, las manos milagrosas de José Gregorio han continuado recetando remedios y operando enfermos.

En el santuario de María Lionza, José Gregorio se ocupa de los asuntos de salud pública. Nunca ha dejado de acudir desde el Más Allá, al llamado de los sufrientes, el único santo de corbata y sombrero que en el mundo ha sido.

(363)

1977
Graceland

Elvis

Su manera de sacudir la pierna izquierda arrancaba alaridos a las multitudes. Sus labios, sus ojos y sus patillas eran órganos sexuales. Elvis Presley, destronado rey del rock'n roll, es ahora un blando globo que yace en cama, con la mirada flotando ante seis pantallas de televisión. Los televisores, suspendidos del techo, están encendidos todos a la vez, en canales diferentes. Entre sueño y sueño, siempre más dormido que despierto, Elvis juega a disparar pistolas descargadas, clic, clic, contra las imágenes que no le gustan. La bola de grasa de su cuerpo recubre un alma hecha de codeína, morfina, valium, seconal, placidyl, quaalude, nembutal, valmid, demerol, elavil, eventyl, carbrital, sinutab y amytal.

(197 y 409)

1978
San Salvador

Romero

El arzobispo le ofrece una silla. Marianela prefiere hablar parada. Siempre viene por otros; pero esta vez, Marianela viene por ella. Marianela García Vilas, abogada de los torturados y los desaparecidos de El Salvador, no viene esta vez en busca de la solidaridad del arzobispo para alguna de las víctimas de D'Aubuisson, el Capitán Antorcha, que tortura con soplete, o de algún otro militar especializado en el horror. Marianela no viene a pedirle ayuda para ninguna investigación ni denuncia. Esta vez, tiene algo personal que decirle. Con toda suavidad, cuenta que los policías la han secuestrado, atado, golpeado, humillado, desnudado —y que la han violado. Lo cuenta sin lágrimas ni sobresaltos, con su calma de siempre, pero el arzobispo Arnulfo Romero jamás había escuchado estas vibraciones de odio en la voz de Marianela, ecos del asco, llamados de la venganza; y cuando Marianela calla, el arzobispo, atónito, calla también.

Después de mucho silencio, él empieza a decirle que la Iglesia no odia ni tiene enemigos, que toda infamia y todo contradiós forman también parte del orden divino, que también los criminales son nuestros hermanos y que por ellos debe rezar, que debe perdonar a sus perseguidores, que debe aceptar el dolor, que debe... Y de pronto, el arzobispo Romero se interrumpe. Baja la mirada, hunde la cabeza entre las manos. Mueve la cabeza, negando, y dice:

—*No, no quiero saber.*

(259 y 301)

1978
San Salvador

La revelación

—*No quiero saber* —dice, y se le rompe la voz.

El arzobispo Romero, que siempre da consuelo y amparo, está llorando como un niño sin madre y sin casa. Está dudando el arzobispo Romero, que siempre da certeza, la tranquilizadora certeza de un Dios neutral que a todos comprende y a todos abraza.

Romero está llorando y dudando y Marianela le acaricia la cabeza.

(259 y 301)

1978
La Paz

Cinco mujeres

—*El enemigo principal, ¿cuál es? ¿La dictadura militar? ¿La burguesía boliviana? ¿El imperialismo? No, compañeros. Yo quiero decirles estito: nuestro enemigo principal es el miedo. Lo tenemos adentro.*

Estito dijo Domitila en la mina de estaño de Catavi y entonces se vino a la capital con otras cuatro mujeres y una veintena de hijos. En Navidad empezaron la huelga de hambre. Nadie creyó en ellas. A más de uno le pareció un buen chiste:

—*Así que cinco mujeres van a voltear la dictadura.*

El sacerdote Luis Espinal es el primero en sumarse. Al rato ya son mil quinientos los que hambrean en toda Bolivia. Las cinco mujeres, acostumbradas al hambre desde que nacieron, llaman al agua *pollo* o *pavo* y *chuleta* a la sal, y la risa las alimenta. Se multiplican mientras tanto los huelguistas de hambre, tres mil, diez mil, hasta que son incontables los bolivianos que dejan de comer y dejan de trabajar y veintitrés días después del comienzo de la huelga de hambre el pueblo invade las calles y ya no hay manera de parar esto.

Las cinco mujeres han volteado la dictadura militar.

(1)

1978
Managua

«La Chanchera»

llama el pueblo nicaraguense al Palacio Nacional. En el primer piso de este pretencioso partenón discursean los senadores. En el segundo, los diputados.

Un mediodía de agosto, un puñado de guerrilleros al mando de Edén Pastora y Dora María Téllez asalta la Chanchera y en tres minutos se apodera de todos los legisladores de Somoza. Para recuperarlos, Somoza no tiene más remedio que liberar a los sandinistas presos. El pueblo ovaciona a los sandinistas todo a lo largo del camino al aeropuerto.

Éste va siendo un año de guerra continua. Somoza lo inauguró mandando matar al periodista Pedro Joaquín Chamorro. Entonces el pueblo en furia incendió varias empresas del dictador. Las llamas arrasaron a la próspera Plasmaféresis, S. A., que exportaba sangre nicaragüense a los Estados Unidos; y el pueblo juró que no descansará hasta enterrar al vampiro, en algún lugar más oscuro que la noche, con una estaca clavada en el corazón.

(10 y 460)

El pensamiento vivo de Tachito Somoza

Yo soy empresario, pero humilde.

(434)

1978
Ciudad de Panamá

Torrijos

Dice el general Omar Torrijos que él no quiere entrar en la Historia. Él quiere entrar nada más que en la zona del canal, que los Estados Unidos usurpan a Panamá desde principios de siglo. Por eso está recorriendo el mundo al derecho y al revés, país por país, de gobierno en gobierno, de tribuna en tribuna. Cuando lo acusan de servir a Moscú o a La Habana, Torrijos se ríe a carcajadas: dice que cada pueblo tiene su propia aspirina para su propio dolor de cabeza y que él se lleva mejor con los castristas que con los castrados.

Por fin, caen las alambradas. Los Estados Unidos, empujados por el mundo entero, firman un tratado que restituye a Panamá, por etapas, el canal y la zona prohibida.

—*Más vale así* —dice Torrijos, con alivio. Le han evitado la desagradable tarea de volar el canal con todas sus instalaciones.

(154)

1979
Madrid

Las intrusas perturban una tranquila digestión del cuerpo de Dios

En una gran iglesia de Madrid, con misa especial se celebra el aniversario de la independencia argentina. Diplomáticos, empresarios y militares han sido invitados por el general Leandro Anaya, embajador de la dictadura que allá lejos se está ocupando de asegurar la herencia de la patria, la fe y demás propiedades.

Bellas luces caen desde los vitrales sobre los rostros y vestimentas de señoras y señores. En domingos como éste, Dios es digno de confianza. Muy de vez en cuando alguna tosecita decora el silencio, mientras el sacerdote va cumpliendo el rito: imperturbable silencio de la eternidad, eternidad de los elegidos del Señor.

Llega el momento de la comunión. Rodeado de guardaespaldas, el embajador argentino se acerca al altar. Se arrodilla, cierra los ojos, abre la boca. Pero ya se despliegan los blancos pañuelos, ya los pañuelos están cubriendo las cabezas de las mujeres que avanzan por la nave central y las naves laterales: las madres de Plaza de Mayo caminan suavemente, algodonoso rumor, hasta rodear a los guardaespaldas que rodean al embajador. Entonces lo miran fijo. Simplemente, lo miran fijo. El embajador abre los ojos, mira a todas esas mujeres que lo están mirando sin parpadear y traga saliva, mientras se paraliza en el aire la mano del sacerdote con la hostia entre dos dedos.

Toda la iglesia está llena de ellas. De pronto en el templo ya no hay santos ni mercaderes, ni nada más que una multitud de mujeres no invitadas, negras vestiduras, blancos pañuelos, todas calladas, todas de pie.

(173)

1979
Nueva York

El banquero Rockefeller felicita al dictador Videla

Su Excelencia Jorge Rafael Videla,
Presidente de la República Argentina.
Buenos Aires, Argentina.
Querido señor Presidente:
    Le agradezco mucho que se haya hecho tiempo para recibirme durante mi reciente visita a la Argentina. No habiendo estado allí durante siete años, fue alentador ver cuántos progresos ha hecho su

*gobierno durante los últimos tres años, en el control del terrorismo
y en el fortalecimiento de la economía. Lo felicito por lo que ha lo-
grado y le deseo todos los éxitos para el futuro.*

*El Chase Manhattan Bank está muy satisfecho de tener presen-
cia en Argentina, por medio del Banco Argentino de Comercio, y
esperamos que en los años venideros podamos jugar un creciente
papel apoyando el desarrollo de su país.*

Con cálidos buenos deseos. Sinceramente,

David Rockefeller

(384)

1979
Siuna

Retrato de un obrero en Nicaragua

José Villarreina, casado, tres hijos. Minero de la empresa norteame-
ricana Rosario Mines, que hace setenta años volteó al presidente
Zelaya. Desde 1952, Villarreina escarba oro en los socavones de
Siuna; pero sus pulmones no están todavía del todo podridos.

A la una y media de la tarde del 3 de julio de 1979, Villarreina
asoma por una de las chimenas del socavón y un vagón de mineral
le arranca la cabeza. Treinta y cinco minutos después, la empresa
comunica al muerto que de conformidad con lo dispuesto por los
artículos 18, 115 y 119 del Código de Trabajo, queda despedido por
incumplimiento de contrato.

(362)

1979
En toda Nicaragua

Corcovea la tierra

más que en todos los terremotos juntos. Los aviones sobrevuelan
la selva inmensa arrojando *napalm* y bombardean las ciudades eri-

zadas de barricadas y trincheras. Los sandinistas se apoderan de León, Masaya, Jinotega, Chinandega, Estelí, Carazo, Jinotepe...

Mientras Somoza espera un préstamo de 65 millones de dólares, que cuenta con el visto bueno del Fondo Monetario Internacional, en toda Nicaragua se pelea árbol por árbol y casa por casa. Enmascarados tras caretas o pañuelos, los muchachos atacan con fusiles o machetes o palos o piedras o lo que venga; y si el fusil no es de verdad el de juguete sirve para impresionar.

En Masaya, que en lengua india significa *Ciudad que arde,* el pueblo, sabio en pirotecnia, convierte los tubos de agua en cañones de morteros y también inventa la bomba de contacto, sin mecha, que estalla al golpear. En medio del tiroteo caminan las viejecitas cargando grandes bolsas llenas de bombas, y las van distribuyendo como quien reparte pan.

(10, 238, 239 y 320)

1979
En toda Nicaragua

Que nadie quede solo,

que nadie se pierda, que se armó la runga, reventó la mierda, el gran corre-corre, el pueblo arrecho peleando a puro pecho contra tanques y tanquetas, camiones y avionetas, rifles y metralletas, todo el mundo a la bulla, de aquí nadie se raja, sagrada guerra mía y tuya y no guerrita de rifa y rafa, pueblo fiero, arsenal casero, a verga limpia peleando, si no te morís matando vas a morirte muriendo, que codo a codo es el modo, todos con todo, pueblo siendo.

(10, 238 y 239)

De la agenda de Tachito Somoza

1979
July 12, Thursday
Love

1979
Managua

«Hay que estimular el turismo»,

ordena el dictador mientras arden los barrios orientales de Managua, incendiados por los aviones.

Desde el búnker, gran útero de acero y cemento, gobierna Somoza. Allí no se escucha el trueno de las bombas, ni los aullidos de la gente, ni nada que perturbe el perfecto silencio; desde allí nada se ve ni se huele. En el búnker vive Somoza desde hace tiempo, en pleno centro de Managua pero infinitamente lejos de Nicaragua; y en el búnker se reúne, ahora, con Fausto Amador.

Fausto Amador, padre de Carlos Fonseca Amador, es el administrador general del hombre más rico de Centroamérica. El hijo, fundador del Frente Sandinista, entendía de patria; el padre, de patrimonio.

Rodeados de espejos y de flores de plástico, sentados ante una computadora, Somoza y Fausto Amador organizan la liquidación de los negocios y el desvalije total de Nicaragua.

Después, Somoza declara por teléfono:

—*Ni me voy ni me van.*

(10, 320 y 460)

1979
Managua

El nieto de Somoza

Lo van y se va. Al alba, Somoza sube al avión hacia Miami. En estos
últimos días los Estados Unidos lo han abandonado, pero él no ha
abandonado a los Estados Unidos:

— *En mi corazón, yo siempre seré parte de esa gran nación.*

Somoza se lleva de Nicaragua los lingotes de oro del Banco
Central, ocho papagayos de colores y los ataúdes de su padre y de
su hermano. También se lleva, vivo, al príncipe heredero.

Anastasio Somoza Portocarrero, nieto del fundador de la dinastía, es un corpulento militar que ha aprendido las artes del mando
y el buen gobierno en los Estados Unidos. En Nicaragua fundó y
dirigió, hasta hoy, la Escuela de Entrenamiento Básico de Infantería, un juvenil cuerpo de ejército especializado en el interrogatorio
de prisioneros y famoso por sus habilidades: armados de pinza y
cuchara, estos muchachos saben arrancar uñas sin quebrar las raíces
y saben arrancar ojos sin lastimar los párpados.

La estirpe de los Somoza marcha al destierro mientras Augusto
César Sandino pasea por toda Nicaragua, bajo lluvia de flores, medio
siglo después de su fusilamiento. Se ha vuelto loco este país: el
plomo flota, el corcho se hunde, los muertos se escapan del cementerio y las mujeres de la cocina.

(10, 322 y 460)

1979
Granada

Las comandantes

A la espalda, un abismo. Por delante y a los costados, el pueblo
armado acometiendo. El cuartel La Pólvora, en la ciudad de Granada, último reducto de la dictadura, está al caer.

Cuando el coronel se entera de la fuga de Somoza, manda callar las ametralladoras. Los sandinistas también dejan de disparar.

Al rato se abre el portón de hierro del cuartel y aparece el coronel agitando un trapo blanco.

—*¡No disparen!*

El coronel atraviesa la calle.

—*Quiero hablar con el comandante.*

Cae el pañuelo que cubre la cara:

—*La comandante soy yo* —dice Mónica Baltodano, una de las mujeres sandinistas con mando de tropa.

—*¿Que qué?*

Por boca del coronel, macho altivo, habla la institución militar, vencida pero digna, hombría del pantalón, honor del uniforme

—*¡Yo no me rindo ante una mujer!* —ruge el coronel.

Y se rinde.

1979
En toda Nicaragua

Naciendo

Tiene unas horas de edad la Nicaragua recién nacida en los escombros, verdor nuevito entre las ruinas del saqueo y de la guerra; y la cantora luz del primer día de la Creación alegra el aire que huele a quemado.

1979
París

Darcy

La Sorbona otorga el título de doctor honoris causa a Darcy Ribeiro. Él acepta, dice, por mérito de sus fracasos.

Darcy ha fracasado como antropólogo, porque los indios del Brasil siguen condenados a la aniquilación. Ha fracasado como rector

de una universidad que él quiso que fuera transformadora de la
realidad. Ha fracasado como ministro de Educación, en un país que
multiplica analfabetos. Ha fracasado como miembro de un gobierno
que intentó hacer la reforma agraria y controlar el caníbal capital
extranjero. Ha fracasado como escritor que soñó con prohibir que la
historia se repita.

Estos son sus fracasos. Estas son sus dignidades.

(376)

1979
Santiago de Chile

Porfiada fe

El general Pinochet estampa su firma al pie de un decreto-ley que
impone la propiedad privada a los indios mapuches. El gobierno
ofrece dinero, alambres y semillas a quienes acepten parcelar sus
comunidades por las buenas. Si no lo aceptan por las buenas, advierte el gobierno, lo aceptarán por las malas.

Pinochet no es el primero en creer que la codicia está en la
naturaleza humana y que así lo quiere Dios. Algún tiempo antes, el
conquistador Pedro de Valdivia había intentado romper las comunidades indígenas de Chile. Desde entonces, a los indios les han
arrebatado todo: a sangre y fuego todo: la tierra, el idioma, la religión, las costumbres. Pero los indios, acorralados en sus últimas
comarcas, condenados a la última miseria, exhaustos de tanta guerra
y tanta estafa, persisten en creer que el mundo es una morada com-
partida.

1979
Chajul

Otra clase de educación política en Guatemala

Patrocinio Menchú, indio maya-quiché, nacido en la aldea de Chimel, había defendido junto a sus padres las tierras de su comunidad

acosada. De sus padres había aprendido a caminar en la altura sin desbarrancarse, a saludar al sol según la costumbre antigua, a desnudar y fecundar la tierra y a jugarse por ella.

Ahora, él es uno de los presos que los camiones militares han traído a la aldea de Chajul, para que el pueblo vea. Rigoberta, su hermana, lo reconoce, aunque él está inflado por los golpes y mana sangre por los ojos y por la boca sin lengua y por los dedos sin uñas.

Quinientos soldados, indios ellos también, indios de otras regiones, vigilan la ceremonia. Todo el pueblo de Chajul, formado en círculo, está obligado a mirar. Rigoberta está obligada a mirar; y en ella crece, como en todos, una callada, una mojada maldición. El capitán muestra los cuerpos desnudos, desollados, mutilados, todavía vivos, y dice que estos son cubanos que han venido a meter alboroto a Guatemala. Exhibiendo con todo detalle los castigos que cada uno ha merecido, grita el capitán:

—*¡Miren bien lo que les espera a los guerrilleros!*

Después empapa a los presos con gasolina y los incendia.

Patrocinio Menchú era todavía maíz tierno. Hacía nada más que dieciséis años que había sido sembrado.

(72)

Los mayas siembran a cada niño que nace

En lo alto de las montañas, los indios de Guatemala entierran el ombligo y presentan al niño ante el abuelo volcán, la madre tierra, el padre sol, la abuela luna y ante todos los poderosos abuelos, y les piden que den protección al recién nacido contra el daño y el error:

—*Ante la lluvia que nos riega y ante el viento que es testigo de nosotros, nosotros, que somos parte de ustedes, sembramos a este nuevo hijo, a este nuevo compañero, en este lugar...*

1980
La Paz

La cocacracia

El general Luis García Meza, autor del cuartelazo número 189 en un siglo y medio de historia de Bolivia, anuncia que implantará una economía libre, como en Chile, y que hará desaparecer a los extremistas, como en la Argentina.

Con García Meza, los traficantes de cocaína se apoderan del Estado. Su flamante ministro del Interior, el coronel Luis Arce Gómez, reparte sus horas y fervores entre el contrabando de drogas y la jefatura de la Sección Bolivia de la Liga Mundial Anticomunista. No descansará, dice, jamás descansará, *hasta extirpar el cáncer del marxismo.*

El gobierno militar se estrena asesinando a Marcelo Quiroga Santa Cruz, el enemigo de la Gulf Oil y sus cuarenta ladrones, implacable denunciador de las mugres escondidas.

(157 y 257)

1980
Santa Ana de Yacuma

Retrato de un empresario moderno

Dispara balazos y sobornos. Al cinto carga pistola de oro y sonrisa de oro en la boca. Sus guardaespaldas usan ametralladoras de mira telescópica. Tiene doce aviones de combate, con misiles y todo, y treinta aviones de carga que cada amanecer despegan de la selva boliviana llevando pasta básica de cocaína. Roberto Suárez, primo y colega del nuevo ministro del Interior, exporta una tonelada por mes.

—*Mi filosofía* —dice— *es hacer el bien.*

Dice que el dinero que ha entregado a los militares de Bolivia bastaría para pagar la deuda externa del país.

Como buen empresario latinoamericano, Suárez envía sus ganancias a Suiza, donde descansan al amparo del secreto bancario. Pero
en Santa Ana de Yacuma, el pueblo donde nació, ha pavimentado
la calle principal, ha restaurado la iglesia y ha obsequiado máquinas
de coser a las viudas y a las huérfanas; y cuando por allí aparece
apuesta miles de dólares a los dados y a los gallos.

Suárez es el más importante capitalista boliviano de una inmensa
empresa multinacional. En sus manos, la hoja de coca sube diez
veces de precio, por convertirse en pasta y salir del país. Después,
por hacerse polvo y llegar a la nariz que la inhala, sube de precio
doscientas veces. Como toda materia prima de país pobre, la coca
da de ganar a los intermediarios, y sobre todo a los intermediarios
del país rico que la consume transformada en cocaína, diosa blanca.

(157, 257 y 439)

La diosa blanca

es la más cara de las divinidades. Cuesta cinco veces más que el
oro. En los Estados Unidos, diez millones de devotos, anhelantes,
inhalantes, están dispuestos a matar y a matarse por ella. Cada año
echan treinta mil millones de dólares a los pies de su brillante altar
de pura nieve. A la larga, ella los aniquilará, y de entrada les roba
el alma; pero a cambio les ofrece ser, por su obra y gracia, super-
hombres por un rato.

(257 y 372)

1980
Santa Marta

La marihuana

Por cada dólar de sueños que compra el fumador de marihuana en
los Estados Unidos, apenas un centavo llega a manos de los campesinos colombianos que la cultivan. Los otros noventa y nueve van

a parar a los traficantes, que en Colombia poseen mil quinientos aeropuertos, quinientos aviones y cien barcos.

En los alrededores de Medellín o Santa Marta, los mafiosos de la droga viven en ostentosas mansiones. Al frente suelen lucir, sobre un pedestal de granito, la avioneta del primer contrabando. En cuna de oro mecen a sus hijos, regalan uñas de oro a sus amantes y en el anillo o la corbata exhiben diamantes discretos como reflectores.

Los mafiosos tienen la costumbre de fumigarse a tiros entre sí. Hace cuatro años ametrallaron a Lucho Barranquilla, el más popular de los traficantes, en una esquina de la ciudad de Santa Marta. Los asesinos enviaron al sepelio una corona de flores con forma de corazón y anunciaron una colecta para erigirle una estatua en la plaza principal.

(95 y 406)

1980
Santa Marta

San Agatón

Lucho Barranquilla fue muy llorado. Lo lloraron los niños, que jugaban en su parque de diversiones, y las viudas y los huérfanos que protegía, y los policías que comían de su mano, y toda la ciudad de Santa Marta, que vivía gracias a sus préstamos y donaciones. Y también lo lloró san Agatón.

San Agatón es el santo patrono de los borrachos. Los domingos de carnaval, los borrachos de toda la costa colombiana acuden al pueblo de Mamatoco, en los alrededores de Santa Marta; sacan a san Agatón de la iglesia y lo llevan en procesión, cantándole canciones cochinas y regándolo con aguardiente, como a él le gusta.

Pero los borrachos pasean a un impostor de barba blanca, venido de España. El verdadero san Agatón, que tenía cara de indio y sombrero de paja, fue secuestrado hace medio siglo por un cura antialcohólico, que huyó con el santo bajo la sotana. Dios castigó a ese cura con la lepra, y al sacristán que lo acompañaba le volteó los ojos; pero san Agatón se quedó escondido en el lejano pueblo de Sucre.

Hacia el pueblo de Sucre ha viajado una comitiva, en estos días, para pedirle que vuelva:

—*Desde que te fuiste* —le dicen— *no hay más milagros ni alegría.*

San Agatón se niega. Dice que a Santa Marta no vuelve, porque allá han matado a su amigo Lucho Barranquilla.

1980
Ciudad de Guatemala

Noticiero

El general Romeo Lucas García, presidente de Guatemala, fue quien dio la orden de incendiar la embajada de España, con sus ocupantes adentro. Ésta es una de las revelaciones de Elías Barahona, vocero oficial del Ministerio del Interior, quien convocó a la prensa después de pedir asilo en Panamá.

Según Barahona, el general Lucas García es personalmente responsable de la muerte de treinta y nueve personas, achicharradas por las bombas que arrojó la policía contra la embajada de España. Entre las víctimas había veintisiete dirigentes indios que habían ocupado pacíficamente la embajada para denunciar las matanzas en la región del Quiché.

Barahona también reveló que el general Lucas García comanda las bandas paramilitares y parapoliciales, llamadas Escuadrones de la Muerte, y participa en la elaboración de las listas de opositores condenados a desaparecer.

El ex Secretario de Prensa del Ministerio del Interior denunció que en Guatemala se está aplicando un Programa de Pacificación y Erradicación del Comunismo, de 420 páginas, elaborado por especialistas de los Estados Unidos sobre la base de la experiencia de la guerra del Vietnam.

En el primer semestre de 1980 han sido asesinados en Guatemala veintisiete profesores de la Universidad, trece periodistas y setenta dirigentes campesinos, en su mayoría indígenas. La represión se ha descargado con particular intensidad sobre las comunidades indias de la región del Quiché, donde se han descubierto grandes yacimientos de petróleo.

(450)

1980
Uspantán

Rigoberta

Ella es una india maya-quiché, nacida en la aldea de Chimel, que recoge café y corta algodón en las plantaciones de la costa desde que aprendió a caminar. En los algodonales vio caer a dos de sus hermanos, Nicolás y Felipe, los más chiquitos, y a su mejor amiga, todavía a medio crecer, todos sucesivamente fulminados por los pesticidas.

El año pasado, en la aldea de Chajul, Rigoberta Menchú vio cómo el ejército quemaba vivo a su hermano Patrocinio. Poco después, en la embajada de España, también su padre fue quemado vivo junto con otros representantes de las comunidades indias. Ahora, en Uspantán, los soldados han liquidado a su madre muy de a poco, cortándola en pedacitos, después de haberla vestido con ropas de guerrillero.

De la comunidad de Chimel, donde Rigoberta nació, no queda nadie vivo.

A Rigoberta, que es cristiana, le habían enseñado que el verdadero cristiano perdona a sus perseguidores y reza por el alma de sus verdugos. Cuando le golpean una mejilla, le habían enseñado, el verdadero cristiano ofrece la otra.

—*Yo ya no tengo mejilla que ofrecer* —comprueba Rigoberta.

(72)

1980
San Salvador

La ofrenda

Hasta hace un par de años, sólo se entendía con Dios. Ahora habla con todos y por todos. Cada hijo del pueblo atormentado por los poderosos es el hijo de Dios crucificado; y en el pueblo Dios resucita después de cada crimen que los poderosos cometen. Monseñor Romero, arzobispo de El Salvador, abremundo, rompemundo, nada tiene que ver ahora con aquel titubeante pastor de almas que los poderosos aplaudían. Ahora el pueblo interrumpe con ovaciones sus homilías que acusan al terrorismo de Estado.

Ayer, domingo, el arzobispo exhortó a los policías y a los soldados a desobedecer la orden de matar a sus hermanos campesinos. En nombre de Cristo, Romero dijo al pueblo salvadoreño: *Levántate y anda.*

Hoy, lunes, el asesino llega a la iglesia escoltado por dos patrulleros policiales. Entra y espera, escondido detrás de una columna. Romero está celebrando misa. Cuando abre los brazos y ofrece el pan y el vino, cuerpo y sangre del pueblo, el asesino aprieta el gatillo.

(259 y 301)

1980
Montevideo

Pueblo que dice no

La dictadura del Uruguay convoca a un plebiscito y pierde.

Parecía mudo este pueblo obligado a callar; pero abre la boca y dice no. Clamoroso había sido el silencio de estos años, que los militares confundieron con resignación. Ellos no se esperaban una respuesta así. Al fin y al cabo, preguntaron por preguntar, como un cocinero que manda que las gallinas digan con qué salsa desean ser comidas.

1980
En toda Nicaragua

Andando

La revolución sandinista no fusila a nadie; pero del ejército de Somoza no queda ni la banda de música. A manos de todos pasan los fusiles, mientras se desencadena la reforma agraria en los campos desolados.

Un inmenso ejército de voluntarios, armados de lápices y de vacunas, invade su propio país. Revolución, revelación, de quienes creen y crean: no infalibles dioses de majestuoso andar sino personitas nomás, durante siglos obligadas a la obediencia y entrenadas para la impotencia. Ahora, a los tropezones, se echan a caminar. Van en busca del pan y la palabra: esta tierra, que abrió la boca, está ansiosa de comer y de decir.

1980
Asunción del Paraguay

Stroessner

Tachito Somoza, destronado, desterrado, vuela por los aires en una esquina de Asunción.

—*¿Quién fue?* —preguntan los periodistas en Managua.

—*Fuenteovejuna* —contesta el comandante Tomás Borge.

Tachito había encontrado refugio en la capital del Paraguay, la única ciudad del mundo donde todavía hay un busto de bronce de su padre, Tacho Somoza, y donde una calle se llama, todavía, Generalísimo Franco.

El Paraguay, o lo poco que del Paraguay ha quedado al cabo de mucha guerra y despojo, pertenece al general Alfredo Stroessner. Cada cinco años confirma su poder, por elecciones, este veterano colega de Somoza y Franco: para que la gente pueda votarlo, suspende, por veinticuatro horas, el eterno estado de sitio.

Stroessner se cree invulnerable porque no ama a nadie. El Estado es él: cada día, a las seis en punto de la tarde, llama al presidente del Banco Central y le pregunta:

—*¿Cuánto hicimos hoy?*

1980
En toda Nicaragua

Descubriendo

Cabalgando, remando, caminando, los brigadistas de la alfabetización penetran las más escondidas comarcas de Nicaragua. A la luz del candil, enseñan a manejar el lápiz a quien no sabe, para que nunca más lo engañen los que se pasan de vivos.

Mientras enseñan, los brigadistas comparten la poca comida, se agachan en el acarreo y la deshierba, se pelan las manos hachando leña y pasan la noche tendidos en el suelo, aplaudiendo mosquitos. Descubren miel silvestre dentro de los árboles y dentro de las gentes leyendas y coplas y perdidas sabidurías; poquito a poco van conociendo los secretos lenguajes de las hierbas que alegran sabores y curan dolencias y mordeduras de serpiente. Enseñando, los brigadistas aprenden toda la maldición y la maravilla de este país, su país, habitado por sobrevivientes: en Nicaragua, quien no se muere de hambre o peste o tiro, se muere de risa.

(11)

1980
Nueva York

Parece picada de viruela la Estatua de la Libertad

por culpa de los gases venenosos que las fábricas echan al cielo y que las nieves y las lluvias devuelven a la tierra. Ciento setenta lagos han sido asesinados por esa lluvia ácida en el estado de Nueva

York, pero el director de la Oficina Federal de Administración y Presupuesto dice que no vale la pena preocuparse, porque esos lagos no suman más que el cuatro por ciento del total.

El mundo es una pista de carreras. La naturaleza, un obstáculo. El mortífero aliento de las chimenas ha dejado cuatro mil lagos sin peces ni plantas en la provincia de Ontario, en Canadá.

—*Habría que pedirle a Dios que empezara de nuevo* —dice un pescador.

**1980
Nueva York**

Lennon

Una camisa, colgada en una azotea, pega manotazos. Se queja el viento. A los rugidos y chillidos de la ciudad se une el alarido de una sirena que corre por las calles. En este sucio día ha caído asesinado John Lennon, fundador de música, en una esquina de Manhattan.

Él no quería ganar ni matar. No aceptaba que el mundo fuera bolsa de valores ni cuartel militar. Lennon estaba al margen de la pista: cantando o silbando con aire de distraído, miraba girar las ruedas de los demás en el incesante vértigo que va y viene entre el manicomio y el matadero.

**1981
Surahammar**

El exilio

¿Cuál es la distancia que separa un campamento minero de Bolivia de una ciudad de Suecia? ¿Cuántas leguas, cuántos siglos, cuántos mundos?

Domitila, una de las cinco mujeres que derribó a una dictadura militar, ha sido condenada al destierro por otra dictadura militar y ha venido a parar, con su marido minero y sus muchos hijos, a las nieves del norte de Europa.

De donde todo falta a donde sobra todo, de la última miseria a la primera opulencia: ojos de estupor en estas caras de barro: aquí en Suecia se tiran a la basura televisores casi nuevos, ropas apenas usadas y muebles y heladeras y cocinas y lavaplatos que funcionan perfectamente. Van al muere los automóviles de penúltimo modelo.

Domitila agradece la solidaridad de los suecos y les admira la libertad, pero el derroche la ofende. La soledad, en cambio, le da pena: la pobre gente rica a solas ante el televisor, bebiendo a solas, comiendo a solas, hablando a solas:

—*Nosotros* —cuenta, recomienda Domitila— *nosotros, allá en Bolivia, aunque sea para pelearnos, nos juntamos.*

(1)

1981
Cantón Celica

«Mala suerte, falla humana, mal tiempo»

Un avión cae, a fines de mayo, y así acaba Jaime Roldós, presidente del Ecuador. Algunos campesinos del lugar escuchan que el avión estalla, y lo ven en llamas antes de que se estrelle.

No se permite a los médicos analizar el cadáver. No se intenta la autopsia. No aparece la caja negra: dicen que el avión no tenía. Los tractores aplanan el terreno del desastre. Se borran las grabaciones de las torres de control de Quito, Guayaquil y Loja. Varios testigos mueren en sucesivos accidentes. El informe de la Fuerza Aérea descarta de antemano cualquier atentado.

Mala suerte, falla humana, mal tiempo. Pero el presidente Roldós estaba defendiendo el codiciado petróleo del Ecuador, había restablecido relaciones con la prohibida Cuba y apoyaba las malditas revoluciones de Nicaragua, El Salvador y Palestina.

Dos meses después, otro avión cae, en Panamá. *Mala suerte, falla humana, mal tiempo.* Desaparecen dos campesinos que han escuchado la explosión del avión estallando en el aire. Omar Torrijos, culpable del rescate del canal de Panamá, sabía que no iba a morir de viejo en una cama.

Y casi en seguida, un helicóptero se derrumba en el Perú. *Mala suerte, falla humana, mal tiempo.* Esta vez la víctima es el comandante del ejército peruano, general Rafael Hoyos Rubio, viejo enemigo de la Standard Oil y de otras sociedades internacionales de beneficencia.

(154 y 175)

1982
Islas Georgias del Sur

Retrato de un valiente

Las madres de Plaza de Mayo lo llamaban *el Ángel,* por su rubia cara de nene. Llevaba unos meses trabajando con las madres, siempre sonriente, siempre dispuesto a poner el hombro, cuando una tarde, a la salida de una reunión, los soldados atraparon a varias de las militantes más activas del movimiento. Esas madres desaparecieron, como sus hijos, y nunca más se supo.

Las madres secuestradas habían sido señaladas por *el Ángel,* o sea el teniente de fragata Alfredo Astiz, miembro del Grupo de Tareas 3-3-2 de la Escuela de Mecánica de la Armada, de larga y lucida actuación en las cámaras de tormento.

El espía y torturador Astiz, ahora teniente de navío, es el primero en rendirse ante los ingleses en la guerra de las Malvinas. Se rinde sin disparar un tiro.

(107, 134, 143 y 388)

1982
Islas Malvinas

La Guerra de las Malvinas,

guerra patria que por un rato unió a los argentinos pisadores y a los argentinos pisados, culmina con la victoria del ejército colonialista de Gran Bretaña.

No se han hecho ni un tajito los generales y coroneles argentinos que habían prometido derramar hasta la última gota de sangre. Quienes declararon la guerra no estuvieron en ella ni de visita. Para que la bandera argentina flameara en estos hielos, causa justa en manos injustas, los altos mandos enviaron al matadero a los muchachitos enganchados por el servicio militar obligatorio, que más murieron de frío que de bala.

No les tiembla el pulso: con mano segura firman la rendición los violadores de mujeres atadas, los verdugos de obreros desarmados.

(185)

1982
Caminos de La Mancha

Maese Trotamundos

cumple medio siglo de vida, muy lejos del país donde nació. En una aldea castellana, ante uno de los molinos que desafiaron a don Quijote, Javier Villafañe, patriarca de los titiriteros de América, celebra el cumpleaños de su hijo preferido. Para estar a la altura de la magna fecha, Javier decide casarse con una linda gitana que acaba de conocer; y Maese Trotamundos preside la ceremonia y el banquete con la melancólica dignidad que lo caracteriza.

Toda la vida han andado juntos, titiriteando por los caminos del mundo, dulzuras y diabluras, Maese Trotamundos y el peregrino Javier. Cada vez que Maese Trotamundos cae enfermo, atacado por gusanos o polillas, Javier le cura las heridas con infinita paciencia y después le vela el sueño.

Al comienzo de cada función, ante la multitud de chiquilines que esperan, los dos tiemblan como la primera vez.

1982
Estocolmo

El novelista Gabriel García Márquez recibe el Nóbel y habla de nuestras tierras condenadas a cien años de soledad

...Me atrevo a pensar que es esta realidad descomunal, y no sólo su expresión literaria, la que este año ha merecido la atención de la Academia Sueca de las Letras. Una realidad que no es la del papel, sino que vive con nosotros y determina cada instante de nuestras incontables muertes cotidianas, y que sustenta un manantial de creación insaciable, pleno de desdicha y de belleza, del cual este colombiano errante y nostálgico no es más que una cifra señalada por la suerte. Poetas y mendigos, músicos y profetas, guerreros y malandrines, todas las criaturas de aquella realidad desaforada hemos tenido que pedirle muy poco a la imaginación, porque el desafío mayor para nosotros ha sido la insuficiencia de los recursos convencionales para hacer creíble nuestra vida. Éste es, amigos, el nudo de nuestra soledad.

...La interpretación de nuestra realidad con esquemas ajenos sólo contribuye a hacernos cada vez más desconocidos, cada vez menos libres, cada vez más solitarios... No: la violencia y el dolor desmesurados de nuestra historia son el resultado de injusticias seculares y amarguras sin cuenta, y no de una confabulación urdida a tres mil leguas de nuestra casa. Pero muchos dirigentes y pensadores europeos lo han creído, con el infantilismo de los abuelos que olvidaron las locuras fructíferas de su juventud, como si no fuera posible otro destino que vivir a merced de los dos grandes dueños del mundo. Éste es, amigos, el tamaño de nuestra soledad...

(189)

1983
Saint George's

La reconquista de la isla de Granada

La minúscula Granada, manchita verde apenas visible en la inmensidad del mar Caribe, sufre una espectacular invasión de los *marines*. El presidente Ronal Reagan los envía para matar el socialismo. Los *marines* matan un muerto. Algunos militares nativos, codiciosos del poder, se han ocupado de asesinar el socialismo, en nombre del socialismo, unos días antes.

Tras los *marines,* desembarca el Secretario de Estado norteamericano, George Schultz. En conferencia de prensa, declara:

—*A primera vista advertí que esta isla podría ser un espléndido negocio inmobiliario.*

1983
La Bermuda

Marianela

Cada mañana, al alba, hacían cola. Eran parientes, amigos o amores de los desaparecidos de El Salvador. Buscaban noticias o venían a darlas; no tenían otro lugar donde preguntar o dar testimonio. La puerta de la Comisión de Derechos Humanos estaba siempre abierta; y también se podía entrar por el boquete que la última bomba había abierto en la pared.

Desde que la guerrilla crecía en los campos salvadoreños, el ejército ya no usaba cárceles. La Comisión denunciaba ante el mundo: *Julio: aparecen decapitados quince niños menores de catorce años que habían sido detenidos bajo la acusación de terrorismo. Agosto: trece mil quinientos civiles asesinados o desaparecidos en lo que va del año...*

De los trabajadores de la Comisión, Magdalena Enríquez, la que más reía, fue la primera en caer. Los soldados la arrojaron, desollada, a la orilla de la mar. Después fue el turno de Ramón Valladares, acribillado en el barro del camino. Quedaba Marianela García Vilas:

—*Yerba mala nunca muere* —decía ella.

La liquidan cerca de la aldea La Bermuda, en las tierras quemadas de Cuscatlán. Ella andaba con su cámara de fotos y su grabadora, reuniendo pruebas para denunciar que el ejército arroja fósforo blanco contra los campesinos alzados.

(259)

1983
Santiago de Chile

Diez años después de la reconquista de Chile

—*Usted tiene derecho a importar un camello* —dice el ministro de Economía. Desde la pantalla del televisor, el ministro exhorta a los chilenos a que hagan uso de la libertad de comercio. En Chile, cualquiera puede decorar su casa con un auténtico cocodrilo africano y la democracia consiste en elegir entre un Chivas Regal y un Johnnie Walker etiqueta negra.

Todo es importado. De afuera vienen las escobas, los columpios de pajarito, los choclos, el agua para el whisky; el pan *baguette* llega volando desde París. La política económica, importada de los Estados Unidos, obliga a los chilenos a limitarse a rascar las tripas de sus montañas, en busca de cobre, y nada más: ni un alfiler pueden fabricar, porque resultan más baratos los afileres de Corea del Sur. Cualquier acto de creación atenta contra las leyes del mercado, que es como decir las leyes del destino.

De los Estados Unidos vienen también los programas de televisión, los automóviles, las ametralladoras y las flores de plástico. En los barrios altos de Santiago no se puede caminar sin tropezar con computadoras japonesas, videocasetes alemanes, televisores holandeses, chocolates suizos, mermeladas inglesas, jamones daneses, trajes de Taiwán, perfumes franceses, atunes españoles, aceites italianos...

Quien no consume, no existe. El pueblo, que se usa y se tira, no existe; aunque paga la cuenta de esta fiesta al fiado.

Los obreros sin trabajo revuelven la basura. Por todas partes se ven carteles que advierten: *No hay vacantes. No insista.*

Se multiplican por seis la deuda externa y la tasa de suicidios

(169 y 231)

1983
En una quebrada, entre Cabildo y Petorca

La televisión

Los Escárate no tenían nada, hasta que Armando trajo esa caja a lomo de mula.

Armando Escárate había estado todo un año fuera de casa. Había trabajado en la mar, cocinando para los pescadores, y también había trabajado en el pueblo de La Ligua, haciendo lo que se ofreciera y comiendo sobras, noche y día trabajando hasta que juntó la alta pila de billetes y pagó.

Cuando Armando bajó de la mula y abrió la caja, la familia se quedó muda del susto. Nadie había visto nunca nada parecido en estas comarcas de la cordillera chilena. Desde muy lejos venía gente, como en peregrinación, a contemplar el televisor Sony, de doce pulgadas, a todo color, funcionando a fuerza de batería de camión.

Los Escárate no tenían nada. Ahora siguen durmiendo amontonados y malviviendo del queso que hacen, la lana que hilan y los rebaños de cabras que pastorean para el patrón de la hacienda. Pero el televisor se alza como un tótem en medio de su casa, una choza de barro con techo de quincha, y desde la pantalla la Coca-Cola les ofrece chispas de vida y la Sprite, burbujas de juventud. Los cigarrillos Marlboro les dan virilidad. Los bombones Cadbury, comunicación humana. La tarjeta Visa, riqueza. Los perfumes Dior y las camisas Cardin, distinción. El vermut Cinzano, status social; el Martini, amor ardiente. La leche artificial Nestlé les otorga vigor eterno y el automóvil Renault, una nueva manera de vivir.

(230)

1983
Buenos Aires

Las abuelas detectives

Mientras se desintegra la dictadura militar en la Argentina, las abuelas de Plaza de Mayo andan en busca de los nietos perdidos. Esos niños, apresados con sus padres o nacidos en campos de concentra-

ción, han sido repartidos como botín de guerra; y más de uno tiene
por padres a los asesinos de sus padres. Las abuelas investigan a
partir de lo que haya, fotos, datos sueltos, una marca de nacimiento,
alquien que vio algo, y así, abriéndose paso a golpes de sagacidad
y a paraguazos, han recuperado ya a unos cuantos.

Tamara Arze, que desapareció al año y medio de edad, no fue
a parar a manos militares. Está en un pueblo suburbano, en casa de
la buena gente que la recogió cuando quedó tirada por ahí. A pedido de la madre, las abuelas emprendieron la búsqueda. Contaban
con unas pocas pistas. Al cabo de un largo y complicado rastreo,
la han encontrado. Cada mañana, Tamara vende querosén en un
carro tirado por un caballo, pero no se queja de su suerte; y al principio no quiere ni oír hablar de su madre verdadera. Muy de a poco
las abuelas le van explicando que ella es hija de Rosa, una obrera
boliviana que jamás la abandonó. Que una noche su madre fue cap-
turada a la salida de la fábrica, en Buenos Aires...

(317)

1983
Lima

Tamara vuela dos veces

Rosa fue torturada, bajo control de un médico que mandaba parar,
y violada, y fusilada con balas de fogueo. Pasó ocho años presa, sin
proceso ni explicaciones, hasta que el año pasado la expulsaron de
la Argentina. Ahora, en el aeropuerto de Lima, espera. Por encima
de los Andes, su hija Tamara viene volando hacia ella.

Tamara viaja acompañada por dos de las abuelas que la encontraron. Devora todo lo que le sirven en el avión, sin dejar una miga
de pan ni un grano de azúcar.

En Lima, Rosa y Tamara se descubren. Se miran al espejo, jun-
tas, y son idénticas: los mismos ojos, la misma boca, los mismos
lunares en los mismos lugares.

Cuando llega la noche, Rosa baña a su hija. Al acostarla, le siente
un olor lechoso, dulzón; y vuelve a bañarla. Y otra vez. Y por más

jabón que le mete, no hay manera de quitarle ese olor. Es un olor raro... Y de pronto, Rosa recuerda. Éste es el olor de los bebitos cuando acaban de mamar: Tamara tiene diez años y esta noche huele a recién nacida.

(317)

1983
Buenos Aires

¿Y si el desierto fuera mar, y la tierra cielo?

Dan miedo las madres y las abuelas de Plaza de Mayo. Porque, ¿qué pasaría si se hartaran de dar vueltas ante la Casa Rosada y se pusieran a firmar decretos de gobierno? ¿Y si los mendigos de la escalinata de la catedral arrancaran al arzobispo la túnica y el bonete y se pusieran a lanzar homilías desde el púlpito? ¿Y si los honestos payasos de los circos se pusieran a dictar órdenes en los cuarteles y cátedras en las universidades? ¿Y si se pusieran? ¿Y si?

1983
Meseta del Pedimento

El teatro mexicano de los sueños

Como todos los años, llegan los indios zapotecas a la meseta del Pedimento.

A un lado se ve la mar, y al otro picos y precipicios.

Aquí se desatan los sueños. Un hombre arrodillado se levanta y se mete en el bosque: lleva del brazo una novia invisible. Alguien se mueve como lánguida medusa, navegando en barca de aire. Hay quien dibuja en el viento y hay quien cabalga, majestuoso, al paso, arrastrando una rama entre las piernas. Las piedritas se vuelven granos de maíz y las bellotas, huevos de gallina. Los viejos se hacen niños y los niños, gigantes; una hoja de árbol se convierte en espejo que devuelve hermoso rostro a quien lo mire.

El encantamiento se rompe si alguno no se toma en serio este ensayo general de vida.

(418)

1983
Río Tuma

Realizando

Entre la dignidad y el desprecio andan zumbando las balas en Nicaragua; y a muchos la guerra les apaga la vida.

Éste es uno de los batallones que están peleando contra los invasores. Desde los barrios más pobres de Managua han venido estos voluntarios hasta los lejanos llanos del río Tuma.

Cada vez que cesa el estrépito, el Beto, *el profe,* contagia letras. El contagio ocurre cuando algún miliciano le pide que le escriba una carta. El Beto cumple, y después:

—*Ésta es la última que te escribo. Te ofrezco algo mejor.*

Sebastián Fuertes, soldador de hierro del barrio El Maldito, hombre de unos cuantos años y guerras y mujeres, es uno de los que se arrimó y fue condenado a la alfabetización. Lleva unos pocos días rompiendo grafos y desgarrando papeles en los respiros del tiroteo, y aguantándose a pie firme mucha broma pesada, cuando llega el primero de mayo y sus compañeros lo eligen para el discurso.

En un potrero lleno de bosta y garrapatas, se celebra el acto. Sebastián se alza sobre un cajón, saca del bolsillo un papelito doblado y lee las primeras palabras nacidas de su mano. Lee de lejos, estirando el brazo, porque la vista no lo ayuda y lentes no tiene:

—*¡Hermanos del batallón 8221!...*

Desafiando

Penachos de humo brotan de las bocas de los volcanes y de las bocas de los fusiles. Los campesinos van a la guerra en burro, con un papagayo al hombro. Dios era pintor primitivo cuando imaginó esta tierra de hablar suavecito.

Los Estados Unidos, que entrenan y pagan a los contras, la condenan a morir y a matar. Desde Honduras la atacan los somocistas; desde Costa Rica, Edén Pastora la traiciona.

Y en eso viene el Papa de Roma. El Papa maldice a los sacerdotes que aman a Nicaragua más que al alto cielo, y manda callar, de mala manera, a quienes le piden que rece por las almas de los patriotas asesinados. Tras pelearse con la católica multitud reunida en la plaza, se marcha, furioso, de esta tierra endemoniada.

El pueblo pone a Dios de pie

y el pueblo sabe que Dios lo necesita para pararse en el mundo.

Cada año el niño Jesús nace en Mérida y en otros lugares de Venezuela. Cantan los cantadores, al son de violines, mandolinas y guitarras, mientras los padrinos recogen en amplio pañuelo al niño echado en el pesebre, tarea delicada, cosa seria, y lo sacan a pasear.

Pasean los padrinos al niño por las calles. Lo siguen los reyes y los pastores y el gentío le va echando flores y besos. Después de ser muy bienvenido en el mundo, los padrinos devuelven a Jesús al pesebre donde lo están esperando María y José. Allí lo paran.

En nombre de la comunidad, los padrinos paran a Jesús por primera vez, y erguido queda entre sus padres. Concluida la paradura, se canta el rosario y se ofrece a los presentes bizcochuelos de los de antes, los de doce yemas, y vinito mistela.

(463)

13

1983
Managua

Noticiero

Una mujer ha parido una gallina en un barrio de Managua, según informa el diario nicaragüense «La Prensa». Fuentes ligadas a la jerarquía eclesiástica no desmienten que este extraordinario acontecimiento pueda ser un signo de la cólera de Dios. La actitud de la multitud congregada ante el Papa puede haber colmado la paciencia divina, consideran esas fuentes.

En 1981, habían ocurrido en Nicaragua otros dos milagros de amplia repercusión. La Virgen de Cuapa hizo en ese año una espectacular aparición en los campos de Chontales. Descalza y coronada de estrellas, desde el centro de un resplandor que encegueció a los testigos, la Virgen formuló declaraciones a un sacristán llamado Bernardo. La Madre de Dios manifestó su apoyo a la política del presidente Reagan contra el sandinismo ateo y comunista.

Poco después, la Virgen de la Concepción sudó y lloró copiosamente durante varios días en una casa de Managua. El arzobispo, monseñor Obando, se hizo presente ante su altar y exhortó a los feligreses a que oraran pidiendo perdón a la Purísima. Las emanaciones de la Virgen de la Concepción cesaron cuando la policía descubrió que los propietarios de su imagen de yeso la sumergían en agua y la encerraban en el refrigerador durante las noches, para que luego sudara y llorara, expuesta al intenso calor ambiental, ante la romería de devotos.

1984
Vaticano

El Santo Oficio de la Inquisición

luce ahora el más discreto nombre de Congregación para la Doctrina de la Fe. Ya no quema vivo a ningún hereje, aunque ganas no le faltan. Su principal preocupación viene de América. En nombre del

Santo Padre, los inquisidores convocan a los teólogos latinoamericanos Leonardo Boff y Gustavo Gutiérrez, y en el Vaticano les aplican severa reprimenda por falta de respeto a la Iglesia del Miedo.
La Iglesia del Miedo, opulenta empresa multinacional, devota del dolor y de la muerte, está ansiosa por clavar en la cruz a cualquier hijo de carpintero, de esos que andan por las costas de América sublevando pescadores y desafiando imperios.

1984
Londres

Los Reyes Magos no creen en los niños

Los primeros ministros de Estados Unidos, Japón, Alemania Federal, Inglaterra, Francia, Italia y Canadá, reunidos en Lancaster House, felicitan al organismo que garantiza la libertad del dinero. Los siete grandes del mundo capitalista aplauden por unanimidad *la labor del Fondo Monetario Internacional en los países en desarrollo.*
La felicitación no menciona a los verdugos, torturadores, inquisidores, carceleros y soplones, que son los funcionarios del Fondo Monetario en esos *países en desarrollo.*

Sinfonía circular para países pobres, en seis movimientos sucesivos

Para que sean los brazos obreros cada vez más obedientes y baratos, los países pobres necesitan legiones de verdugos, torturadores, inquisidores, carceleros y soplones.
Para alimentar y armar a esas legiones, los países pobres necesitan préstamos de los países ricos.
Para pagar los intereses de esos préstamos, los países pobres necesitan más préstamos.
Para pagar los intereses de los préstamos sumados a los préstamos, los países pobres necesitan aumentar las exportaciones.

Para aumentar las exportaciones, productos malditos, precios condenados a caída perpetua, los países pobres necesitan bajar los costos de producción.

Para bajar los costos de producción, los países pobres necesitan brazos obreros cada vez más obedientes y baratos.

Para que sean los brazos obreros cada vez más obedientes y baratos, los países pobres necesitan legiones de verdugos, torturadores, inquisidores...

1984
Washington

«1984»

El Departamento de Estado de los Estados Unidos decide suprimir la palabra *asesinato* en sus informes sobre violación de derechos humanos en América Latina y en otras regiones. En lugar de *asesinato,* ha de decirse: *ilegal o arbitraria privación de vida.*

Hace ya tiempo que la CIA evita la palabra *asesinar* en sus manuales de terrorismo práctico. Cuando la CIA mata o manda matar a un enemigo, no lo asesina: lo *neutraliza.*

El Departamento de Estado llama *fuerzas de paz* a las fuerzas de guerra que los Estados Unidos suelen desembarcar al sur de sus fronteras; y llama *luchadores de la libertad* a quienes luchan por la restauración de sus negocios en Nicaragua.

(94)

1984
Washington

Somos todos rehenes

Nicaragua y otros países insolentes siguen sin enterarse de la orden que manda que la historia no se mueva, so pena de reventazón total del mundo:

—*No toleraremos*... —advierte el presidente Reagan.

Por encima de las nubes, acechan los bombarderos nucleares. Más allá, los satélites militares. Bajo la tierra y bajo la mar, los misiles. El mundo gira todavía porque las grandes potencias le dan permiso. Una bomba de plutonio del tamaño de una naranja bastaría para hacer estallar el planeta entero, y una buena descarga de radiaciones nucleares lo convertiría en un desierto habitado por cucarachas.

El presidente Reagan dice que san Lucas (Evangelio, 14.31) aconseja multiplicar los gastos militares para enfrentar a las hordas comunistas. Se militariza la economía; las armas disparan dinero para comprar armas que disparan dinero; se fabrican armas, hamburguesas y miedo. No hay mejor negocio que la venta de miedo. El presidente anuncia, jubiloso, la militarización de las estrellas.

(430)

1984
San Pablo

Veinte años después de la reconquista del Brasil

El último presidente de la dictadura militar, el general Figueiredo, deja el gobierno a los civiles.

Cuando le preguntaron qué haría él si fuera un obrero que gana el salario mínimo, el general Figueiredo respondió:

—*Me pegaría un tiro en la cabeza.*

El Brasil padece prosperidad famélica. Entre los países que venden alimentos al mundo, figura en el cuarto lugar. Entre los países que sufren hambre en el mundo, figura en el sexto. Ahora el Brasil exporta armas y autos además de café, y produce más acero que Francia; pero los brasileños miden menos y pesan menos que hace veinte años.

Millones de niños sin techo deambulan por las calles de San Pablo y las demás ciudades, a la caza de comida. Los edificios se convierten en fortalezas, los porteros se hacen guardias armados. Todo ciudadano es asaltado o asaltante.

(371)

330 _Eduardo Galeano_

1984
Ciudad de Guatemala

Treinta años después de la reconquista de Guatemala,

el Banco del Ejército es el más importante del país, después del
Bank of America. Los generales se van turnando en el poder, derri-
bándose unos a otros, de dictadura en dictadura; pero todos aplican
la misma política de tierra arrasada contra los indios, culpables de
habitar comarcas ricas en petróleo, níquel o lo que sea.
  Ya no son éstos los tiempos de la United Fruit, sino de la Getty
Oil, la Texaco o la International Nickel Company. Los generales
aniquilan a muchas comunidades indias, y expulsan a muchas más.
Multitudes de indios hambrientos, despojados de todo, deambulan
por las sierras. Vienen del horror, pero no van hacia el horror. Caminan lentamente, guiados por la antigua certidumbre de que alguna
vez recibirán castigo la codicia y la soberbia. Así lo aseguran las
historias que los viejos de maíz cuentan a los niños de maíz cuando
llega la noche.

_(367 y 450)_

1984
Río de Janeiro

Malandanzas de la memoria colectiva en América Latina

El contador público João David dos Santos pegó un salto de alegría
cuando consiguió cobrar sus muchos sueldos atrasados. En especies,
pero consiguió cobrar. A falta de dinero, un centro de investigación
en ciencias sociales le pagó con una biblioteca completa, de nueve
mil libros y más de cinco mil periódicos y folletos. La biblioteca
estaba dedicada a la historia contemporánea del Brasil. Contenía
materiales muy valiosos sobre las ligas campesinas del nordeste, los
gobiernos de Getúlio Vargas y muchos otros temas.
  Entonces el contador dos Santos puso en venta la biblioteca.
La ofreció a los organismos culturales; a los institutos de historia,

a los diversos ministerios. Ninguno tenía fondos. Probó con las universidades, oficiales y privadas, una tras otra. No hubo caso. En una universidad dejó la biblioteca en préstamo, por algunos meses, hasta que le exigieron que empezara a pagar alquiler. Después lo intentó con particulares. Nadie mostró el menor interés: la historia nacional es enigma o mentira o bostezo.

El desdichado contador dos Santos siente un gran alivio cuando por fin consigue vender su biblioteca a la Fábrica de Papel Tijuca, que transforma todos esos libros y periódicos y folletos en papel higiénico de colores.

(371)

1984
Ciudad de México

Contra el olvido,

que es la única muerte que mata de verdad, Carlos Quijano escribió todo lo que escribió. Viejo gruñón y peleón, había nacido en Montevideo cuando el siglo nació y muere en el destierro, mientras en el Uruguay se derrumba la dictadura militar. Muere en plena tarea, preparando una nueva edición mexicana de su periódico «Marcha».

Quijano celebraba las contradicciones. Lo que para otros era herejía, para él era signo de vida. Denunció al imperialismo, humillador de naciones y multitudes, y anunció que América Latina está llamada a crear un socialismo digno de la esperanza de sus profetas.

(356)

1984
Ciudad de México

La resurrección de los vivos

El pueblo mexicano tiene la costumbre de comer la muerte, esqueleto de azúcar o chocolate chorreando caramelo de colores, y además de comerla la canta y la baila y la bebe y la duerme. Por burlarse del poder y del dinero, a veces el pueblo viste a la muerte con monóculo y levita, charreteras y medallas, pero el pueblo la prefiere desnuda de todo ropaje, sabrosona, borrachita, y con ella marcha del brazo en parranda corrida.

Día de los Vivos debería llamarse este Día de los Muertos, aunque pensándolo bien lo mismo da, porque todo el que viene va y el que va viene, y al fin y al cabo el comienzo de lo que comienza está siempre en el final de lo que finaliza.

—*Mi abuelo es tan pequeñito porque nació después que yo* —dice un niño que sabe lo que dice.

1984
Estelí

Creyendo

Ellas dan de nacer. Tienen por oficio el alumbramiento. Con mano sabida enderezan al niño, cuando viene mal, y trasmiten a la madre fuerza y paz.

Hoy están de fiesta las parteras de los pueblos y los montes de Estelí, en Nicaragua, cerca de la frontera. Se han juntado para celebrar algo que bien vale alegrías: desde hace un año no ha muerto de tétanos ni un solo recién nacido en esta región. Las parteras ya no cortan los ombligos a machete, ni los queman con sebo, ni los atan sin desinfectar; y las embarazadas reciben vacunas que vacunan al niño que les vive adentro. Ya por aquí nadie cree que las vacunas sean pócimas de brujería rusa para volver comunistas a los cristianos; y ya nadie, o casi nadie, cree que los recién nacidos mueren por mirada fuerte de hombre borracho o mujer con menstruación.

Estas comarcas, zona de guerra, sufren el continuo acoso de los invasores:

—*Aquí estamos en la boca del lagarto.*

Muchas madres acuden a pelear. Las madres que quedan reparten el pecho.

1984
La Habana

Miguel a los setenta y nueve

A lo largo del siglo, este hombre ha pasado la pena negra y muchas veces ha muerto por bala o patatús. Ahora, desde el exilio, sigue acompañando con brío la guerra de su gente.

La luz del amanecer lo encuentra siempre levantado, afeitado y conspirando. Él bien podría quedarse dando vueltas y más vueltas en las puertas giratorias de la memoria; pero no sabe hacerse el sordo cuando lo llaman las voces de los tiempos y caminos que todavía no anduvo.

Y así, a los setenta y nueve años de su edad, ocurre cada día un nuevo nacimiento de Miguel Mármol, viejo maestro en el oficio del nacer incesante.

1984
París

Van los ecos en busca de la voz

Mientras escribía palabras que querían a la gente, Julio Cortázar iba haciendo su viaje, viaje al revés, por el túnel del tiempo. Él estaba yendo desde el final hacia el principio: del desaliento al entusiasmo, de la indiferencia a la pasión, de la soledad a la solidaridad. A sus casi setenta años, era un niño que tenía todas las edades a la vez.

Pájaro que vuela hacia el huevo: Cortázar iba desandando vida, año tras año, día tras día, rumbo al abrazo de los amantes que hacen el amor que los hace. Y ahora muere, ahora entra en la tierra, como entrando en mujer regresa el hombre al lugar de donde viene.

1984
Punta Santa Elena

El siempre abrazo

No hace mucho que fueron descubiertos, en el secarral que antiguamente fue playa de Zumpa, en el Ecuador. Y aquí están, a todo sol, para quien quiera verlos: un hombre y una mujer yacen abrazados, durmiendo amores, desde hace una eternidad.

Excavando el cementerio de los indios, una arqueóloga ha encontrado este par de esqueletos de amor atados. Hace ocho mil años que los amantes de Zumpa cometieron la irreverencia de morir sin desprenderse, y cualquiera que se arrime puede ver que la muerte no les causa la menor preocupación.

Es sorprendente su espléndida hermosura, tratándose de huesos tan feos en medio de tan feo desierto, pura aridez y grisura; y más sorprendente es su modestia. Estos amantes, dormidos en el viento, parecen no haberse enterado de que ellos tienen más misterio y grandeza que las pirámides de Teotihuacán o el santuario de Machu Picchu o las cataratas del Iguazú.

1984
Población Violeta Parra

El nombre robado

La dictadura del general Pinochet cambió los nombres de veinte poblaciones del pobrerío, casas de lata y cartón, en las afueras de Santiago de Chile. En el rebautizo, la población Violeta Parra recibió el nombre de algún militar heroico. Pero sus habitantes se niegan a llevar ese nombre no elegido: ellos se llaman Violeta Parra, o nada.

Hace tiempo, en unánime asamblea, habían decidido llamarse como aquella campesina cantora, de voz gastadita, que en sus peleonas canciones supo celebrar los misterios de Chile.

Violeta era pecante y picante, amiga del guitarreo y del converse y del enamore, y por bailar y payasear se le quemaban las empanadas. *Gracias a la vida, que me ha dado tanto,* cantó en su última canción; y un revolcón de amor la arrojó a la muerte.

(334 y 440)

1984
Tepic

El nombre encontrado

En la sierra mexicana de Nayarit había una comunidad que no tenía nombre. Desde hacía siglos andaba buscando nombre esa comunidad de indios huicholes. Carlos González lo encontró, por pura casualidad.

Este indio huichol había venido a la ciudad de Tepic para comprar semillas y visitar parientes. Al atravesar un basural, recogió un libro tirado entre los desperdicios. Hacía años que Carlos había aprendido a leer la lengua de Castilla, y mal que bien podía. Sentado a la sombra de un alero, empezó a descifrar páginas. El libro hablaba de un país de nombre raro, que Carlos no sabía ubicar pero que debía estar bien lejos de México, y contaba una historia de hace pocos años.

En el camino de regreso, caminando sierra arriba, Carlos siguió leyendo. No podía desprenderse de esta historia de horror y de bravura. El personaje central del libro era un hombre que había sabido cumplir su palabra. Al llegar a la aldea, Carlos anunció, eufórico:

—*¡Por fin tenemos nombre!*

Y leyó el libro, en voz alta, para todos. La tropezada lectura le ocupó casi una semana. Después, las ciento cincuenta familias votaron. Todas por sí. Con bailares y cantares se selló el bautizo.

Ahora tienen cómo llamarse. Esta comunidad lleva el nombre de un hombre·digno, que no dudó a la hora de elegir entre la traición y la muerte.

—*Voy para Salvador Allende* —dicen, ahora, los caminantes.

(466)

1984
Bluefields

Volando

Honda raíz, alto tronco, florida ramazón: clavado en el centro del mundo se alza un árbol sin espinas, un árbol de esos que saben darse a los pájaros. En torno al árbol giran las´parejas bailanderas, ombligo contra ombligo, ondulando al ritmo de una música que despierta a las piedras y enciende el hielo. Mientras bailan, los danzantes van vistiendo y desvistiendo el árbol con largas cintas de todos los colores. En la atormentada costa de Nicaragua, sometida a invasión continua, a continuos bombardeos y tiroteos, se celebra como siempre esta fiesta del Palo de Mayo.

El árbol de la vida sabe que jamás cesará, pase lo que pase, la música caliente que gira a su alrededor. Por mucha muerte que venga, por mucha sangre que corra, los hombres y las mujeres serán por la música bailados mientras sean por el aire respirados y por la tierra arados y amados.

1986
Montevideo

Una carta

Para Arnaldo Orfila Reynal,
Siglo XXI Editores.
Mi querido Arnaldo:
Aquí va el último volumen de «Memoria del fuego». Como ve-
rás, acaba en 1984. Por qué no antes, o después, no sé. Quizás por-
que ése fue el último año de mi exilio, el fin de un ciclo, el fin de
un siglo; o quizás porque el libro lo quiso así. De todos modos, el
libro y yo sabemos que la última página es también la primera.
Disculpá si me salió demasiado largo. Escribirlo fue una alegría
de la mano; y ahora yo me siento más que nunca orgulloso de haber
nacido en América, en esta mierda, en esta maravilla, durante el
siglo del viento.
Más no te digo, porque no quiero palabrear lo sagrado.
Te abrazo,
            Eduardo

Las fuentes

1. Acebey, David, *Aquí también Domitila*, La Paz, s/e, 1984.
2. Adams, Willi Paul, *Los Estados Unidos de América*, Madrid, Siglo XXI, 1979.
3. Aguiar, Cláudio, *Caldeirão*, Río de Janeiro, José Olympio, 1982.
4. Aguilar Camín, Héctor, *Saldos de la revolución. Cultura y política de México, 1910/1980*, México, Nueva Imagen, 1982.
5. Aguiló, Federico, *Significado socio-antropológico de las coplas al Cristo de Santa Vera Cruz*, ponencia al II Encuentro de Estudios Bolivianos (mimeo), Cochabamba, 1984.
6. Agudelo, William, *El asalto a San Carlos. Testimonio de Solentiname*, Managua, Asoc. para el Desarrollo de Solentiname, 1982.
7. Alape, Arturo, *El bogotazo. Memorias del olvido*, Bogotá, Pluma, 1983.
8. — *La paz, la violencia: testigos de excepción*, Bogotá, Planeta, 1985.
9. Alegría, Claribel, y D. J. Flakoll, *Cenizas de Izalco*, Barcelona, Seix Barral, 1966.
10. — *Nicaragua: la revolución sandinista. Una crónica política, 1855/1979*, México, Era, 1982.
11. Alemán Ocampo, Carlos, *Y también enséñenles a leer*, testimonios, Managua, Nueva Nicaragua, 1984.
12. Alfaro, Eloy, *Narraciones históricas*, prólogo de Malcolm D. Deas, Quito, Editora Nacional, 1983.
13. Alfaro, Hugo, *Navegar es necesario*, Montevideo, Banda Oriental, 1985.
14. Alí, Muhammad, *The greatest: my own story*, Nueva York, Random, 1975.
15. Allen, Frederick Lewis, *Apenas ayer. Historia informal de la década del 20*, Buenos Aires, EUDEBA, 1964.
16. Almaraz Paz, Sergio, *Réquiem para una república*, La Paz, Universidad, 1969.
17. — *El poder y la caída*, La Paz/Cochabamba, Amigos del Libro, 1969.
18. Almeida Bosque, Juan, *Contra el agua y el viento*, La Habana, Casa de las Américas, 1985.
19. Amado, Jorge, *Los viejos marineros*, Barcelona, Seix Barral, 1983.
20. Amorim, Enrique, *El Quiroga que yo conocí*, Montevideo, Arca, 1983.
21. Anderson, Thomas, *El Salvador. Los sucesos políticos de 1932*, San José de Costa Rica, EDUCA, 1982.
22. Andrade, Joaquim Pedro de, *Garrincha, alegria do povo*, film producido por Barreto, Nogueira y Richers, Río de Janeiro, 1963.

23. Andrade, Mário de, *Macunaíma, o herói sem nenhum caráter,* Belo Horizonte/Brasilia, Itatiaia, 1984.
24. Andrade, Roberto, *Vida y muerte de Eloy Alfaro,* Quito, El Conejo, 1985.
25. Andreu, Jean, *Borges, escritor comprometido,* en la revista «Texto crítico» núm. 13, Veracruz, abril/junio 1979.
26. Antezana, Luis E., *Proceso y sentencia de la reforma agraria en Bolivia,* La Paz, Puerta del Sol, 1979.
27. Arenales, Angélica, *Siqueiros,* México, Bellas Artes, 1947.
28. Arévalo Martínez, Rafael, *Ecce Pericles. La tiranía de Manuel Estrada Cabrera en Guatemala,* San José de Costa Rica, EDUCA, 1983.
29. Arguedas, Alcides, *Pueblo enfermo,* La Paz, Juventud, 1985.
30. Arguedas, José María, *El zorro de arriba y el zorro de abajo,* Buenos Aires, Losada, 1971.
31. — *Formación de una cultura nacional indoamericana,* México, Siglo XXI, 1975.
32. Aricó, José (Selección y prólogo), *Mariátegui y los orígenes del marxismo latinoamericano,* México, Pasado y Presente, 1980.
33. Azuela, Mariano, *Los de abajo,* México, FCE, 1960.
34. Baptista Gumucio, Mariano, *Historia contemporánea de Bolivia, 1930/1978,* La Paz, Gisbert, 1978.
35. Barrán, José P., y Benjamín Nahum, *Batlle, los estancieros y el Imperio Británico. Las primeras reformas, 1911/1913,* Montevideo, Banda Oriental, 1983.
36. Barreto, Lima, *Os bruzundangas,* San Pablo, Ática, 1985.
37. Barrett, Rafael, *El dolor paraguayo,* prólogo de Augusto Roa Bastos, Caracas, Ayacucho, 1978.
38. Bayer, Osvaldo, *Los vengadores de la Patagonia trágica,* Buenos Aires, Galerna, 1972/1974, y Wuppertal, Hammer, 1977.
39. Beals, Carleton, *Banana Gold,* Managua, Nueva Nicaragua, 1983.
40. — *Porfirio Díaz,* México, Domés, 1982.
41. Belfrage, Cedric, *The american Inquisition, 1945/1960,* Indianapolis, Bobbs-Merrill, 1973.
42. Bell, John Patrick, *Guerra civil en Costa Rica. Los sucesos políticos de 1948,* San José de Costa Rica, EDUCA, 1981.
43. Beloch, Israel, y Alzira Alves de Abreu, *Dicionário histórico-biográfico brasileiro, 1930/1983,* Río de Janeiro, Fundaçao Getúlio Vargas, 1984.
44. Benítez, Fernando, *Lázaro Cárdenas y la revolución mexicana. El porfirismo,* México, FCE, 1977.
45. — *Lázaro Cárdenas y la revolución mexicana. El cardenismo,* México, FCE, 1980.
46. — *Los indios de México,* tomo III, México, Era, 1979.
47. — *La ciudad de México, 1325/1982,* Barcelona/México, Salvat, 1981/1982.
48. — (con otros autores), *Juan Rulfo, homenaje nacional,* México, Bellas Artes/SEP, 1980.
49. Benvenuto, Ofelia Machado de, *Delmira Agustini,* Montevideo, Ministerio de Instrucción Pública, 1944.
50. Bernays, Edward, *Biography of an idea,* Nueva York, Simon and Schuster, 1965.

51. Berry, Mary Frances, y John W. Blassingame, *Long memory. The black experience in America*, Nueva York/Oxford, Oxford University, 1982.
52. Bezerra, João, *Como dei cabo de Lampeão*, Recife, Massangana, 1983.
53. Bingham, Hiram, *Machu Picchu, la ciudad perdida de los incas*, Madrid, Rodas, 1972.
54. Bliss, Michael, *The discovery of insulin*, Toronto, McClelland and Stewart 1982.
55. Bodard, Lucien, *Masacre de indios en el Amazonas*, Caracas, Tiempo Nuevo, 1970.
56. Bolaños, Pío, *Génesis de la intervención norteamericana en Nicaragua*, Managua, Nueva Nicaragua, 1984.
57. Bonfil Batalla, Guillermo, *El universo del amate*, México, Museo de Culturas Populares, 1982.
58. Borge, Tomás, *Carlos, el amanecer ya no es una tentación*, La Habana, Casa de las Américas, 1980.
59. Borges, Jorge Luis, *Obras completas, 1923/1972*, Buenos Aires, Emecé, 1974.
60. Bosch, Juan, *Trujillo: causas de una tiranía sin ejemplo*, Caracas, Las Novedades, 1959.
61. — *Crisis de la democracia de América en la República Dominicana*, revista «Panoramas» núm. 14, suplemento, México, 1964.
62. — *La revolución de abril*, Santo Domingo, Alfa y Omega, 1981.
63. — *Clases sociales en la República Dominicana*, Santo Domingo, PLD, 1982.
64. Bravo-Elizondo, Pedro, *La gran huelga del salitre en 1907*, en la revista «Araucaria», núm. 33, Madrid, primer trimestre de 1986.
65. Branford, Sue, y Oriel Glock, *The last frontier. Fighting over land in the Amazon*, Londres, Zed, 1985.
66. Brecht, Bertolt, *Diario de trabajo*, Buenos Aires, Nueva Visión, 1977.
67. Buarque de Holanda, Sérgio, *Visão do paraíso*, San Pablo, Universidad, 1969.
68. Buitrago, Alejandra, *Conversando con los gamines* (inédito).
69. Bullrich, Francisco, en *América Latina en su arquitectura*, varios autores, México, Siglo XXI, 1983.
70. Buñuel, Luis, *Mi último suspiro (memorias)*, Barcelona, Plaza y Janés, 1982.
71. — *Los olvidados*, México, Era, 1980.
72. Burgos, Elisabeth, *Me llamo Rigoberta Menchú y así me nació la conciencia*, Barcelona, Argos-Vergara, 1983.
73. Cabezas, Omar, *La montaña es algo más que una inmensa estepa verde*, Managua, Nueva Nicaragua, 1982.
74. Cabral, Sergio, *As escolas de samba: o quê, quem, como, quando e porquê*, Río de Janeiro, Fontana, 1974.
75. — *Pixinguinha. Vida e obra*, Río de Janeiro, Lidador, 1980.
76. Caputo, Alfredo, *Educación moral y cívica*, Montevideo, Casa del Estudiante, 1978, y otros libros de texto por Dora Noblía y Graciela Márquez, Sofía Corchs y Alex Pereyra Formoso.
77. Cardenal, Ernesto, *Antología*, Managua, Nueva Nicaragua, 1984.
78. Cárdenas, Lázaro, *Ideario político*, México, Era, 1976.

79. Cardona Pena, Alfredo, *El monstruo en el laberinto. Conversaciones con Diego Rivera*, México, Diana, 1980.
80. Cardoza y Aragón, Luis, *La nube y el reloj. Pintura mexicana contemporánea*, México, UNAM, 1940.
81. — *La revolución guatemalteca*, México, Cuadernos Americanos, 1955.
82. — *Diego Rivera. Los frescos en la Secretaría de Educación Pública*, México, SEP, 1980.
83. — *Orozco*, México, FCE, 1983.
84. Carías, Marco Virgilio, con Daniel Slutzky, *La guerra inútil. Análisis socio-económico del conflicto entre Honduras y El Salvador*, San José de Costa Rica, EDUCA, 1971.
85. Carpentier, Alejo, *Tientos y diferencias*, Montevideo, Arca, 1967.
86. — *La música en Cuba*, La Habana, Letras Cubanas, 1979.
87. Carr, Raymond, *Puerto Rico: a colonial experiment*, Nueva York, Vintage, 1984.
88. Casaus, Víctor, *Girón en la memoria*, La Habana, Casa de las Américas, 1970.
89. Cassá, Roberto, *Capitalismo y dictadura*, Santo Domingo, Universidad, 1982.
90. Castro, Fidel, *La revolución cubana, 1953/1962*, México, Era, 1972.
91. — *Hoy somos un pueblo entero*, México, Siglo XXI, 1973.
92. Castro, Josué de, *Geografia da fome*, Río de Janeiro, O Cruzeiro, 1946.
93. Cepeda Samudio, Álvaro, *La casa grande*, Buenos Aires, Jorge Álvarez, 1967.
94. Central Intelligence Agency, *Manuales de sabotaje y guerra psicológica para derrocar al gobierno sandinista*, prólogo de Philip Agee, Madrid, Fundamentos, 1985.
95. Cervantes Angulo, José, *La noche de las luciérnagas*, Bogotá, Plaza y Janés, 1980.
96. Céspedes, Augusto, *Sangre de mestizos. Relatos de la guerra del Chaco*, La Paz, Juventud, 1983.
97. — *El presidente colgado*, La Paz, Juventud, 1985.
98. *Cien años de lucha*, varios autores, edición especial de la revista «Cuba», La Habana, octubre de 1968.
99. Clark, Ronald William, *Edison: the man who made the future*, Nueva York, Putnam, 1977.
100. Clase, Pablo, *Rubi. La vida de Porfirio Rubirosa*, Santo Domingo, Cosmos, 1979.
101. Crassweller, Robert D., *Trujillo. La trágica aventura del poder personal*, Barcelona, Bruguera, 1968.
102. Crawley, Eduardo, *Dictators never die. A portrait of Nicaragua and the Somozas*, Londres, Hurst, 1979.
103. Colombres, Adolfo, *Seres sobrenaturales de la cultura popular argentina*, Buenos Aires, Del Sol, 1984.
104. Coluccio, Félix, *Diccionario folklórico argentino*, Buenos Aires, 1948.
105. Collier, James Lincoln, *Louis Armstrong: an american genius*, Nueva York, Oxford University, 1983.
106. Comisión Argentina por los Derechos Humanos, *Argentina: proceso al genocidio*, Madrid, Querejeta, 1977.

107. Comisión Nacional sobre la Desaparición de Personas, *Nunca más*, Buenos Aires, EUDEBA, 1984.
108. Committee on Foreign Relations, The United States Senate, *Briefing on the cuban situation*, Washington, 2 de mayo de 1961.
109. Committee to study governmental operations with respect to intelligence activities, The United States Senate, *Alleged assassination plots involving foreign leaders: an interim report*, Washington, 20 de noviembre de 1975.
110. Condarco Morales, Ramiro, *Zárate, el temible Willka. Historia de la rebelión indígena de 1899*, La Paz, s/e, 1982.
111. Condori Mamani, Gregorio, *De nosotros, los runas*, testimonio recogido por Ricardo Valderrama y Carmen Escalante, Madrid, Alfaguara, 1983.
112. Constantine, Mildred, *Tina Modotti. Una vida frágil*, México, FCE, 1979.
113. Cooke, Alistair, *America*, Nueva York, Knopf, 1977.
114. Cordero Velásquez, Luis, *Gómez y las fuerzas vivas*, Caracas, Lumego, 1985.
115. Corrêa, Marcos Sá, *1964 visto e comentado pela Casa Branca*, Porto Alegre, L y PM, 1977.
116. Corretger, Juan Antonio, *Albizu Campos*, Montevideo, El Siglo Ilustrado, 1969.
117. Cueva, Gabriela de la, *Memorias de una caraqueña de antes del diluvio*, San Sebastián, s/e, 1982.
118. Cummins, Lejeune, *Don Quijote en burro*, Managua, Nueva Nicaragua, 1983.
119. Cunha, Euclides da, *A margem da história*, en *Obra completa*, Río de Janeiro, Aguilar, 1966.
120. Chandler, Billy Jaynes, *Lampião, o rei dos cangaceiros*, Río de Janeiro, Paz e Terra, 1980.
121. Chaplin, Charlie, *Historia de mi vida*, Madrid, Taurus, 1965.
122. Christensen, Eleanor Ingalls, *The art of Haiti*, Filadelfia, Art Alliance, 1975.
123. Chumbita, Hugo, *Bairoletto. Prontuario y leyenda*, Buenos Aires, Marlona, 1974.
124. Daher, José Miguel, *Méndez: el Partido Demócrata de EE. UU. es socio de la sedición*, en el diario «La Mañana», Montevideo, 9 de octubre de 1976.
125. Dalton, Roque, *Las historias prohibidas del Pulgarcito*, México, Siglo XXI, 1974.
126. — *Miguel Mármol. Los sucesos de 1932 en El Salvador*, La Habana, Casa de las Américas, 1983.
127. — *Poesía*, antología por Mario Benedetti, La Habana, Casa de las Américas, 1980.
128. Dardis, Tom, *Keaton. The man who would'nt lie down*, Nueva York, Scribner's, 1979.
129. Darío, Rubén, *Poesía*, prólogo de Ángel Rama, Caracas, Ayacucho, 1977.
130. Davies, Marion, *The times we had. Life with William Randolph Hearst*, Indianapolis/Nueva York, Bobbs-Merrill, 1975.
131. Delgado Aparaín, Mario, *Mire que sos loco, Obdulio*, en «Jaque», Montevideo, 25 de enero de 1985.

132. Deutscher, Isaac, *The prophet outcast. Trotsky, 1929/1940*, Londres, Oxford University, 1963.
133. Della Cava, Ralph, *Milagre em Joaseiro*, Río de Janeiro, Paz e Terra, 1977.
134. *Diario del Juicio, el,* versiones taquigráficas del proceso a los jefes de la dictadura argentina, Buenos Aires, Perfil, 1985.
135. Diarios «El Nacional» y «Últimas noticias», Caracas, 28 y 29 de agosto de 1977.
136. Dias, José Humberto, *Benjamin Abrahão, o mascate que filmou Lampião*, en «Cadernos de Pesquisa», núm. 1, Río de Janeiro, Embrafilme, septiembre de 1984.
137. *Documentos de la CIA. Cuba acusa*, La Habana, Ministerio de Cultura, 1981.
138. *Documentos secretos de la I.T.T.*, Santiago de Chile, Quimantú, 1972.
139. Dorfman, Ariel, con Armand Mattelart, *Para leer al Pato Donald*, México, Siglo XXI, 1978.
140. Dower, John, *War without mercy. Race and power in the Pacific war*, Nueva York, Pantheon, 1986.
141. Dreifuss, René Armand, *1964: A conquista do Estado. Ação política, poder e golpe de classe*, Petrópolis, Vozes, 1981.
142. Drot, Jean-Marie, *Journal de voyage chez les peintres de la fête et du vaudou en Haïti*, Ginebra, Skira, 1974.
143. Duhalde, Eduardo Luis, *El Estado terrorista argentino*, Buenos Aires, El Caballito, 1983.
144. Dumont, Alberto Santos, *O que eu vi, o que nós veremos*, Río de Janeiro, Tribunal de Contas, 1973.
145. Duncan, Isadora, *Mi vida*, Madrid, Debate, 1977.
146. Durst, Rogério, *Madame Satã: com o diabo no corpo*, San Pablo, Brasiliense, 1985.
147. Eco, Umberto, *Apocalípticos e integrados ante la cultura de masas*, Barcelona, Lumen, 1968.
148. Edison, Thomas Alva, *Diary*, Old Greenwich, Chatham, 1971.
149. Edwards, Audrey, y Gary Wohl, *Muhammad Ali. The people's champ*, Boston/Toronto, Little, Brown, 1977.
150. Einstein, Albert, *Notas autobiográficas*, Madrid, Alianza, 1984.
151. Eisenstein, S. M., *¡Que viva México!*, prólogo de José de la Colina, México, Era, 1971.
152. Elgrably, Jordan, *A través del fuego. Entrevista con James Baldwin*, en la revista «Quimera», núm. 41, Barcelona, 1984.
153. Enzensberger, Hans Magnus, *Política y delito*, Barcelona, Seix Barral, 1968.
154. Escobar Bethancourt, Rómulo, *Torrijos: ¡colonia americana, no!*, Bogotá, Valencia, 1981.
155. Faingold, Raquel Zimerman de, *Memorias de una familia inmigrante*, inédito.
156. Fairbank, John K., *The United States and China*, Cambridge, Harvard University, 1958.
157. Fajardo Sainz, Humberto, *La herencia de la coca. Pasado y presente de la cocaína*, La Paz, Universo, 1984.

158. Falcão, Edgard de Cerqueira, *A incompreensão de uma época,* San Pablo, Tribunais, 1971.

159. Fals Borda, Orlando, *Historia doble de la Costa. Resistencia en el San Jorge,* Bogotá, Valencia, 1984.

160.. — *Historia doble de la Costa. Retorno a la tierra,* Bogotá, Valencia, 1986.

161. Faría Castro, Haroldo y Flavia de, *Los mil y un sombreros de la cultura boliviana,* en la revista «Geomundo», vol. 8, núm. 6, Santiago de Chile, junio de 1984.

162. Fast, Howard, *La pasión de Sacco y Vanzetti. Una leyenda de la Nueva Inglaterra,* Buenos Aires, Siglo Veinte, 1955.

163. Faulkner, William, *Absalón, absalón,* Madrid, Alianza, 1971.

164. Federación Universitaria de Córdoba, *La reforma universitaria,* Buenos Aires, FUBA, 1959.

165. Feinstein, Elaine, *Bessie Smith, empress of the blues,* Nueva York, Viking, 1985.

166. Folino, Norberto, *Barceló, Ruggierito y el populismo oligárquico,* Buenos Aires, Falbo, 1966.

167. Foner, Philip S., *Joe Hill,* La Habana, Ciencias Sociales, 1985.

168. Ford, Henry (con Samuel Crowther), *My life and work,* Nueva York, Doubleday, 1926.

169. Foxley, A., *Experimentos neoliberales en América Latina,* Santiago de Chile, CIEPLAN, 1982.

170. Freyre, Gilberto, *Casa grande e senzala,* Río de Janeiro, José Olympio, 1966.

171. Fróes, Leonardo, *A Casa da Flor,* Río de Janeiro, Funarte, 1978.

172. Frontaura Argandoña, Manuel, *La revolución boliviana,* La Paz/Cochabamba, Amigos del Libro, 1974.

173. Gabetta, Carlos, *Todos somos subversivos,* Buenos Aires, Bruguera, 1983.

174. Gaitán, Jorge Eliécer, *1928. La masacre de las bananeras,* Bogotá, Los Comuneros, s/f.

175. Galarza Zavala, Jaime, *Quiénes mataron a Roldós,* Quito, Solitierra, 1982.

176. Galasso, Norberto, y otros, *La década infame,* Buenos Aires, Carlos Pérez, 1969.

177. Galíndez, Jesús, *La era de Trujillo,* Buenos Aires, Sudamericana, 1962.

178. Gálvez, Manuel, *Vida de Hipólito Yrigoyen,* Buenos Aires, Tor, 1951.

179. Gálvez, William, *Camilo, señor de la vanguardia,* La Habana, Ciencias Sociales, 1979.

180. Gandarillas, Arturo G., *Detrás de linderos del odio: laimes y jucumanis,* en el diario «Hoy», La Paz, 16 de octubre de 1973.

181. Garcés, Joan, *El Estado y los problemas tácticos en el gobierno de Allende,* México, Siglo XXI, 1974.

182. García, F. Chris, selección de textos, *Chicano politics: readings,* Nueva York, MSS, 1973.

183. García Canclini, Néstor, *Las culturas populares en el capitalismo,* La Habana, Casa de las Américas, 1982.

184. García Lupo, Rogelio, *Mil trescientos dientes de Gardel,* en el semanario «Marcha», núm. 1004, Montevideo, 8 de abril de 1960.

185. — *Diplomacia secreta y rendición incondicional*, Buenos Aires, Legasa, 1983.
186. García Márquez, Gabriel, *La hojarasca*, Buenos Aires, Sudamericana, 1969.
187. — *Cien años de soledad*, Buenos Aires, Sudamericana, 1967.
188. — *Algo más sobre literatura y realidad*, en el diario «El País», Madrid, 1 de julio de 1981.
189. — *La soledad de la América Latina*, discurso de recepción del Premio Nóbel, en la revista «Casa», núm. 137, La Habana, marzo-abril de 1983.
190. Garmendia, Hermann, *María Lionza, ángel y demonio*, Caracas, Seleven, 1980.
191. Garrido, Atilio, *Obdulio Varela. Su vida, su gloria y su leyenda*, en «El Diario», suplemento «Estrellas deportivas», Montevideo, 20 de setiembre de 1977.
192. Gallegos Lara, Joaquín, *Las cruces sobre el agua*, Quito, El Conejo, 1985.
193. Gil, Pío, *El Cabito*, Caracas, Biblioteca de autores y temas tachirenses, 1971.
194. Gilly, Adolfo, *La revolución interrumpida*, México, El Caballito, 1971.
195. Gilman, Charlotte Perkins, *Herland*, prólogo de Ann J. Lane, Nueva York, Pantheon, 1979.
196. — *The yellow wallpaper and other fiction*, prólogo de Ann J. Lane, Nueva York, Pantheon, 1980.
197. Goldman, Albert, *Elvis*, Nueva York, McGraw-Hill, 1981.
198. Gómez Yera, Sara, *La rumba*, en la revista «Cuba», La Habana, diciembre de 1964.
199. González, José Luis, *El país de cuatro pisos y otros ensayos*, San Juan de Puerto Rico, Huracán, 1980.
200. González, Luis, *Pueblo en vilo*, México, FCE, 1984.
201. — *Historia de la Revolución Mexicana, 1934/1940: Los días del presidente Cárdenas*, México, Colegio de México, 1981.
202. González Bermejo, Ernesto, entrevista con Atahualpa Yupanqui en la revista «Crisis», núm. 29, Buenos Aires, setiembre de 1975.
203. — *¿Qué pasa hoy en el Perú?*, en «Crisis» núm. 36, Buenos Aires, abril de 1976.
204. — *Las manos en el fuego*, Montevideo, Banda Oriental, 1985.
205. Granados, Pedro, *Carpas de México. Leyendas, anécdotas e historia del teatro popular*, México, Universo, 1984.
206. Grigulevich, José, *Pancho Villa*, La Habana, Casa de las Américas, s/f.
207. Grupo Areíto, *Contra viento y marea*, La Habana, Casa de las Américas, 1978.
208. Guerra, Ramiro, *La expansión territorial de los Estados Unidos*, La Habana, Ciencias Sociales, 1975.
209. Guevara, Ernesto Che, *Pasajes de la guerra revolucionaria*, La Habana, Arte y Literatura, 1975.
210. — *Camilo, imagen del pueblo*, en el diario «Granma», La Habana, 25 de octubre de 1967.
211. — *El socialismo y el hombre nuevo*, México, Siglo XXI, 1977.
212. — *El diario del Che en Bolivia*, Bilbao, Zalla, 1968.
213. — *Escritos y discursos*, La Habana, Ciencias Sociales, 1977.

214. Guiles, Fred Lawrence, *Norma Jean*, Nueva York, McGraw-Hill, 1969.
215. Guillén, Nicolás, *Un olivo en la colina*, en el diario «Hoy», La Habana, 24 de abril de 1960.
216. Guzmán, Martín Luis, *El águila y la serpiente*, México, Cía. General de Ediciones, 1977.
217. Guzmán Campos, Germán, con Orlando Fals Borda y Eduardo Umaña Luna, *La violencia en Colombia*, Bogotá, Valencia, 1980.
218. Hardwick, Richard, *Charles Richard Drew: Pioneer in blood research*, Nueva York, Scribner's, 1967.
219. Hellman, Lillian, *Tiempo de canallas*, México, FCE, 1980.
220. Hemingway, Ernest, *Enviado especial*, Barcelona, Planeta, 1968.
221. Henault, Mirta, *Alicia Moreau de Justo*, Buenos Aires, Centro Editor, 1983.
222. Heras León, Eduardo, entrevista con Miguel Mármol (inédita).
223. Hermann, Hamlet, *Francis Caamaño*, Santo Domingo, Alfa y Omega, 1983.
224. Herrera, Hayden, *Frida. A biography of Frida Kahlo*, Nueva York, Harper and Row, 1983.
225. Hevia Cosculluela, Manuel, *Pasaporte 11.333. Ocho años con la CIA*, La Habana, Ciencias Sociales, 1978.
226. Hidrovo Velasquez, Horacio, *Un hombre y un río*, Portoviejo, Gregorio, 1982.
227. Hobsbawn, Eric J., *Rebeldes primitivos*, Barcelona, Ariel, 1974.
228. Hoffmann, Banesh, *Einstein*, Barcelona, Salvat, 1984.
229. Huezo, Francisco, *Últimos días de Rubén Darío*, Managua, Renacimiento, 1925.
230. Huneeus, Pablo, *La cultura huachaca o el aporte de la televisión*, Santiago de Chile, Nueva Generación, 1981.
231. — *Lo comido y lo bailado...*, Santiago de Chile, Nueva Generación, 1984.
232. Hurt, Henry, *Reasonable doubt. An investigation into the assassination of John F. Kennedy*, Nueva York, Holt, Rinehart and Winston, 1986.
233. Huxley, Francis, *The invisibles*, Londres, Hart-Davis, 1966.
234. Ianni, Octavio, *El Estado capitalista en la época de Cárdenas*, México, Era, 1985.
235. Informes sobre la violación de derechos humanos en el Uruguay, realizados por Amnesty International, la Comisión de Derechos Humanos y el Comité de Derechos Humanos de las Naciones Unidas y la Comisión Interamericana de Derechos Humanos de la OEA.
236. Instituto de Estudios del Sandinismo, *Ni vamos a poder caminar de tantas flores*, testimonios de soldados de Sandino (inédito).
237. — *El sandinismo. Documentos básicos*, Managua, Nueva Nicaragua, 1983.
238. — *La insurrección popular sandinista en Masaya*, Managua, Nueva Nicaragua, 1982.
239. — *¡Y se armó la runga!...*, testimonios, Managua, Nueva Nicaragua, 1982.
240. Jaramillo-Levi, Enrique, y otros, *Una explosión en América: el canal de Panamá*, México, Siglo XXI, 1976.
241. Jenks, Leland H., *Nuestra colonia de Cuba*, Buenos Aires, Palestra, 1961.

242. Johnson, James Weldon, *Along this way*, Nueva York, Viking, 1933.
243. Jonas Bodenheimer, Susanne, *La ideología socialdemócrata en Costa Rica*, San José de Costa Rica, EDUCA, 1984.
244. Julião, Francisco, y Angélica Rodríguez, testimonio de Gregoria Zúñiga en *Los últimos soldados de Zapata*, revista «Crisis», núm. 21, Buenos Aires, enero de 1975.
245. Katz, Friedrich, *La servidumbre agraria en México en la época porfiriana*, México, Era, 1982.
246. — *La guerra secreta en México*, México, Era, 1983.
247. Kerr, Elizabeth M., *El imperio gótico de William Faulkner*, México, Noema, 1982.
248. Klare, Michael T., y Nancy Stein, *Armas y poder en América Latina*, México, Era, 1978.
249. Kobal, John, *Rita Hayworth. Portrait of a love goddess*, Nueva York, Berkley, 1983.
250. Krehm, William, *Democracia y tiranías en el Caribe*, Buenos Aires, Palestra, 1959.
251. Labourt, José, *Sana, sana, culito de rana...*, Santo Domingo, Taller, 1979.
252. Lajolo, Marisa, *Monteiro Lobato. A modernidade do contra*, San Pablo, Brasiliense, 1985.
253. Landes, Ruth, *A cidade das mulheres*, Río de Janeiro, Civilizaçao Brasileira, 1967.
254. Lane, Mark, y Dick Gregory, *Code name Zorro. The murder of Martin Luther King*, Englewood Cliffs, Prentice-Hall, 1977.
255. Lapassade, Georges, y Marco Aurélio Luz, *O segredo da macumba*, Río de Janeiro, Paz e Terra, 1972.
256. Larco, Juan, y otros, *Recopilación de textos sobre José María Arguedas*, La Habana, Casa de las Américas, 1976.
257. Latin America Bureau, *Narcotráfico y política*, Madrid, IEPALA, 1982.
258. Lauer, Mirko, *Crítica de la artesanía. Plástica y sociedad en los Andes peruanos*, Lima, DESCO, 1982.
259. La Valle, Raniero, y Linda Bimbi, *Marianella e i suoi fratelli. Una storia latinoamericana*, Milano, Feltrinelli, 1983.
260. Lavretski, I., y Adolfo Gilly, *Francisco Villa*, México, Macehual, 1978.
261. Levy, Alan, *Ezra Pound:The voice of silence*, Nueva York, Permanent, 1983.
262. Lichello, Robert, *Pioneer in blood plasma. Dr. Charles R. Drew*, Nueva York, Mussner, 1968.
263. Lima, Lourenço Moreira, *A coluna Prestes (marchas e combates)*, San Pablo, Alfa-Omega, 1979.
264. Loetscher, Hugo, *El descubrimiento de Suiza por los indios*, Cochabamba, Amigos del Libro, 1983.
265. Loor, Wilfrido, *Eloy Alfaro*, Quito, s/e, 1982.
266. López, Oscar Luis, *La radio en Cuba*, La Habana, Letras Cubanas, 1981.
267. López, Santos, *Memorias de un soldado*, Managua, FER, 1974.
268. López Vigil, José Ignacio, *Radio Pío XII: una mina de coraje*, Quito, Aler/Pío XII, 1984.
269. Lowenthal, Abraham F., *The Dominican intervention*, Cambridge, Harvard University, 1972.

270. Luna, Félix, *Atahualpa Yupanqui*, Madrid, Júcar, 1974.
271. Machado, Carlos, *Historia de los orientales*, Montevideo, Banda Oriental, 1985.
272. Magalhães Júnior, R., *Rui. O homem e o mito*, Río de Janeiro, Civilização Brasileira, 1964.
273. Maggiolo, Oscar J., *Política de desarrollo científico y tecnológico de América Latina*, en «Gaceta de la Universidad», marzo/abril de 1968, Montevideo.
274. Mailer, Norman, *Marilyn*, Barcelona, Lumen, 1974.
275. Maldonado-Denis, Manuel, *Puerto Rico: mito y realidad*, San Juan de Puerto Rico, Antillana, 1969.
276. Manchester, William, *Gloria y ensueño. Una historia narrativa de los Estados Unidos*, Barcelona, Grijalbo, 1976.
277. Mariátegui, José Carlos, *Obras*, La Habana, Casa de las Américas, 1982.
278. Marín, Germán, *Una historia fantástica y calculada: la CIA en el país de los chilenos*, México, Siglo XXI, 1976.
279. Mário Filho, *O negro no futebol brasileiro*, Río de Janeiro, Civilização Brasileira, 1964.
280. Mariz, Vasco, *Heitor Villa-Lobos, compositor brasileiro*, Río de Janeiro, Zahar, 1983.
281. Martin, John Bartlow, *El destino dominicano. La crisis dominicana desde la caída de Trujillo hasta la guerra civil*, Santo Domingo, Editora Santo Domingo, 1975.
282. Martínez, Thomas M., *Advertising and racism: the case of the mexicanamerican*, en «El Grito», 2:6, verano de 1969.
283. Martínez Assad, Carlos, *El laboratorio de la revolución: el Tabasco garridista*, México, Siglo XXI, 1979.
284. Martínez Moreno, Carlos (Selección), *Color del 900*, en «Capítulo oriental», Montevideo, CEDAL, 1968.
285. Matos, Cláudia, *Acertei no milhar. Samba e malandragem no tempo de Getúlio*, Río de Janeiro, Paz e Terra, 1982.
286. Matos Díaz, Eduardo, *Anecdotario de una tiranía*, Santo Domingo, Taller, 1976.
287. Mattelart, Armand, *La cultura como empresa multinacional*, México, Era, 1974.
288. May, Stacy, y Galo Plaza, *United States business perfomance abroad: The case study of United Fruit Company in Latin America*, Washington, National Planning, 1958.
289. Medina Castro, Manuel, *Estados Unidos y América Latina, siglo XIX*, La Habana, Casa de las Américas, 1968.
290. Mella, Julio Antonio, *Escritos revolucionarios*, México, Siglo XXI, 1978.
291. Mende, Tibor, *La Chine et son ombre*, París, Du Seuil, 1960.
292. Méndez Capote, Renée, *Memorias de una cubanita que nació con el siglo*, Santa Clara, Universidad, 1963.
293. Mendoza, Vicente T., *El corrido mexicano*, México, FCE, 1976.
294. Mera, Juan León, *Cantares del pueblo ecuatoriano*, Quito, Banco Central, s/f.
295. Métraux, Alfred, *Haiti. La terre, les hommes et les dieux*, Neuchâtel, La Baconnière, 1957.

296. Meyer, Eugenia, entrevista con Juan Olivera López (inédita).
297. Meyer, Jean, _La cristiada. La guerra de los cristeros,_ México, Siglo XXI, 1973.
298. Molina, Gabriel, _Diario de Girón,_ La Habana, Política, 1983.
299. Monsiváis, Carlos, _Días de guardar,_ México, Era, 1970.
300. — _Amor perdido,_ México, Era, 1977.
301. Mora, Arnoldo (Selección y notas), _Monseñor Romero,_ San José de Costa Rica, EDUCA, 1981.
302. Morais, Fernando, _Olga,_ San Pablo, Alfa-Omega, 1985.
303. Morel, Edmar, _A revolta da chibata,_ Río de Janeiro, Graal, 1979.
304. Morison, Samuel Eliot, con Henry Steele Commager y W. E. Leuchtenburg, _Breve historia de los Estados Unidos,_ México, FCE, 1980.
305. Moussinac, León, _Sergei Michailovitch Eisenstein,_ París, Seghers, 1964.
306. Mota, Carlos Guilherme, _Ideologia da cultura brasileira, 1933/1974,_ San Pablo, Ática, 1980.
307. Mourão Filho, Olympio, _Memórias: a verdade de um revolucionário,_ Porto Alegre, L y PM, 1978.
308. Murúa, Dámaso. _En Brasil crece un almendro,_ México, El Caballito, 1984.
309. — _40 cuentos del Güilo Mentiras,_ México, Crea, 1984.
310. Nalé Roxlo, Conrado, y Mabel Mármol, _Genio y figura de Alfonsina Storni,_ Buenos Aires, EUDEBA, 1966.
311. Navarro, Marysa, _Evita,_ Buenos Aires, Corregidor, 1981.
312. Nepomuceno, Eric, _Hemingway: Madrid no era una fiesta,_ Madrid, Altalena, 1978.
313. Neruda, Pablo, _Confieso que he vivido,_ Barcelona, Seix Barral, 1974.
314. — _Obras completas,_ Buenos Aires, Losada, 1973.
315. Niemeyer, Oscar, textos, dibujos y fotos en la edición especial de la revista «Módulo», Río de Janeiro, junio de 1983.
316. Nimuendajú, Curt, _Mapa etno-histórico,_ Río de Janeiro, Fundaçao Nacional Pró-Memória, 1981.
317. Nosiglia, Julio E., _Botín de guerra,_ Buenos Aires, Tierra Fértil, 1985.
318. Novo, Salvador, _Cocina mexicana. Historia gastronómica de la ciudad de México,_ México, Porrúa, 1979.
319. Núñez Jiménez, Antonio, _Wifredo Lam,_ La Habana, Letras Cubanas, 1982.
320. Núñez Téllez, Carlos, _Un pueblo en armas,_ Managua, FSLN, 1980.
321. O'Connor, Harvey, _La crisis mundial del petróleo,_ Buenos Aires, Platina, 1963.
322. Olmo, Rosa del, _Los chigüines de Somoza,_ Caracas, Ateneo, 1980.
323. Orozco, José Clemente, _Autobiografía,_ México, Era, 1970.
324. Ortiz, Fernando, _Los bailes y el teatro de los negros en el folklore de Cuba,_ La Habana, Letras Cubanas, 1981.
325. Ortiz Echagüe, Fernando, _Sobre la importancia de la vaca argentina en París,_ publicado en 1930 y republicado por Rogelio García Lupo en la revista «Crisis», núm. 29, Buenos Aires, setiembre de 1975.
326. Ortiz Letelier, Fernando, _El movimiento obrero en Chile. Antecedentes, 1891/1919,_ Madrid, Michay, 1985.
327. Page, Joseph A., _Perón,_ Buenos Aires, Vergara, 1984.

328. Paleari, Antonio, *Diccionario mágico jujeño,* San Salvador de Jujuy, Pachamama, 1982.
329. Paliza, Héctor, *Los burros fusilados,* en la revista «Presagio», Culiacán, Sinaloa, núm. 10, abril de 1978.
330. Paoli, Francisco J., y Enrique Montalvo, *El socialismo lvidado de Yucatán,* México, Siglo XXI, 1980.
331. Paramio, Ludolfo, *Mito e ideología,* Madrid, Corazón, 1971.
332. Pareja Diezcanseco, Alfredo, *Ecuador. La república de 1830 a nuestros días,* Quito, Universidad, 1979.
333. Pareja y Paz Soldán, José, *Juan Vicente Gómez. Un fenómeno telúrico,* Caracas, Ávila Gráfica, 1951.
334. Parra, Violeta, *Violeta del pueblo,* antología por Javier Martínez Reverte, Madrid, Visor, 1983.
335. Pasley, F. D., *Al Capone,* prólogo de Andrew Sinclair, Madrid, Alianza, 1970.
336. Payeras, Mario, *Los días de la selva,* La Habana, Casa de las Américas, 1981.
337. Peña Bravo, Raúl, *Hechos y dichos del general Barrientos,* La Paz, s/e, 1982.
338. Pérez, Ponciana, llamada Chana la Vieja, testimonio publicado en la revista «Cuba», La Habana, mayo/junio de 1970.
339. Pérez Valle, Eduardo, *El martirio del héroe. La muerte de Sandino,* testimonios, Managua, Banco Central, 1980.
340. Perlman, Janice E., *O mito da marginalidade. Favelas e política no Río de Janeiro,* Río de Janeiro, Paz e Terra, 1981.
341. Perón, Juan Domingo, *Tres revoluciones militares,* Buenos Aires, Síntesis, 1974.
342. Pineda, Virginia Gutiérrez de, y otros, *El gamín,* Bogotá, Unicef/Instituto Colombiano de Bienestar Familiar, 1978.
343. Pinto, L. A. Costa, *Lutas de famílias no Brasil,* San Pablo, Editora Nacional, 1949.
344. Pocaterra, José Rafael, *Memorias de un venezolano de la decadencia,* Caracas, Monte Ávila, 1979.
345. Politzer, Patricia, *Miedo en Chile,* testimonios de Moy de Tohá y otros, Santiago de Chile, CESOC, 1985.
346. Pollak-Eltz, Angelina, *María Lionza, mito y culto venezolano,* en la revista «Montalbán», núm. 2, Caracas, UCAB, 1973.
347. Poniatowska, Elena, *La noche de Tlatelolco,* México, Era, 1984.
348. Portela, Fernando, y Cláudio Bojunga, *Lampião. O cangaceiro e o outro,* San Pablo, Traço, 1982.
349. Pound, Ezra, *Selected cantos,* Nueva York, New Directions, 1970.
350. Powers, Thomas, *The man who kept the secrets: Richard Helms and the CIA,* Nueva York, Knopf, 1979.
351. Presidencia de la República de Haití, ley del 29 de abril de 1969, Palacio Nacional, Port-au-Prince.
352. Queiroz, María Isaura Pereira de, *Os cangaceiros,* San Pablo, Duas Cidades, 1977.
353. — *História do cangaço,* San Pablo, Global, 1982.
354. Querejazu Calvo, Roberto, *Masamaclay. Historia política diplomática y*

militar de la guerra del Chaco, Cochabamba/La Paz, Amigos del Libro, 1981.

355. Quijano, Aníbal, *Introducción a Mariátegui,* México, Era, 1982.
356. Quijano, Carlos, artículos recopilados en «Cuadernos de Marcha», núm. 27 y siguientes, México/Montevideo, CEUAL, 1984/85.
357. Quiroga, Horacio, *Selección de cuentos,* prólogo de Emir Rodríguez Monegal, Montevideo, Ministerio de Instrucción Pública, 1966.
358. — *Sobre literatura,* prólogo de Roberto Ibáñez, Montevideo, Arca, 1970.
359. Quiroz Otero, Ciro, *Vallenato. Hombre y canto,* Bogotá, Icaro, 1983.
360. Rama, Ángel, *Las máscaras democráticas del modernismo,* Montevideo, Fundación Ángel Rama, 1985.
361. Ramírez, Sergio (Prólogo, selección y notas), *Augusto C. Sandino. El pensamiento vivo,* Managua, Nueva Nicaragua, 1984.
362. — *Estás en Nicaragua,* Barcelona, Muchnik, 1985.
363. Ramírez, Pedro Felipe, *La vida maravillosa del Siervo de Dios,* Caracas, s/e, 1985.
364. Ramos, Graciliano, *Memórias do cárcere,* Río de Janeiro, José Olympio, 1954.
365. Ramos, Jorge Abelardo, *Revolución y contrarrevolución en la Argentina,* Buenos Aires, Plus Ultra, 1976.
366. Rangel, Domingo Alberto, *Gómez, el amo del poder,* Caracas, Vadell, 1980.
367. Recinos, Adrián (versión), *Popol Vuh. Las antiguas historias del Quiché,* México, FCE, 1976.
368. Reed, John, *México insurgente,* México, Metropolitana, 1973.
369. Rendón, Armando B., *Chicano manifesto,* Nueva York, Macmillan, 1971.
370. Rengifo, Antonio, *Esbozo biográfico de Ezequiel Urviola y Rivero,* en *Los movimientos campesinos en el Perú, 1879/1965,* selección de textos por Wilfredo Kapsoli, Lima, Delva, 1977.
371. *Retrato do Brasil,* fascículos, varios autores, San Pablo, Tres, 1984.
372. Revista «Time», *High on cocaine. A 30 billion U.S. habit,* 6 de julio de 1981.
373. Revueltas, José, *México 68: Juventud y revolución,* México, Era, 1978.
374. Ribeiro, Berta G., *O mapa etno-histórico de Curt Nimuendajú,* en «Revista de Antropologia», vol. XXV, San Pablo, Universidad, 1982.
375. Ribeiro, Darcy, *Os índios e a civilização,* Petrópolis, Vozes, 1982.
376. — Discurso de recepción del título de doctor honoris causa de la Universidad de París VII, 3 de mayo de 1979, en la revista «Módulo», Río de Janeiro, 1979.
377. — *Ensaios insólitos,* Porto Alegre, L y PM, 1979.
378. — *Aos trancos e barrancos. Como o Brasil deu no que deu,* Río de Janeiro, Guanabara, 1986.
379. Rivera, Jorge B. (Selección), *Discépolo,* Buenos Aires, «Cuadernos de Crisis», núm. 3, diciembre de 1973.
380. Roa Bastos, Augusto, *Hijo de hombre,* Buenos Aires, Losada, 1960.
381. Robeson, Paul, *Paul Robeson speaks,* introducción y selección de textos por Philip S. Foner, Secaucus, Citadel, 1978.
382. Robinson, David, *Buster Keaton,* Bloomington, University of Indiana, 1970.

383. — *Chaplin, his life and art,* Londres, Collins, 1985.
384. Rockefeller, David, carta al general Jorge Rafael Videla, revista «El Periodista», núm. 71, Buenos Aires, 17 al 23 de enero de 1986.
385. Rodman, Selden, *Renaissance in Haiti. Popular painters in the black republic,* Nueva York, Pellegrini and Cudahy, 1948.
386. Rodó, José Enrique, *Ariel,* Madrid, Espasa-Calpe, 1971.
387. Rodríguez, Antonio, *A history of mexican mural painting,* Londres, Thames and Hudson, 1969.
388. Rodríguez, Carlos, *Astiz, el ángel exterminador,* en el periódico «Madres de Plaza de Mayo», núm. 2, Buenos Aires, enero de 1985.
389. Rodríguez Monegal, Emir, *Sexo y poesía en el 900,* Montevideo, Alfa, 1969.
390. — *El desterrado. Vida y obra de Horacio Quiroga,* Buenos Aires, Losada, 1968.
391. Roeder, Ralph, *Hacia el México moderno: Porfirio Díaz,* México, FCE, 1973.
392. Rojas, Marta, *El que debe vivir,* La Habana, Casa de las Américas, 1978.
393. Román, José, *Maldito país,* Managua, El pez y la serpiente, 1983.
394. Rosencof, Mauricio, declaraciones a Mercedes Ramírez y Laura Oreggioni, en el periódico «Asamblea», núm. 38, Montevideo, abril de 1985.
395. Rovere, Richard H., *McCarthy y el macartismo,* Buenos Aires, Palestra, 1962.
396. Rowles, James, *El conflicto Honduras-El Salvador y el orden jurídico internacional,* San José de Costa Rica, EDUCA, 1980.
397. Rozitchner, León, *Moral burguesa y revolución,* Buenos Aires, Procyón, 1963.
398. Ruffinelli, Jorge, *El otro México. México en la obra de Traven, Lawrence y Lowry,* México, Nueva Imagen, 1978.
399. Rugama, Leonel, *La tierra es un satélite de la luna,* Managua, Nueva Nicaragua, 1983.
400. Rulfo, Juan, *Pedro Páramo y El llano en llamas,* Barcelona, Planeta, 1982.
401. Saia, Luiz Henrique, *Carmen Miranda,* San Pablo, Brasiliense, 1984.
402. Salamanca, Daniel, *Documentos para una historia de la guerra del Chaco,* La Paz, Don Bosco, 1951.
403. Salazar, Rubén, artículos publicados en *Los Ángeles Times* entre febrero y agosto de 1970.
404. Salazar Valiente, Mario, *El Salvador: crisis, dictadura, lucha, 1920/1980,* en *América Latina: historia de medio siglo,* México, Siglo XXI, 1981.
405. Salvatierra, Sofonías, *Sandino o la tragedia de un pueblo,* Madrid, Talleres Europa, 1934.
406. Samper Pizano, Ernesto, y otros, *Legalización de la marihuana,* Bogotá, Tercer Mundo, 1980.
407. Sampson, Anthony, *The sovereign state of ITT,* Greenwich, Fawcett, 1974.
408. Sánchez, Gonzalo, y Donny Meertens, *Bandoleros, gamonales y campesinos. El caso de la violencia en Colombia,* Bogotá, El Áncora, 1983.

409. Sante, Luc, *Relic,* en «The New York Review of Books», vol. XXVIII, número 20, Nueva York, 17 de diciembre de 1981.
410. Saume Barrios, Jesús, *Silleta de cuero,* Caracas, s/e, 1985.
411. Schaden, Egon, *Curt Nimuendajú. Quarenta anos a serviço do índio brasileiro e ao estudo de suas culturas,* en «Problemas brasileiros», San Pablo, diciembre de 1973.
412. Scalabrini Ortiz, Raúl, *El hombre que está solo y espera,* Buenos Aires, Plus Ultra, 1964.
413. Schinca, Milton, *Boulevard Sarandí. Anécdotas, gentes, sucesos, del pasado montevideano,* Montevideo, Banda Oriental, 1979.
414. Schifter, Jacobo, *La fase oculta de la guerra civil en Costa Rica,* San José de Costa Rica, EDUCA, 1981.
415. Schlesinger, Arthur M., *Los mil días de Kennedy,* Barcelona, Aymá, 1966.
416. Schlesinger, Stephen, y Stephen Kinzer, *Bitter fruit. The untold story of the american coup in Guatemala,* Nueva York, Anchor, 1983.
417. Sebreli, Juan José, *Eva Perón: ¿aventurera o militante?,* Buenos Aires, Siglo Veinte, 1966.
418. Séjourné, Laurette, *Supervivencias de un mundo mágico,* México, FCE, 1953.
419. Selser, Gregorio, *El pequeño ejército loco,* Managua, Nueva Nicaragua, 1983.
420. — *El guatemalazo,* Buenos Aires, Iguazú, 1961.
421. — *¡Aquí, Santo Domingo! La tercera guerra sucia,* Buenos Aires, Palestra, 1966.
422. — *A veinte años del Moncada* (Cronología y documentos), en «Cuadernos de Marcha», núm. 72, Montevideo, julio de 1973.
423. — *El rapto de Panamá,* San José de Costa Rica, EDUCA, 1982.
424. Senna, Orlando, *Alberto Santos Dumont,* San Pablo, Brasiliense, 1984.
425. Serpa, Phoción, *Oswaldo Cruz. El Pasteur del Brasil, vencedor de la fiebre amarilla,* Buenos Aires, Claridad, 1945.
426. Silva, Clara, *Genio y figura de Delmira Agustini,* Buenos Aires, EUDEBA, 1968.
427. Silva, José Dias da, *Brasil, país ocupado,* Río de Janeiro, Record, 1963.
428. Silva, Marília T. Barboza da, y Arthur L. de Oliveira Filho, *Cartola. Os tempos idos,* Río de Janeiro, Funarte, 1983.
429. Silveira, Cid, *Café: um drama na economia nacional,* Río de Janeiro, Civilização Brasileira, 1962.
430. Slosser, Bob, *Reagan inside out,* Nueva York, Word Books, 1984.
431. Smith, Earl E. T., *El cuarto piso. Relato sobre la revolución comunista de Castro,* México, Diana, 1963.
432. Sodré, Nelson Werneck, *Oscar Niemeyer,* Río de Janeiro, Graal, 1978.
433. — *História militar do Brasil,* Río de Janeiro, Civilização Brasileira, 1965.
434. Somoza Debayle, Anastasio, *Filosofía social,* selección de textos por Armando Luna Silva, Managua, Presidencia de la República, 1976.
435. Sorensen, Theodore C., *Kennedy,* Nueva York, Harper and Row, 1965.
436. Souza, Tárik de, *O som nosso de cada dia,* Porto Alegre, L y PM, 1983.
437. Stock, Noel, *Poet in exile: Ezra Pound,* Nueva York, Barnes and Noble, 1964.

438. Stone, Samuel, *La dinastía de los conquistadores. La crisis del poder en la Costa Rica contemporánea*, San José de Costa Rica, EDUCA, 1982.

439. Suárez, Roberto, declaraciones a «El Diario» y al semanario «Hoy», La Paz, 3 de julio de 1983.

440. Subercaseaux, Bernardo, con Patricia Stambuk y Jaime Londoño, *Violeta Parra: Gracias a la vida. Testimonios*, Buenos Aires, Galerna, 1985.

441. Taibo II, Paco Ignacio, y Roberto Vizcaíno, *El socialismo en un solo puerto, Acapulco, 1919/1923*, México, Extemporáneos, 1983.

442. Teitelboim, Volodia, *Neruda*, Madrid, Michay, 1984.

443. Tello, Antonio, y Gonzalo Otero Pizarro, *Valentino. La seducción manipulada*, Barcelona, Bruguera, 1978.

444. Tibol, Raquel, *Frida Kahlo. Crónica, testimonio y aproximaciones*, México, Cultura Popular, 1977.

445. *Time capsule/1927: A history of the year condensed from the pages of Time*, Nueva York, Time-Life, 1928.

446. Toqo, *Indiomanual*, Humahuaca, Instituto de Cultura Indígena, 1985.

447. Toriello, Guillermo, *La batalla de Guatemala*, México, Cuadernos Americanos, 1955.

448. Torres, Camilo, *Cristianismo y revolución*, México, Era, 1970.

449. Touraine, Alain, *Vida y muerte del Chile popular*, México, Siglo XXI, 1974.

450. Tribunal Permanente de los Pueblos, *El caso Guatemala*, Madrid, IEPALA, 1984.

451. Turner, John Kenneth, *México bárbaro*, México, Costa-Amic, 1975.

452. Universidad Nacional de Río Cuarto, Córdoba, Argentina, Resolución número 0092, del 22 de febrero de 1977, firmada por el rector Eduardo José Pesoa. (Revista «Soco Soco», núm. 2, Río Cuarto, abril de 1986).

453. Valcárcel, Luis E., *Machu Picchu*, EUDEBA, 1964.

454. Valle-Castillo, Julio, introducción a *Prosas políticas* de Rubén Darío, Managua, Ministerio de Cultura, 1983.

455. Vásquez Díaz, Rubén, *Bolivia a la hora del Che*, México, Siglo XXI, 1968.

456. Vázquez Lucio, Oscar E. (Siulnas), *Historia del humor gráfico y escrito en la Argentina, 1801/1939*, Buenos Aires, EUDEBA, 1985.

457. Vélez, Julio, y A. Merino, *España en César Vallejo*, Madrid, Fundamentos, 1984.

458. Viezzer, Moema, *Si me permiten hablar: testimonio de Domitila, una mujer de las minas de Bolivia*, México, Siglo XXI, 1978.

459. Vignar, Maren, *Los ojos de los pájaros*, en *Exilio y tortura*, de Maren y Marcelo Vignar, inédito.

460. Waksman Schinca, Daniel, y otros, *La batalla de Nicaragua*, México, Bruguera, 1980.

461. Walsh, Rodolfo, carta a la Junta Militar, incluida en *Operación masacre*, Buenos Aires, De la Flor, 1984.

462. Weinstein, Barbara, *The amazon rubber boom, 1850/1920*, Stanford, Stanford University, 1983.

463. Wettstein, Germán, *La tradición de la Paradura del Niño,* en la revista «Geomundo», edición especial sobre Venezuela, Panamá, 1983.
464. White, Judith, *Historia de una ignominia: La United Fruit Company en Colombia,* Bogotá, Presencia, 1978.
465. Wise, David, y Thomas B. Ross, *The invisible government,* Nueva York, Random, 1964.
466. Witker, Alejandro, *Salvador Allende, 1908/1973. Prócer de la liberación nacional,* México, UNAM, 1980.
467. Woll, Allen L., *The Latin image in american film,* Los Ángeles, UCLA, 1977.
468. Womack Jr., John, *Zapata y la revolución mexicana,* México, Siglo XXI, 1979.
469. Wyden, Peter, *Bay of Pigs. The untold story,* Nueva York, Simon and Schuster, 1980.
470. Ycaza, Patricio, *Historia del movimiento obrero ecuatoriano,* Quito, Cedime, 1984.
471. Ydígoras Fuentes, Miguel, con Mario Rosenthal, *My war with communism,* Nueva Jersey, Prentice-Hall, 1963.
472. Yupanqui, Atahualpa, *Aires indios,* Buenos Aires, Siglo Veinte, 1985.
473. Zavaleta Mercado, René, *El desarrollo de la conciencia nacional,* Montevideo, Diálogo, 1967.
474. — *Consideraciones generales sobre la historia de Bolivia, 1932/1971,* en *América Latina: historia de medio siglo,* varios autores, México, Siglo XXI, 1982.
475. — *El estupor de los siglos,* en la revista «Quimera», núm. 1, Cochabamba, setiembre de 1985.

Indice de nombres

Z

Zapata, Emiliano, 30, 31, 37, 38,
39, 47, 48, 49, 50, 51, 57, 58,
71, 72, 134, 135, 178, 238, 243
Zapata, Nicolás, 134, 135
Zárate Huilka, Pablo, 10

Zarpazo, 171
Zelaya, José Santos, 23, 36, 299
Zeledón, Benjamín, 37
Zemurray, Sam, 181, 182, 184
Zimerman, Isaac, 26
Zinica, 285
Zumpa, 334

impreso en publi-mex, s.a.
calzada san lorenzo 279 - col. estrella iztapalapa
c.p. 09850 méxico d.f.
un mil ejemplares más sobrantes
30 de diciembre de 1996

En esta misma colección de

SOCIOLOGÍA Y POLÍTICA

Cardoso, F. H. / Faletto, E. *Dependencia y desarrollo en América Latina.*

Carmichael, S. / Hamilton, C. V. *Poder negro.*

Castells, M. *Ciudad, democracia y socialismo.*

Castillo Rivas, D. *Acumulación de capital y empresas transnacionales en Centroamérica.*

Castro, F. *La crisis económica y social del mundo.*

—. *La primera revolución socialista en América.*

Castro Martínez, P. F. *Fronteras abiertas: expansionismo y geopolítica en el Brasil contemporáneo.*

Cela Conde, C. J. *Capitalismo y campesinado en la isla de Mallorca.*

Claudín, F. *Eurocomunismo y socialismo.*

—. *La oposición en el "socialismo real".*

Contreras, A. J. *México, 1940: industrialización y crisis política.*

Cordera, R. / Tello, C. *México: la disputa por la nación.*

Chomsky, N. *Vietnam y España: los intelectuales liberales ante la revolución.*

Chomsky, N. / Herman, E. S. *Washington y el fascismo del tercer mundo.*

Debray, R. *La crítica de las armas. Vol. 1.*

—. *Las pruebas de fuego. La crítica de las armas. Vol. 2.*

—. *La guerrilla del Che.*

De la Peña, S. *El antidesarrollo de América Latina.*

—. *El modo de producción capitalista. Teoría y método de investigación.*

—. *La formación del capitalismo en México.*

—. *Capitalismo en cuatro comunidades agrarias.*

Delgado, C. *El proceso revolucionario peruano.*

Domhoff, G. W. *¿Quién gobierna Estados Unidos?*

Dorfman, A. / Mattelart, A. *Para leer al pato Donald.*

Ekstein, S. *El Estado y la pobreza urbana en México.*

Esteva, G. *La batalla en el México rural.*

Evers, T. *El estado en la periferia capitalista.*

Fernándes, F. *La revolución burguesa en Brasil.*

Fernández de Castro, I. / Goytre, A. *Clases sociales en España en el umbral de los años setenta.*

Fernández de Castro, I. *Sistema de enseñanza y democracia.*

Frank, A. G. *Capitalismo y subdesarrollo en América Latina.*

Fröbel, F. / Heinrich, J. / Kreye, O. *La nueva división internacional del trabajo.*

Fromm, E. y otros. *La sociedad industrial contemporánea.*

Garrido, L. J. *El partido de la revolución institucionalizada. La formación del nuevo Estado en México (1924-1945).*

George, S. *Cómo muere la otra mitad del mundo.*

González Casanova, P. *Sociología de la explotación.*

Halliday, J. / McCormack, E. *El nuevo imperialismo japonés.*

Hansen, R. D. *La política del desarrollo mexicano.*

Hart Dávalos, A. *Las cartas sobre la mesa. Cuba aclara posiciones.*

Herrera, A. O. *Ciencia y política en América Latina.*
—. *La larga jornada.*

Ianni, O. *Imperialismo y cultura de la violencia en América Latina.*

Ibáñez, J. *Más allá de la sociología. El grupo de discusión: técnica y crítica.*

Instituto de Investigaciones Sociales. *Las clases sociales en América Latina.*
—. *Clases sociales y crisis política en América Latina.*
—. *Historia del movimiento obrero en América Latina.*
    Vol. 1: México, Cuba, Haití, República Dominicana, Puerto Rico.
    Vol. 2: Guatemala, Honduras, El Salvador, Nicaragua, Costa Rica, Panamá.
    Vol. 3: Colombia, Venezuela, Ecuador, Perú.
    Vol. 4: Brasil, Chile, Argentina, Uruguay, Bolivia, Paraguay.
—. *Hegemonía y alternativas políticas en América Latina.*
—. *No intervención, autodeterminación y democracia en América Latina.*

Jaffe, H. *Del tribalismo al socialismo.*

Jaramillo Levi, E. y otros. *Una explosión en América: el canal de Panamá.*

König, R. *La familia en nuestro tiempo: una comparación intercultural.*

Kruijt, D. / Vellinga, M. *Estado, empresa y trabajo en la minería peruana, 1900-1980.*

Laclau, E. *Política e ideología en la teoría marxista.*

Lane, D. *Las raíces del comunismo ruso.*

Lappé, F. M. / Collins, J. *Comer es primero. Más allá del mito de la escasez.*

Laurin-Frenette, N. *Las teorías funcionalistas de las clases sociales.*

Lechner, N. (comp.). *Estado y política en América Latina.*

Leite Lopes, J. *La ciencia y el dilema de América Latina: dependencia o liberación.*

Limoeiro, M. C. *La ideología dominante: Brasil/América Latina.*

Lomnitz, L. A. de. *Cómo sobreviven los marginados.*

López Díaz, P. (comp.). *La crisis del capitalismo: teoría y práctica.*

Maravall, J. M. *La sociología de lo posible.*

Marcou, L. *El movimiento comunista internacional desde 1945.*

Marini, R. M. *Subdesarrollo y revolución.*

Mattelart, A. *Agresión desde el espacio: cultura y napalm en la era de los satélites.*
—. *La comunicación masiva en el proceso de liberación.*

Mattelart, A. y M. *Los medios de comunicación en tiempos de crisis.*

Melman, S. y otros. *Estados Unidos ante su crisis.*

Mende, T. *¿Ayuda o recolonización? Las lecciones de un fracaso.*

Miliband, R. *El Estado en la sociedad capitalista.*
—. *Marxismo y política.*

Mills, C. W. *De hombres sociales y movimientos políticos.*

Mirow, K. R. *Dictadura de los cárteles: anatomía del subdesarrollo.*

Montaño, J. *Los pobres de la ciudad en los asentamientos espontáneos: poder y política.*

Moya, C. *Sociólogos y sociología.*

Ndiaye, J. P. *La juventud africana frente al imperialismo.*

Nerfin, M. y otros. *Hacia otro desarrollo: enfoques y estrategias.*

Olivier, S. *Ecología y subdesarrollo en América Latina.*

Pardinas, F. *Metodología y técnicas de investigación en ciencias sociales.*

Paré, L. *El proletariado agrícola en México: ¿campesinos sin tierra o proletariados agrícolas?*

Peralta Ramos, M. *Acumulación de capital y crisis política en Argentina (1930-1974).*

Pérez Díaz, V. M. *Pueblos y clases sociales en el campo español.*

Pinilla de las Heras, E. *Reacción y revolución en una sociedad industrial.*

Portelli, H. *Gramsci y el bloque histórico.*

Poulantzas, N. *La crisis de las dictaduras: Portugal, Grecia, España.*
—. *Las clases sociales en el capitalismo actual.*
—. *Poder político y clases sociales en el Estado capitalista.*

—. *Fascismo y dictadura.*

—. *Estado, poder y socialismo.*

Quiroga Santacruz, M. *Oleocracia o patria.*

Rodney, W. *De cómo Europa subdesarrolló a África.*

Rodríguez, C. R. *Cuba en el tránsito al socialismo (1959-1963). Lenin y la cuestión colonial.*

Rodríguez Araujo, O. *La reforma política y los partidos en México.*

Rodríguez Ibáñez, J. E. *Teoría crítica y sociología.*

Salamini, H. F. *Movilización campesina en Veracruz (1920-1938).*

Saldívar, A. *Ideología y política del Estado mexicano (1970-1976).*

Sandoval, I. *Las crisis políticas latinoamericanas y el militarismo.*

Schlesinger, S. / Kinzer, S. *Fruta amarga. La CIA en Guatemala.*

Senghaas, D. A. *Armamento y militarismo.*

Silva Michelena, J. A. *Política y bloques de poder: crisis en el sistema mundial.*

Sonntag, H. R. / Valecillos, H. *El Estado en el capitalismo contemporáneo.*

Spoerer, S. *América Latina: los desafíos del tiempo fecundo.*

Stavenhagen, R. *Las clases sociales en las sociedades agrarias.*

Therborn, G. *Ciencia, clase y sociedad.*

—. *¿Cómo domina la clase dominante?*

Tissier, P. *China: transformaciones rurales y desarrollo socialista.*

Vellinga, M. *Industrialización, burguesía y clase obrera en México.*

Villarreal, J. M. *El capitalismo dependiente.*

Wheelock, J. *Imperialismo y dictadura.*

Wolf, E. R. *Las luchas campesinas del siglo xx.*

Wolfe, A. *Los límites de la legitimidad: contradicciones políticas del capitalismo contemporáneo.*

Worsley, P. *El Tercer Mundo.*

Zermeño, S. *México: una democracia utópica. El movimiento estudiantil del 68.*

Ziegler, J. *Los vivos y la muerte.*